Basketballspiele werden im Kopf entschieden!

Hinweise

Aus Gründen der besseren Lesbarkeit wird bei Personenbezeichnungen die männliche Sprachform verwendet. Gemeint ist sowohl die männliche als auch die weibliche und die diverse Form. Selbstverständlich sind immer sowohl Übungsleiter und Übungsleiterinnen oder Teilnehmer und Teilnehmerinnen gemeint.

Daniel Memmert | Stefan König

Basketballspiele werden IM KOPF entschieden

Kognitives Training, Kreativität und Spielintelligenz im Amateur- und Leistungsbereich

MEYER & MEYER VERLAG

Basketballspiele werden im Kopf entschieden

Bibliografische Information der Deutschen Bibliothek
Die Deutsche Bibliothek verzeichnet diese Publikation in der Deutschen Nationalbibliografie; detaillierte bibliografische Details sind im Internet über <http://dnb.ddb.de> abrufbar.

Auckland, Beirut, Dubai, Hägendorf, Hongkong, Indianapolis, Kairo, Kapstadt,
Manila, Maidenhead, Neu-Delhi, Singapur, Sydney, Teheran, Wien
Member of the World Sport Publishers' Association (WSPA)

Gesamtherstellung: Print Consult GmbH, München

MIX
Papier | Fördert gute Waldnutzung
FSC® C084279

ISBN 978-3-8403-7819-5
E-Mail: verlag@m-m-sports.com
www.dersportverlag.de

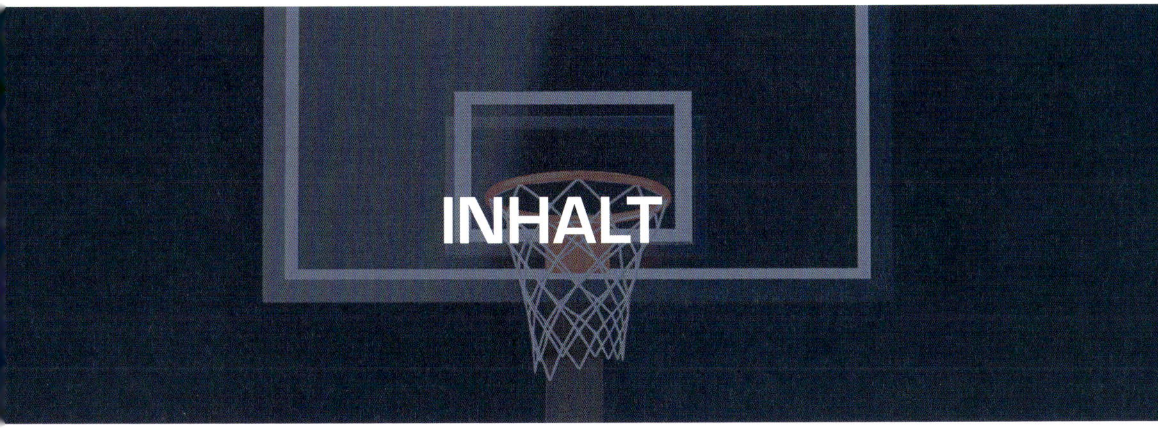

INHALT

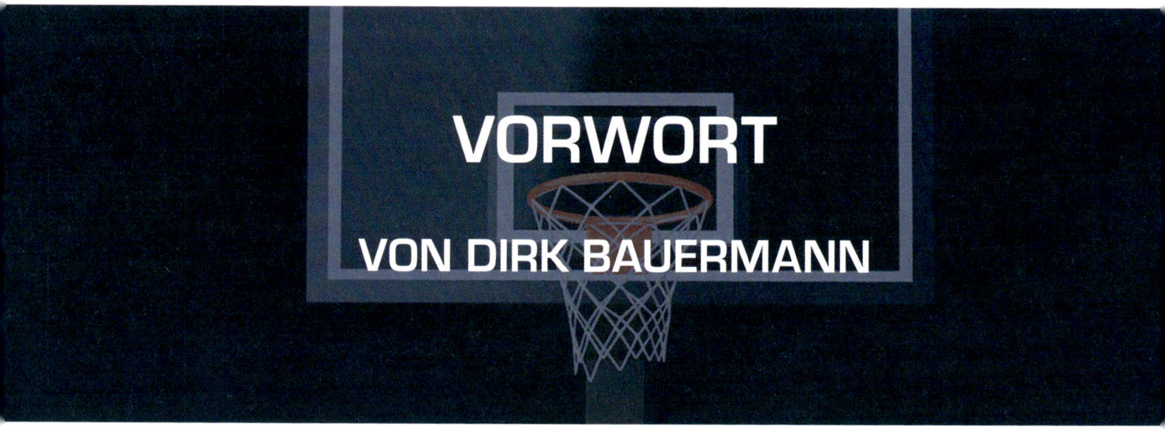

VORWORT

VON DIRK BAUERMANN

Bei der EuroBasket 2022 werden uns die Spiele von 24 Teams an vier Standorten in vier verschiedenen Ländern viel Freude bereiten. Natürlich hoffe ich, dass auch die deutsche Nationalmannschaft dazugehört und durch häufige kreative Einzelaktionen, aber auch durch mühelose Kombinationen und schnelle, effektive Ballstafetten erfolgreich spielt. Wichtig wird sein, dass alle topfit sind – insbesondere mental.

Auch bei mir und meinen Spielern war dies immer so: In den vielen Jahren in der Bundesliga, aber auch in der Nationalmannschaft, haben wir sehr konsequent Dinge wie Wahrnehmung, Aufmerksamkeit und intelligente Entscheidungen trainiert. Nur deshalb sieht es manchmal scheinbar mühelos aus, aus der Drehung oder aus großer Distanz traumhaft sicher einen Korb zu erzielen oder einen entscheidenden Pass zu einem freien Mitspieler zu spielen. Schließlich sind das genau die Dinge, die unsere Fans sehen wollen.

Mit dem Buch *Basketballspiele werden im Kopf entschieden* erhalten Trainer die Möglichkeit, sich intensiv den oft vernachlässigten kognitiven Fähigkeiten zu widmen. Die Bedeutung des „Kopfs" für ambitionierte A-Jugend-Mannschaften bis hin zur Regionalliga oder sogar für den Profibereich ist unstrittig. Ich selbst habe dem kognitiven Training deshalb immer einen besonderen Stellenwert zugeschrieben.

Bisher haben Trainer in Deutschland immer wieder auf ihr eigenes Wissen zurückgreifen müssen oder sich mühsam in den einschlägigen Fachzeitschriften Hinweise und Spielformen zu Kognitionen im Basketball suchen müssen. Der vorliegende Band schließt diese Lücke. Mit den zahlreichen Spielformen zu den sechs Kognitionen Antizipation, Wahrnehmung, Aufmerksamkeit, Spielintelligenz, Kreativität und Arbeitsgedächtnis gelingt es jetzt, sich schnell und unkompliziert Anregungen für die tägliche Trainingspraxis zu holen.

Ich wünsche dem Band 4 der Reihe *Sportspiele werden im Kopf entschieden* eine große Verbreitung. Zudem hoffe ich, dass die Lektüre helfen wird, kognitive Kompetenzen, die bis jetzt im Trainingsprozess die geringste Aufmerksamkeit erhielten, vermehrt in den Mittelpunkt des Trainings zu rücken. Im kognitiven Bereich schlummern die größten Potenziale; wir sollten lernen, sie in allen Leistungsklassen so effektiv wie möglich zu nutzen.

Dirk Bauermann

Basketball Bundestrainer von 2003-2011

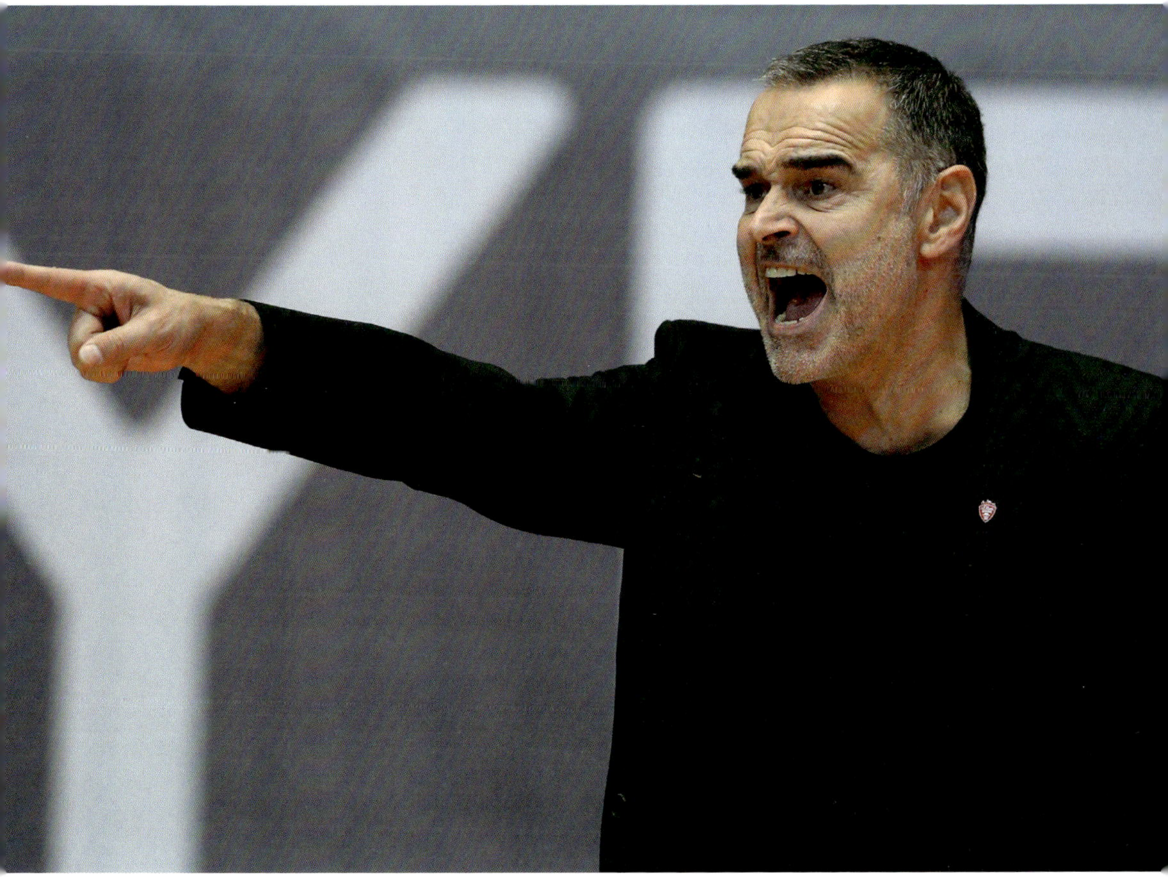

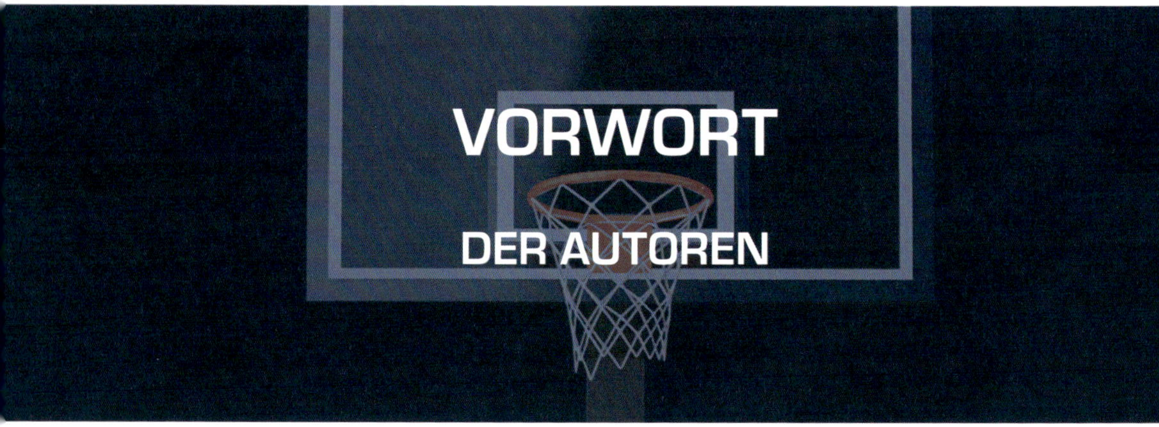

VORWORT

DER AUTOREN

Wir möchten zahlreichen Kolleginnen und Kollegen großen Dank sagen, mit denen wir zur Thematik Kognitionen und zu den Sportspielen in den letzten Jahren, gar Jahrzehnten, forschen sowie publizieren durften und deren Ideen wir (natürlich gekennzeichnet) integriert haben (alphabetisch): Dr. Philip Furley, Prof. Dr. Norbert Hagemann, Jun.-Prof. Dr. Stefanie Klatt, Dr. Timo Klein-Soetebier, Prof. Dr. Benjamin Noël, Dr. Sebastian Schwab sowie Prof. Dr. Matthias Weigelt. Selbstverständlich auch allen Studierenden, die wertvolle Beiträge zu den einzelnen Teilstudien geleistet haben.

Ein Forschungsprogramm resultiert selten aus den Ideen eines Einzelnen, sondern viel eher aus den gemeinsamen Gedanken vieler in einer angenehmen Atmosphäre.

Zusätzlich möchten wir uns bei allen bedanken, die Teile des Buchs im Vorfeld kritisch gegengelesen haben. Dies sind insbesondere (alphabetisch) Dr. Iris Güldenpenning, Prof. Dr. Norbert Hagemann, Prof. Dr. Oliver Höner, Dr. Carina Kreitz, PD Dr. Florian Loffing, Prof. Dr. Matthias Weigelt sowie Elke Weyermann, M. Sc.

Für die Mithilfe bei der Spieleauswahl, bei der Erstellung der Abbildungen und für die vielfältigen Rückmeldungen möchten wir uns bei Adrian Weitzer und Linnea Schneider sehr herzlich bedanken.

Dr. Philip Furley hat uns zentral im gesamten Prozess begleitet, was wir sehr zu schätzen wissen. Die vielen kritischen Hinweise haben nicht nur dem Buch sehr gutgetan, sondern auch den Forschungsarbeiten in diesem Bereich an unserem Institut.

Daniel Memmert und Stefan König

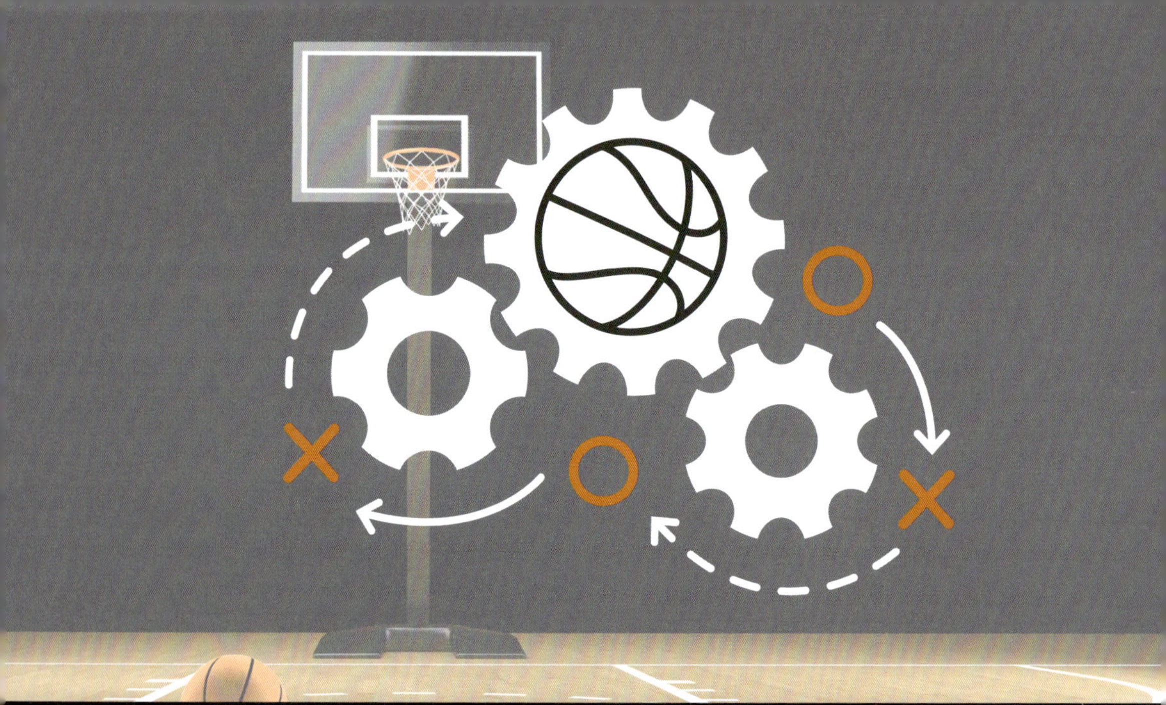

1 BASKETBALLSPIELE WERDEN IM KOPF ENTSCHIEDEN ...

Dirk Nowitzki oder aktuell Dennis Schröder gelingt es scheinbar mühelos, in äußerst komplexen Situationen ungewöhnliche, aber auch technisch-taktische Bestlösungen auf das Spielfeld zu „zaubern". Erfolgreiche Trainer, aber häufig auch Spieler, sprechen bei solchen Ausnahmespielern von Gedankenschnelligkeit, „der Kopf ist wichtig", „sehr schnell im Kopf", oder „intelligenten Spielern".

Ein gutes Beispiel sind Aussagen in Basketballmagazinen, in denen dann von Handlungsschnelligkeit gesprochen wird (Box) und auch im wissenschaftlichen Kontext (Laurent, Ward, Williams, & Ripoll, 2006) sowie in Büchern über Basketball (Jackson & Delehanty, 1995) wird immer wieder betont, dass Basketballspiele im Kopf entschieden werden. Zudem wird in sportwissenschaftlichen Zeitschriften eine Reihe von Studien beschrieben, welche die besondere Bedeutung der Kopplung von Wahrnehmungsfähigkeiten und Reaktions- bzw. Handlungsschnelligkeit (= „Reactive Agility") unterstreichen.

„Basketball ist Kopfsache. Aber es ist hilfreich, große Hände zu haben." – Scottie Pippen

„Wenn der Kopf nicht mitspielt, wird der Sportler nicht in der Lage sein, sein volles Potenzial abzurufen und wird demzufolge unter seinen Möglichkeiten bleiben." – Alexander Elwert

„Es geht nicht um die Anzahl der Stunden, die du praktizierst, sondern um die Anzahl der Stunden, die dein Geist während des Trainings anwesend ist." – Kobe Bryant

Definition der Handlungsschnelligkeit (nach Friedrich, 2005, S. 143)

„Besonders in den Sportspielen kommt es darauf an, sporttechnische und taktische Handlungen situationsangemessen und erfolgreich auszuführen. Ausdruck des Niveaus der Handlungsschnelligkeit ist die für die kognitiven Prozesse (geistige Schnelligkeit) und die motorische Lösung der Handlungsaufgabe benötigte Gesamtzeit."

Allen Termini und Ansätzen gemeinsam ist, dass der Kopf und damit Kognitionen eine fundamentale Rolle im Basketball und in anderen Sportspielen zu spielen scheinen (vgl. auch Bourbousson, Poizat, Saury, & Sève, 2012).

Im Sport werden die „Problemlöseprozesse", die notwendig sind, um in bestimmten Situationen gezielt adäquate Lösungen zu generieren, als Kognitionen bezeichnet. Dazu wird in diesem Buch ein Prozessmodell des Ablaufs menschlicher Entscheidungshandlungen vorgestellt. Kognitionen, wie Antizipation, Wahrnehmung, Gedächtnis oder Aufmerksamkeit, werden beschrieben, die zur Kreativität beitragen. Dazu gehört ganz zentral auch die Spielintelligenz – womit generell die Auswahl der besten Entscheidung gemeint ist.

Etwas weiter gefasst kann man zu den Kognitionen auch Wille, Stimmungen und Emotionen zählen. Im Training soll es nun darum gehen, all diese Kompetenzen einzeln oder in Kombination zu trainieren und somit im Gedächtnis abrufbar zu machen.

Basketball hat in der Sportwissenschaft generell einen hohen Stellenwert. Es gibt zu diesem Thema viele Forschungsergebnisse mit verschiedenen Forschungsschwerpunkten (unter anderem soziales Verhalten: Al-Yaaribi, Kavussanu, & Ring, 2018; soziale Interaktionen: Bourbousson, Poizat, Saury, & Sève, 2010; Selbstgespräche: Latinjak, Torregrossa, Comoutos, Hernando-Gimeno, & Ramis, 2019; Scouting: Rösch, Deutsch, & Höner, 2021; Verletzungen: Conti, Di Fronso, Pivetti, Robazza, Podlog, & Bertollo, 2019).

Für das Buch relevant sind vor allem aber die Bereiche Wahrnehmung, Antizipation, Aufmerksamkeit, Kreativität, Spielintelligenz sowie das Arbeitsgedächtnis, wobei nur für die ersten drei Kognitionen eine ausreichende Anzahl von Publikationen vorliegt.

Dennoch sind auch aus diesen Arbeiten noch nicht alle wissenschaftlichen Ergebnissen in die Praxis transferiert worden. Das erkennt man daran, dass erstaunt darüber berichtet wird, wenn Rolf Brack Spielformen zur Wahrnehmung und zum situationsangemessenen Entscheiden anleitet, bei denen vier verschiedene Farben (Leibchen der verschiedenen Teams in Bezug auf vier Tore) eine Rolle spielen oder er im Training Denksportaufgaben mit motorischen Antworten verbindet. Das gilt dann schon als revolutionär, dabei ist diesbezüglich noch viel mehr möglich.

In diesem Buch werden zum ersten Mal wissenschaftlich fundierte Aussagen zum Kognitionstraining im Basketball gemacht. Dabei werden sowohl inhaltliche als auch methodische, diagnostische und praktische Aspekte aufgearbeitet.

Im ersten Teil des Buchs werden Grundlagen für ein kognitives Training gelegt:

- Was sind die entscheidenden Faktoren, die man schulen kann?
- Welche Modelle stehen bereit?
- Welche Evidenzen gibt es dazu?

Darüber hinaus werden diese Erkenntnisse auch mit der Coachingpraxis verknüpft. Durch ein einziges Wort können Trainer die Aufmerksamkeitsfoki der Spieler variieren. In Situationen, in denen Variabilität und Kreativität gefragt sind, brauchen wir einen möglichst breiten Aufmerksamkeitsfokus.

Wenn dagegen Bewegungen und Aktionen zu antizipieren sind bzw. wir auf bestimmte Ereignisse achten müssen, dann hilft uns ein enger Aufmerksamkeitsfokus. Dazu wurden in den letzten 15 Jahren viele Studien durchgeführt und wir wissen auch, welche Rolle das Arbeitsgedächtnis in diesem Zusammenhang spielt.

Die mögliche kognitive Diagnostik wird anhand des zugrunde liegenden Modells im Anschluss in Tests zu elementaren Kognitionen im Labor und Feld unterteilt. Um beispielsweise festzustellen, wie groß der Aufmerksamkeitsfokus eines Spielers ist, kann man im Labor sehr genau dessen Aufmerksamkeitsfenster bestimmen.

In umfangreichen sportwissenschaftlichen Studien mit Spitzensportlern wurden Aufmerksamkeitstests entwickelt, mit denen das Aufmerksamkeitsfenster eines Athleten auf das Grad genau bestimmt werden kann. Darüber hinaus gibt es Diagnostiktools, die man in der Praxis einsetzen kann.

Man kann beispielsweise erfassen, wie sich Spieler gegen Störvariablen abschirmen, also auf eine Sache konzentrieren können, wie ausgeprägt verteilte oder selektive Aufmerksamkeit ist und wie gut sich Athleten fokussieren können. Dafür gibt es zahlreiche Testverfahren. Gleichzeitig gibt es etablierte, spielnahe Sportspieltests im Feld (Halle oder Sportplatz), mit denen man die Kompetenz von Sportlern bei der Suche nach Lücken und das Freilaufen im Raum bewerten kann. Diese bilden ein basistaktisches Fundament und sind nicht nur im Basketball, sondern auch in anderen Sportspielen von Bedeutung.

In Kap. 5 werden Schulungsbeispiele in Form von Spiel-, Wettkampf- und Übungsformen für ein kognitives Training gegeben. Trainer und Vereine müssen noch mehr dafür sensibilisiert werden, dass Aufmerksamkeit und Kreativität trainiert werden können.

Gerade Antizipation, aber auch Wahrnehmung und Aufmerksamkeit können hervorragend geschult werden. Dazu werden zahlreiche Beispiele vorgestellt, die nach dem inhaltlichen Modell des kognitiven Trainings strukturiert sind, welches im nächsten Kapitel beschrieben wird.

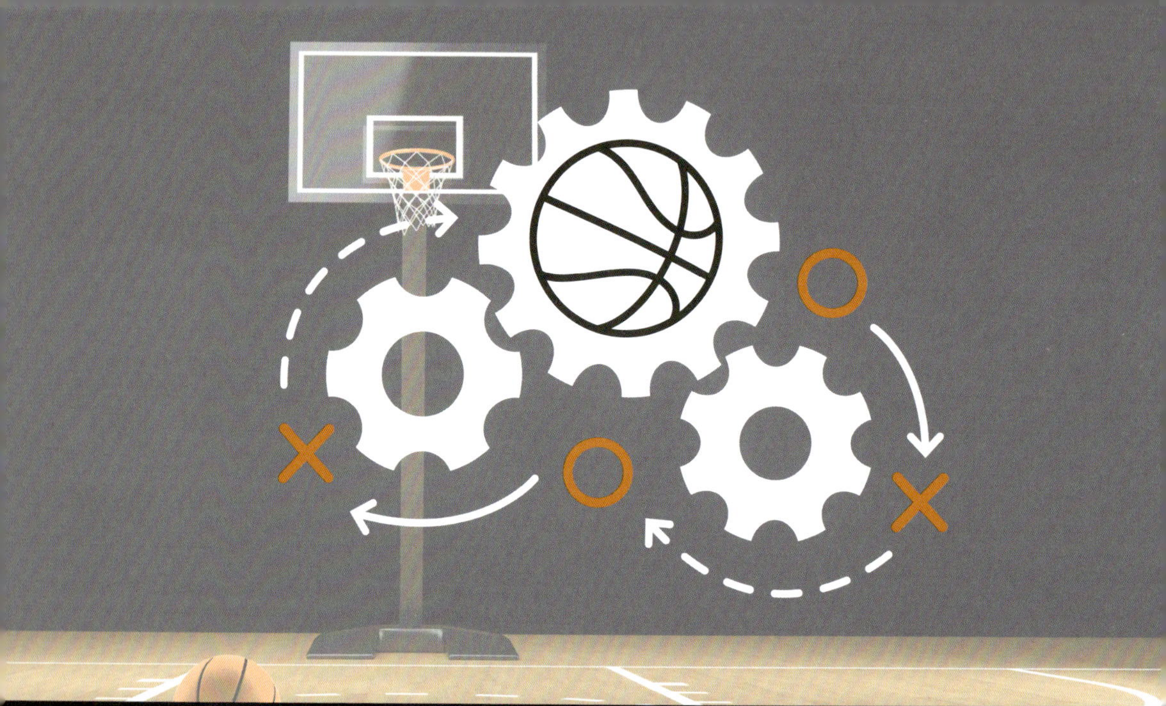

2 DEFINITION UND RELEVANZ VON KOGNITIONEN

Was sind nun *Kognitionen* oder *kognitive Prozesse* aus wissenschaftlicher Perspektive genau? Die Verwendung des Begriffs *Kognition* hat eine lange Tradition, die von Tolman über Hebb und Neisser bis zu Gazzaniga, alle berühmte Wissenschaftler, reicht.

An dieser Stelle wird darauf verzichtet, einen genauen Überblick über die vorhandene Definitionsvielfalt zu geben (z. B. für einen Überblick in der Psychologie, Neisser, 2014; für einen Überblick im Sport, Memmert, 2004a).

In Abgrenzung zu rein physiologischen, neuronalen und präkognitiven Vorgängen charakterisieren Roth und Menzel (2001, S. 559) geistige Leistungen durch sechs kognitive Prozesse:

- integrative, häufig multisensorische und auf Erfahrung beruhende Wahrnehmungsprozesse;

- Prozesse, die das Erkennen individueller Ereignisse und das Kategorisieren bzw. Klassifizieren von Objekten, Personen und Geschehnissen beinhalten;
- Prozesse, die bewusst oder unbewusst auf der Grundlage interner Repräsentationen (Modelle, Vorstellungen, Karten, Hypothesen) ablaufen;
- Prozesse, die eine erfahrungsgesteuerte Veränderung von Wahrnehmung beinhalten und deshalb zu veränderlichen Verarbeitungsstrategien führen;
- Prozesse, die Aufmerksamkeit, Erwartungshaltungen und aktives Explorieren der Reizsituation voraussetzen oder beinhalten;
- „mentale Aktivitäten".

Im Allgemeinen und etwas vereinfacht zusammengefasst, werden Kognitionen als höhere geistige Funktionen und Prozesse definiert, die notwendig sind, um in bestimmten Situationen gezielt adäquate Lösungen in unserer Umwelt zu generieren.

Die Bedeutung von Kognitionen ist im Sport alles andere als abschließend geklärt (vgl. Heilmann et al., 2022; Scharfen & Memmert, 2021), vielmehr befindet sie sich derzeit in einer intensiven Diskussion. Diese erstreckt sich auch (und vor allem) in die Psychologie (siehe für einen Überblick Simons et al., 2016; Hambrick, Burgoyne, & Oswald, 2019).

Die Befunde aus der allgemeinen Psychologie mehren sich aber, dass etwa fluide Intelligenz und Kreativität von verschiedenen elementaren und kognitiven Prozessen (z. B. Inhibition) beeinflusst werden (Benedek, Jauk, Sommer, Arendasy, & Neubauer, 2014).

Somit befinden wir uns in einer spannenden Phase, sowohl für die Sportwissenschaft als auch für die Sportpraxis. Während beispielsweise die eine Arbeitsgruppe seit Jahren Daten vorlegt, die zeigen, dass ein Training der Arbeitsgedächtniskapazität in einem positiven Zusammenhang zu verschiedenen kognitiven Leistungen steht (vgl. Klingberg, 2010), konnten diese Zusammenhänge von einer anderen Arbeitsgruppe in einer gewissen Regelmäßigkeit nicht bestätigt werden (vgl. Owen et al., 2010). Im Prinzip geht es immer darum, ob das Training einer elementaren Kognition zu Transfereffekten auf andere domänenspezifische Leistungen führt.

Exekutive Funktionen

Ein aktuelles Mainstreammodell für Kognitionen aus der Psychologie (Alvarez & Emory, 2006), welches auch in der Sportpsychologie hin und wieder als Grundlage von Forschungsprogrammen eingesetzt wird, beschreibt die Steuerung und Regulierung spezifischer kognitiver Prozesse von Menschen. Diese *exekutiven Funktionen* (EF) regeln zielgerichtetes, zukunftsorientiertes Verhalten (Friedman et al., 2006), also Prozesse wie die Entscheidungsfindung (das heißt, die Auswahl zwischen mehreren Alternativen).

EFs werden weiter unterschieden in „Core EF" (CEF) und „Higher-Level EF" (HEF), wobei Erstere durch das Arbeitsgedächtnis, kognitive Flexibilität und inhibitorische Prozesse charakterisiert sind, während HEFs Problemlöse- und Argumentationsstrategien sowie Planungsprozesse involvieren (Diamond, 2013).

Diese Kompetenzen entwickeln sich mit dem Alter, da sie auf verschiedene präfrontale Gehirnstrukturen angewiesen sind. Die neuronale Struktur, die den HEFs zugrunde liegt, ist der präfrontale Kortex. Dieser reift nur langsam und als Letzter in der Entwicklung; die volle Kapazität wird hier erst zwischen 20 und 29 Jahren erreicht (Luciana et al., 2005).

Die CEFs hingegen entwickeln sich schon früher im Leben vollumfänglich, meist schon vor der frühen Adoleszenz (Crone et al., 2006). In diesem Buch bilden beide die Grundlage der vorgestellten Modelle und Befunde.

Mit den CEFs werden das Arbeitsgedächtnis, das Tracking von Objekten, die Inhibitionsprozesse unter Auslastung der Wahrnehmungskapazitäten und die Flexibilität des Aufmerksamkeitsfensters in Verbindung gebracht, da sich diese früher als die HEFs entwickeln und dadurch ein Schlüsselindikator im frühen Entwicklungsprozess von Spielern sein könnten.

Mit dem HEFs werden Antizipation, Spielintelligenz und Spielkreativität thematisiert, die sich (nicht nur, aber) auch in späteren Schulungsphasen gewinnbringend trainieren lassen.

In zwei sportwissenschaftlichen Metaanalysen (Voss et al., 2010; Scharfen & Memmert, 2019a) konnten kleine bis mittlere Effekte von grundlegenden kognitiven Leistungen bei Experten nachgewiesen werden, was auf überlegene (basale) Kognitionen von Eliteathleten hinzudeuten scheint. Einzelne Arbeitsgruppen haben darüber hinaus herausgefunden, dass Sportspielexperten (insbesondere Basketballprofis) herausragende basale Kognitionen zu besitzen scheinen (Vestberg et al., 2012; Verburgh et al., 2016).

Es muss aber kritisch darauf hingewiesen werden, dass die Anzahl der Studien noch zu gering ist, die methodische Qualität überschaubar und es auch publizierte und nicht publizierte Studien gibt, die keine Zusammenhänge nachgewiesen haben (vgl. Furley, Schul, & Memmert, 2017).

Zuletzt demonstrierte eine Querschnittsstudie von Scharfen und Memmert (2019b) bei hochtalentierten Nachwuchsleistungsfußballern, dass beispielsweise ein großes Aufmerksamkeitsfenster für komplexere motorische Fähigkeiten, wie zum Beispiel Dribbeln, von Vorteil sein kann. Außerdem deutet eine geringere Reduzierung der individuellen Ablenkbarkeit (Perceptual Load) auf eine höhere Geschwindigkeit beim Sprint hin.

Hinzu kommt, dass ein besseres Arbeitsgedächtnis Auswirkungen auf eine präzisere Ballkontrolle und Dribblingfähigkeiten hat. Diese Befunde müssen in naher Zukunft repliziert werden, insbesondere auch in größeren Stichproben.

Wie auch ein systematischer Überblick über kommerzielle kognitive Trainingsprogramme und deren Auswirkungen auf den Einsatz im Sport zeigt (Harris, Wilson, & Vine, 2018), sind noch viele Fragen offen und müssen in Folgestudien geklärt werden.

Dennoch sind wir der festen Überzeugung, dass wir in der Praxis beginnen müssen, Kognitionen zu schulen, auch bevor die Wissenschaft alle Fragen von A bis Z beantwortet hat. An vielen Stellen bedarf es ein wenig Mut, an anderen Stellen wird Demut und Zurückhaltung gefragt sein. Das Dilemma von allgemeiner, domänenunspezifischer Kognition kann vielleicht am besten an der Metapher eines Transportmittels wie des PKWs oder des Flugzeugs verdeutlicht werden.

Einerseits, unabhängig davon, ob das Fahrzeug ein Sportwagen, Traktor oder LKW ist, gilt: Je größer der Motor ist (unspezifisch, da Motoren auch in vielen Geräten Anwendung finden), desto schneller wird man fahren können. Je besser die Technik (auch erst einmal unspezifisch) ist, desto sicherer wird man unterwegs sein usw.

Andererseits haben unterschiedliche Transportmittel auch unterschiedliche Anforderungsprofile. Ein Flugzeug benötigt beispielsweise einen ganz anderen Motor oder auch andere Reifen. Während man in der Raumfahrt- bzw. Automobilindustrie schon genauer weiß, welches Gemisch an Gummimaterialien für Reifen von Flugzeugen oder Autos gut ist (oder für beide), kann dies im komplexen Sport für kognitive Prozesse noch nicht gesagt werden.

Kognitionen in Analogie zu Laktat

Eine gute Ausdauer (abgebildet über das Stoffwechselabbauprodukt Laktat) wirkt einer frühen Ermüdung entgegen, *unabhängig* davon, welche Sportart (z. B. Basketball, Leichtathletik, Kraftsport) man betreibt. Dies zeigt sich beispielsweise in einer reduzierten Zeitdauer, die zur Erholung zwischen den Trainingseinheiten oder zwischen den Trainingssätzen notwendig ist.

In einer klassischen Untersuchung von Spencer und Gastin (2001) konnte selbst beim 200-Meter-Sprint, der deutlich unter 30 Sekunden liegt, nachgewiesen werden, dass immer noch eine Beteiligung von knapp 30 Prozent eines aeroben Metabolismus vorliegt. Somit kann Laktat als ein *unspezifischer* (= unabhängig von der Bewegung/Sportart) Parameter (analog zu *unspezifischen* Gedächtnis- und Aufmerksamkeitsprozessen) für die aerobe Laufleistungsfähigkeit eines Sportlers bezeichnet werden.

Als vor 40 Jahren zum ersten Mal Laktat im Fußball untersucht wurde (Ekblom, 1986), gab es auch große Skeptiker, sowohl in der Wissenschaft als auch in der Praxis. Heute ist die Laktatdiagnostik ein fester Bestandteil der Trainingssteuerung und deren gezielter und systematischer Einsatz ist im Jugendleistungs-Basketball sowie im Profi-Basketball nicht mehr wegzudenken.

Übertragen wir das Beispiel des Motors auf das Sportspiel, so kann dies auf der einen Seite bedeuten, dass ein exzellenter Basketballspieler von einem breiten Aufmerksamkeitsfokus oder einem großen Arbeitsgedächtnisspeicher profitiert und dadurch – entweder durch einen Talentauswahlprozess oder durch viel Erfahrung in Basketballsituationen oder beides – einen breiten Aufmerksamkeitsfokus oder ein großes Arbeitsgedächtnis erworben hat und damit in der Lage ist, auch bessere Entscheidungen zu fällen, da er mehr Mit- und Gegenspieler in den Entscheidungsprozess integrieren kann.

Auf der anderen Seite ist es (im Moment noch) auch plausibel, dass exzellente Basketballspieler bei Aufmerksamkeits-, Arbeitsgedächtnistests und Leistungen auf dem Platz nur deshalb so gut abschneiden (übrigens auch bei Talentauswahlprozessen), weil sie über andere Talente oder Fähigkeiten verfügen, die alle ihre sportlichen Leistungen in hohem Maße beeinflussen. Beispielsweise könnte dies hoher Ehrgeiz, ein hohes Leistungsmotiv oder eine hohe Anstrengungsbereitschaft sein.

Es ist schwer, abzuschätzen, welche der beiden Positionen in der Zukunft empirisch unterstützt werden. Vielleicht wird, wie so oft im (wissenschaftlichen) Leben, beides seine Berechtigung haben und/oder die „Wahrheit" in der Mitte liegen. Nicht nur aus diesem Grund empfiehlt es sich an dieser Stelle, mutig und demütig zugleich zu sein und in den nächsten Kapiteln weitere bisherige Befunde aus der Bewegungswissenschaft und Sportpsychologie zu elementaren Kognitionen zu diskutieren. Und: Dies ist gar nicht so wenig.

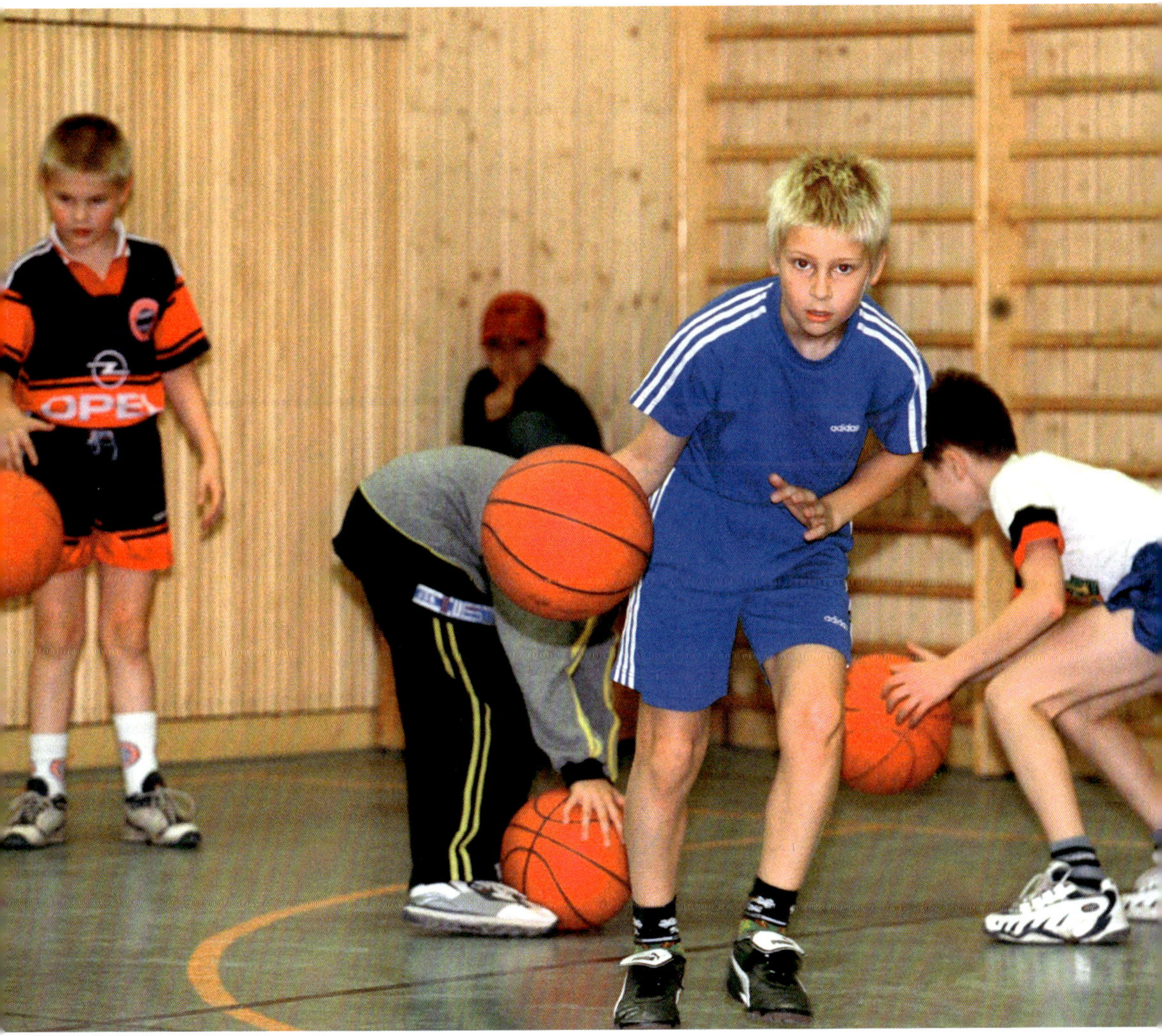

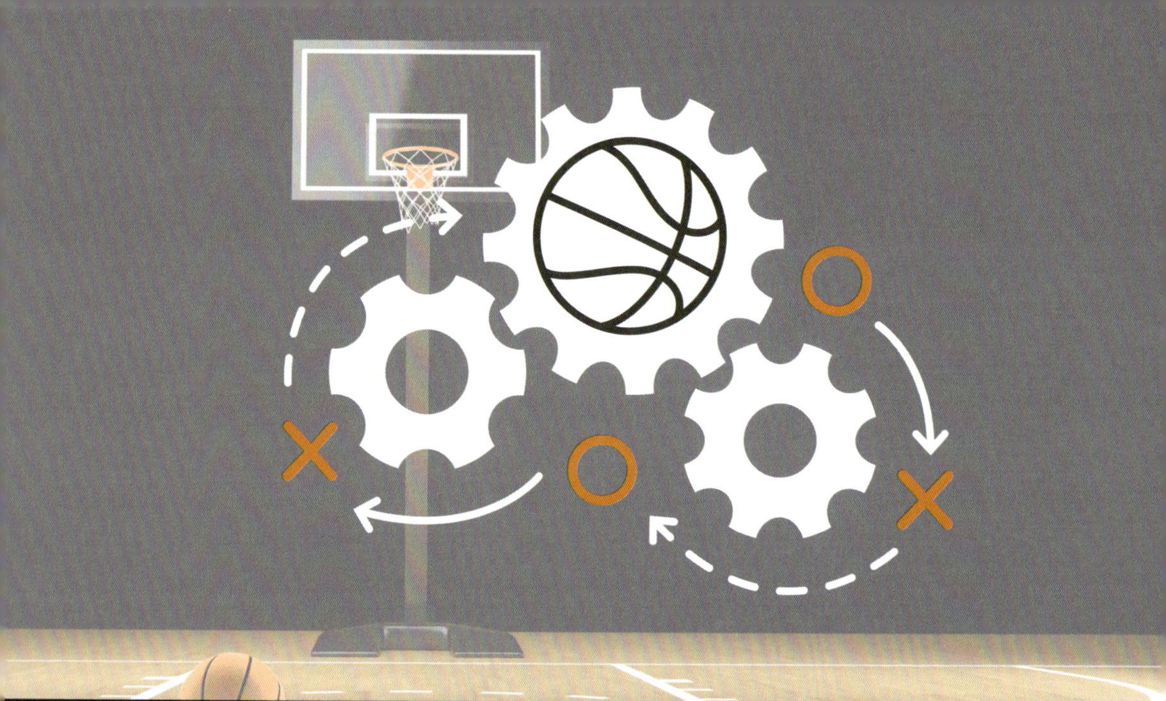

3 KOGNITIONEN IM BASKETBALL

Übertragen auf das Sportspiel (z. B. Basketball), finden sich in Tab. 1 elementare Kognitionen aus biopsychologischer, evolutionspsychologischer, entwicklungspsychologischer und kognitionspsychologischer Perspektive, die in eine lose Verbindung zu basistaktischen Kompetenzen gebracht werden können, welche wiederum in verschiedenen Sportspielen von wahrscheinlich grundlegender Bedeutung sind.

Tab. 1: Darstellung elementarer Kognitionen hinsichtlich verschiedener Teildisziplinen, die als kognitive Grundlage zur Bewältigung basistaktischer Aufgabenstellungen im Sportspiel dienen könnten (aus: Memmert, 2004a, S. 137).

Aufgabenstellungen	Operationalisierung	Biopsychologie	Evolutionspsychologie	Entwicklungspsychologie	Kognitionswissenschaften
Ziel ansteuern	Zeitpunkt und Ort ansteuern	Zielgerichtete Orientierungsleistungen		Objektsuche	Orientierung auf ein Ziel
Ball dem Ziel annähern	Distanzabschätzung	Beurteilungen von Richtungen		Distanzcodierung	Entfernungsdifferenzierung
Lücken ausnutzen	Räumliche Entscheidung	Lokalisation von Objekten		Objektbezogene Wahrnehmung	Objektdifferenzierung
Gegnerbehinderung umgehen	Ausweichen von Bällen	Reizbezogene Reaktionen	Reiz-bezogene Reaktionen	Konkrete Reaktionen	Reizbezogene Reaktionen
Zusammenspiel	Adäquates Abspiel	Zeitlich-räumliche Struktur von Sinneswahrnehmungen	Objektbeziehung		Visuelle Ortsbestimmung
Vorteil herausspielen	Überzahl herausspielen	Räumliche Vorstellungen	Raumbezogene Reaktionen	Ortsbezogene Reaktionen	Ortsbezogene Reaktionen
Anbieten & Orientieren	Raumorientierung	Kognitive Karten	Räumliche Orientierung	Raumkognition	Raumkognition

Neben solchen sportspielübergreifenden basalen Kognitionen, wie „Lücken ausnutzen" (vgl. Kap. 4), wurden in der Sportwissenschaft auch seit vielen Jahren komplexere Kognitionen diskutiert.

In Anlehnung an die Paradigmen aus der Psychologie wurde ein Prozessmodell des Ablaufs menschlicher Entscheidungshandlungen entwickelt (Memmert, 2013, 2017a, b; Memmert & Roth, 2003; Roth & Hossner, 1999), das die Kognitionen Antizipation, Wahrnehmung, Aufmerksamkeit, Kreativität, Spielintelligenz und Gedächtnis beinhaltet (vgl. Abb. 1).

Dieses Modell ist vorrangig für Sportspiele entwickelt worden, da beim Schwimmen oder in der Leichtathletik Kreativität oder Aufmerksamkeit keine so zentrale Rolle spielen wie etwa im Basketball. Denn: In den Sportspielen werden viele verschiedene Lösungsmöglichkeiten benötigt, um an das Ziel zu gelangen.

Konkreter für den Basketball bedeutet dies: Weil Spieler eine Situation aufgrund ihrer Vorerfahrungen, die im Gedächtnis abgelegt sind, antizipieren, werden einzelne Umweltfaktoren unbewusst oder bewusst wahrgenommen, und es wird ihnen Aufmerksamkeit geschenkt.

Nach der bewussten bzw. extrem oft unbewussten geistigen Generierung einer bestimmten Zahl von Lösungsvarianten, die im Lösungsraum des Gedächtnisses präsent sind, wird schließlich eine Best-Lösung oder eine kreative Idee ausgewählt. Dies kann an folgender Sequenz aus der NBA veranschaulicht werden.

Praktisches Beispiel von Kognitionen im Weltklasse-Basketball (siehe https://www.youtube.com/watch?v=i3VjVOtqsOY – 0:30 bis 0:50)

Nach einem erfolgreichen Defensiv-Rebound der Denver Nuggets (blau) nimmt der ballbesitzende Spieler (Nummer 77) einen freien Mitspieler (Nummer 4) auf der rechten Außenspur wahr und spielt diesen direkt an. Nummer 4 leitet den Ball sofort und spielintelligent auf Nummer 0 in der Mittelspur weiter.

Dieser Pass ist so getimt, dass der neue Ballbesitzer mit einem Dribbling in die Zone schneiden und zum Korb ziehen kann. Anstelle eines Wurfs spielt er den Ball jedoch nach hinten zum in die Lücke schneidenden Spieler Nummer 00, der den Fast Break mit einem Dunk erfolgreich abschließt.

Spieler Nummer 77 profitiert in dieser Spielszene von seinem Arbeitsgedächtnis, in dem abgelegt ist, dass nach einem Rebound die Außenspuren besetzt sind; er kann deshalb das Spiel sehr schnell eröffnen und Nummer 4 hat die Möglichkeit, das Spiel wieder in die Mitte zu Nummer 0 zu verlagern. Alternative Möglichkeiten für Nummer 0, wie ein Bodenpass zu Nummer 4 zurück oder ein Pass auf die linke Außenspur, wären bei einer etwa zentraleren Verteidigung möglich gewesen.

Akzentuiert werden im Folgenden die kognitiven Faktoren Antizipation, Wahrnehmung, Aufmerksamkeit, Spielintelligenz, Kreativität sowie Gedächtnisprozesse, die für die erfolgreiche Lösung taktischer Situationen im Basketball verantwortlich zeichnen (Abb. 1).

Die Darstellung der einzelnen psychologischen Prozesse folgt dabei einem weitestgehend akzeptierten zeitlichen Ablauf, wobei im realen Kontext nicht notwendigerweise alle perzeptiv-kognitiven Phasen durchlaufen werden müssen. Alle sechs Kognitionen wurden auch in zahlreichen wissenschaftlichen Basketballstudien in den letzten Jahren untersucht (Basevitch, Boiangin, Sáenz-Moncaleano, & Tenenbaum, 2020) und gelten insbesondere für die Praxis als relevant (siehe die Beiträge von Memmert & Leitner, 2019 und Memmert & König, 2022).

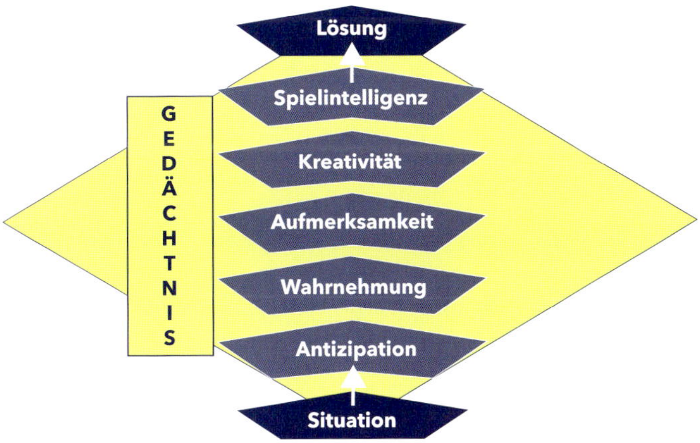

Abb. 1: Überblick über die zentralen kognitiven Leistungsfaktoren, die allen Handlungen im Basketball zugrunde liegen (Memmert, 2013; 2017a, b). Nicht notwendigerweise müssen bei der Generierung basketballspezifischer Situationslösungen alle perzeptiv-kognitiven Phasen durchlaufen werden.

3.1 Antizipation

In vielen Sportspielen spielt Antizipation eine herausragende Rolle (Smith, 2016; Williams & Jackson, 2019), insbesondere im Basketball (Aglioti, Cesari, Romani, & Urgesi, 2008; Wu et al., 2013). Hier müssen die Spieler beispielsweise in Bruchteilen von Sekunden entscheiden, wem sie den Ball passen oder welche Räume sie aufsuchen. Dazu müssen sie die Bewegungen der Mit- und Gegenspieler sowie die Richtung des Balls vorhersehen.

Deshalb hat sich die Forschung in den Sportspielen differenziert mit den entsprechenden latenten oder offensichtlichen Hinweisreizen der Akteure beschäftigt, die für die Antizipation der Handlungsabsichten der gegnerischen Athleten herangezogen werden können (vgl. zusammenfassend Loffing, Cañal-Bruland & Hagemann, 2014).

Li und Feng (2020) untersuchten die vier zeitlichen Phasen (die Schussphase, Anstiegsphase, Hochpunkt, Fallphase) beim Basketball-Freiwurf. Experten haben bessere Antizipation als Nichtsportler in der letzten, fallenden Phase, aber nicht für die anderen drei davor. In Bezug auf die Genauigkeit der Trefferergebnisse konnten Basketballexperten genauere Vorhersagen als Nichtsportler machen, wenn sie die Würfe in der späten Zeitphase beurteilen mussten.

Während in vielen Sportspielen gezeigt wurde, dass Experten frühere und präzisere Vorhersagen z. B. der Wurfrichtung, basierend auf Hinweisen, die sie aus der Bewegung eines Gegenspielers entnehmen, treffen können (gute allgemeine Übersichten finden sich bei Brenton & Müller, 2018; Farrow & Abernethy, 2007; Loffing, Cañal-Bruland, & Hagemann, 2014; Williams & Ward, 2003), gibt es derartige Studien beispielsweise im 1 gegen 1 im Basketball kaum (Fujii, Shinya, Yamashita, Kouzaki, & Oda, 2014).

Dies könnte damit zusammenhängen, dass die Interaktion Torwart-Feldspieler im Fußball oder Handball eine größere Bedeutung hat und zudem in sportwissenschaftlichen Settings leichter zu untersuchen ist. Somit konnten solche „Torhüterstudien" zeigen, dass verschiedene Teile des Körpers als antizipationsrelevante Regionen („Information-Rich Areas" – Magill, 1998) eingeordnet und zur Ableitung von Hinweisen für nachfolgende Aktionen genutzt werden können (für einen allgemeinen Überblick Cauraugh, & Janelle, 2002).

Im Basketball (wie auch in anderen Sportspielen) ist die antizpatorische Vorwegnahme der Aktion des Gegenspielers (unter anderem 1 gegen 1) wichtig. Fujii et al. (2014) untersuchten, welche spezifischen Informationen für Verteidiger relevant sind und wie Verteidiger diese Informationen verarbeiten, um die Laufrichtung ihrer Gegner zu bestimmen. Die Ergebnisse zeigen, dass Verteidiger Informationen über Position und Geschwindigkeit des Massenschwerpunkts und des Kontaktfußes der Angreifer extrahieren.

In der Regel werden sportspezifische, antizipationsrelevante Informationen über filmbasierte Simulationen oder, weitaus seltener, über Trainingseinheiten vor Ort mit einem Livemodell unterrichtet. Die ersten Ergebnisse aus dem Basketball (unter anderem Fujii, Shinya, Yamashita, Kouzaki, & Oda, 2014; Aglioti, Cesari, Romani, & Urgesi, 2008) können verwendet werden, um Trainingsprogramme zu entwerfen sowie zu testen, ob sie zur Verbesserung der Antizipation von Sportlern, insbesondere von Anfängern (für einen guten allgemeinen Überblick, Loffing, Hagemann, & Farrow, 2017), genutzt werden können.

Eine besonders wichtige Frage ist, wie die Antizipation durch verschiedene Trainingsmethoden gefördert werden kann (vgl. Farrow & Abernethy, 2002; Williams, Ward, & Chapman, 2003). Welche Instruktionsform ist die vielversprechendste, um das Erlernen von Antizipationen zu erleichtern?

Memmert et al. (2009) testeten verschiedene Trainingsbedingungen (Prinzip „vom Leichten zum Schweren", Kontext-Interferenz-Bedingungen und Feedbackeffekte) auf die Verbesserung der Antizipation. Es zeigt sich, dass ein variables, randomisiertes und mit wenig Feedback behaftetes Training von Vorteil ist.

Andere Studien haben explizites, implizites und kontrolliertes, exploratives Lernen evaluiert. Jackson und Farrow (2005) präsentieren einen Überblick über die verschiedenen Ansätze zur Ausbildung von Antizipation und diskutieren die möglichen Vorteile implizierter Lernmethoden.

Außerdem konnte nachgewiesen werden, dass eine sportartspezifische Antizipation entwickelt werden kann, ohne dass eine direkte Verbindung zwischen Wahrnehmung und Motorik (= sportartspezifische Bewegungstechnik) erforderlich ist (Williams, Ward, Smeeton, & Allen, 2004). Dies ermöglicht ein Wahrnehmungstraining unter Laborbedingungen für verletzte Athleten, für Athleten, die sich auf der Reise zum Wettkampfort befinden oder für Athleten, die gerne zusätzliches eigenständiges Training zu Hause durchführen möchten.

Hagemann und Memmert (2006) konnten darüber hinaus zeigen, dass verbale Anweisungen und geeignete Instruktionen innerhalb eines „echten", feldbasierten Trainingsprogramms die Antizipationsleistung ebenso verbesserten wie ein videobasiertes Laborprogramm.

Beispiel: Wirksamkeit eines Antizipationstrainings im Feld

Exemplarisch soll anhand einer Trainingsstudie von Hagemann und Memmert (2006) verdeutlicht werden, dass auch ein feldbasiertes Antizipationstraining im Vergleich zu einem laborbasierten Antizipationstraining (anhand von Videoclips) zu einer Verbesserung der spezifischen Antizipationen führen kann. Die feldbasierte Trainingsintervention wurde auf Erkenntnissen zum Training der Antizipation im Badminton aufgebaut (vgl. Abernethy & Russell, 1987).

Alle Spieler erhielten Aufgabenstellungen, bei denen sie die Richtung eines gegnerischen Schlags vorhersagen sollten. Die Antizipationsleistung wurde vor und nach der Intervention und in einem späteren Transfertest mit einem etablierten badmintonspezifischen Antizipationstest erfasst (vgl. Abernethy & Russell, 1987).

Die Ergebnisse der feldbasierten Intervention zeigen, dass es möglich ist, die Antizipation von Überkopfschlägen im Badminton zu trainieren. Dieser Effekt ist unabhängig vom Trainer. Dies konnte dadurch bestätigt werden, dass alle Teilnehmer der verschiedenen Trainingsgruppen an zwei verschiedenen Universitäten (Heidelberg und Münster) ihre antizipatorischen Leistungen verbessert haben.

Die Gründe, warum die Antizipationsleistungen der feldbasierten Intervention etwas schwächer sind als die der laborbasierten, könnten darauf zurückzuführen sein, dass die meisten Spieler Anfänger waren, da die Übungen in der Regel mit einem Partner aus der gleichen Trainingsgruppe durchgeführt wurden. Die Analyse der Videoclips im Hinblick auf die Expertise der Probanden zeigt dies explizit an.

Die Teilnehmer der laborbasierten Intervention, der einzigen Gruppe, die Videomaterial mit Bundesligaspielern erhielt, zeigen in der Regel eine erfolgreiche Anpassung, indem sie die Schläge von Bundesligaspielern antizipieren, nicht aber die von Novizen oder Regionalligaspielern. Dies bestätigt die Bedeutung der Verwendung von Experten als Vorbilder im Trainingsprozess, insbesondere, wenn man bedenkt, dass es generell schwieriger ist, die Schlagrichtung von Bundesligaspielern vorherzusagen.

Die Verwendung von Instruktionen ermöglicht es somit Trainern, die Aufmerksamkeit der Athleten auf antizipationsrelevante Regionen zu lenken, die die wichtigsten Bewegungsmerkmale enthalten.

Zudem scheint auch im Basketball die Verfügbarkeit von Handlungswahrscheinlichkeiten die Antizipation zu beeinflussen (Luis del Campo, Hernández Escudero, Morenas Martín, & Esteves, 2021). Sie überprüften die Bedeutung von zusätzlichen Informationen auf das motorische Verhalten von unerfahrenen Verteidigern während einer 1-gegen-1-Situation im Basketball.

Beim Fehlen kinematischer Informationen über ihre Gegner griffen die Novizen auf diese bereitgestellten Informationen über die bevorzugten Aktionen ihrer Gegenspieler während einer 1-gegen-1-Aktion zurück.

Somit können solche Informationen als Trainingsstrategie genutzt werden, um das defensiv-motorische Verhalten von Basketballanfängern zu steuern, wenn sie ihren Gegenspielern im Ballbesitz gegenüberstehen, indem sie die Nutzung antizipatorischer Informationen begünstigen, um früher und erfolgreich auf die Aktionen der Gegner zu reagieren. Für Basketballexperten steht der Nachweis der Nützlichkeit solcher Informationen noch aus.

3.2 Wahrnehmung

Wahrnehmungsaspekte spielen im Sport eine dominante Rolle (Williams, Davids, & Williams, 1999), insbesondere auch im Basketball (Allard, Graham, & Paarsalu, 1980).

Basketballspiele zeichnen sich häufig durch komplexe Situationen aus, in denen in möglichst kurzer Zeit angemessene Reaktionen hervorgerufen werden müssen. Die (korrekte) Wahrnehmung und Nutzung von Informationen ist daher wichtig für eine erfolgreiche Handlungsplanung und -durchführung, weshalb herausragende Sportler sich gerade in diesem Faktor von durchschnittlichen Sportlern unterscheiden (Wu et al., 2013).

- Dirk Nowitzki, der das Verteidigungsverhalten des gegnerischen Spielers scannt und aufgrund dessen in den freien Raum starten kann.
- Dennis Schröder, der die Lauffinte eines Gegenspielers sofort erkennt und den Weg zum Korb somit verstellt.

Beispielsweise muss ein Athlet in extrem kurzer Zeit die Spielsituation exakt erfassen, um „richtig" reagieren zu können. Interaktionen mit Mitspielern und Reaktionen auf Gegenspieler sind elementar im Sportspiel, denn ohne exakte Hinweise aus der Umgebung ist eine angemessene Handlungsplanung nur schwer möglich. Dafür relevant sind verschiedene Wahrnehmungsaspekte, wie z. B. Anzahl der Mitspieler und Gegenspieler, freie Räume, Abstände etc.

Neueste Forschungen zeigen, dass auch taktische Kreativität durch unterschiedliche Wahrnehmungsprozesse unterstützt wird (Roca, Memmert, & Ford, 2018; Roca, Ford, & Memmert, 2020).

„Wahrnehmung wird definiert als der durch die sensorische Verarbeitung von Reizen verschiedener Sinnesmodalitäten geprägte subjektive Eindruck unserer Umwelt oder unseres Körpers. Vereinfacht gesagt beschreibt Wahrnehmung den Prozess der Aufnahme, Selektion sowie Verarbeitung unterschiedlicher Reize und bildet die Grundlage menschlicher Erkenntnis, Erfahrung und Handlung (Marr, 1982). Individuell gemachte Erfahrungen basieren auf Informationen, welche eine Person über ihre Sinne aufnimmt, verarbeitet und in subkortikalen und kortikalen Erkennungsstrukturen der unterschiedlichen Wahrnehmungssysteme speichert (Bruce, Green, & Georgeson, 1996).

Wahrnehmungsprozesse beinhalten demnach zunächst alle Aktivitäten, welche dem Erhalt von Informationen dienen. Die menschliche Wahrnehmung erfolgt über einen oder mehrere Sinne und hilft dabei, die Umwelt zu erfassen und einzuordnen. Dabei spielt vor allem die visuelle Wahrnehmung in vielen alltäglichen Situationen, vor allem aber im Sport, eine sehr wichtige Rolle. Sie beschreibt die Aufnahme und Weiterleitung verschiedener Stimuli mithilfe des Auges – kurz gesagt, den Sehsinn.

Aus physiologischer Perspektive geht es bei der visuellen Wahrnehmung um die Aufnahme von Photonen mithilfe von Photorezeptoren im Auge und die Umwandlung dieser Reize in elektrische Signale, welche zuerst im okzipitalen Bereich des Gehirns, dann in vielen anderen Hirnregionen erfasst, weiterverarbeitet und interpretiert werden. Auf psychologischer Ebene stellt die visuelle Wahrnehmung die Erfassung von Farbe, Form/Gestalt, Bewegung etc. dar. Diese Komponenten stellen für den Menschen eine der wichtigsten, wenn nicht sogar die wichtigste Art der Wahrnehmung seiner Umwelt dar, da meist auf Grundlage der visuellen Wahrnehmung verschiedene Situationen interpretiert und Entscheidungen getroffen werden" (Memmert, Hüttermann, & Kreitz, 2019).

Im Folgenden werden verschiedene Befunde besprochen, die grob in vier Bereiche eingeordnet werden können (vgl. Tab. 2):

Tab. 2: Einordnung der bisherigen Befunde zum Wahrnehmungstraining im Sport

	Informationsgabe des Sportlers (Handlungsintention)			
Informationsverarbeitung des Gegners	Bewusst	Korrekt	Bewusst	Nicht korrekt (Täuschung)
	Unbewusst	Korrekt	Unbewusst	Nicht korrekt (Täuschung)

3.2.1 Bewusste Wahrnehmungsprozesse auf Basis korrekter Informationen

Bewusste Wahrnehmungsprozesse auf Basis korrekter Informationen wurden bislang am intensivsten untersucht. Die meisten Forschungsansätze bestimmen dabei die Wahrnehmungsstrategien von Sportspielern anhand von Blickbewegungsanalysen (für einen Überblick Hüttermann, Noel, & Memmert, 2018; Kredel, Vater, Klostermann, & Hossner, 2017).

Zusammenfassend zeigt sich, dass erfahrene Sportspieler gelernt haben, ihre Wahrnehmungsleistung durch gezielte Strategien zu verbessern (Williams et al., 2010).

In einem Überblicksartikel von Mann, Williams, Ward und Janelle (2007) wurden Unterschiede in den Wahrnehmungsstrategien zwischen Experten und Novizen diskutiert. Die Experten benutzten weniger, aber dafür längere Blickfixationen, die zumeist auf Mit- und Gegenspieler gerichtet sind (vgl. Abb. 3). Nicht überraschend erkannten Experten Spielszenen genauer wieder als weniger erfahrene Sportler (North et al., 2011).

Im Bereich der Wahrnehmungsforschung ist das bekannteste und ein gut untersuchtes Phänomen das **Quiet Eye**. Es ist definiert als letzte Fixation bzw. als letztes Tracking vor einer Bewegungsausführung. Es liegt auf einem bestimmten Objekt oder einer bestimmten Region innerhalb des visuomotorischen Arbeitsbereichs innerhalb eines Blickwinkels von drei Grad mit einer Mindestdauer von 100 Millisekunden (Vickers, 2007).

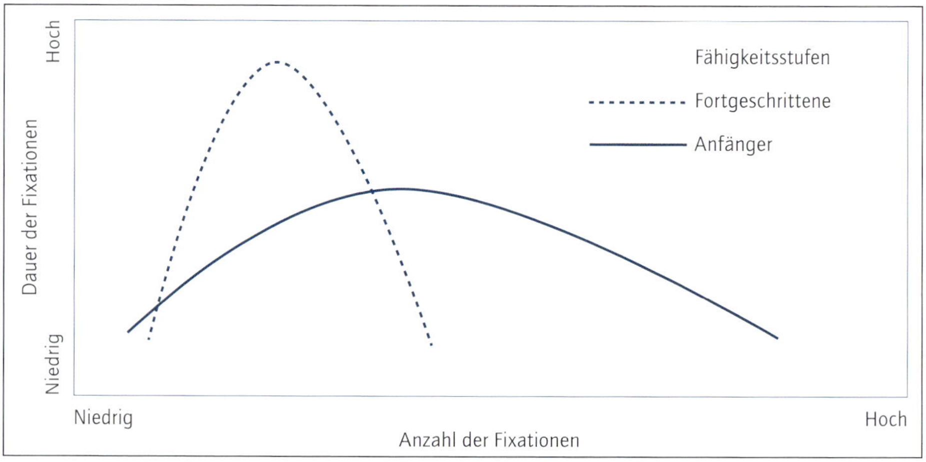

Abb. 2: Generalisierter Zusammenhang zwischen der Anzahl der Fixationen und der Dauer der Fixationen (nachgezeichnet aus Tenenbaum, 2003, S. 197).

Im Basketball haben Harle und Vickers (2001) erfahrene Basketballspielerinnen über zwei Spielzeiten mit einem speziellen Trainingsprogramm (vgl. Box) trainieren lassen. Dabei wurde versucht, ihnen das effiziente Blickverhalten (Quiet Eye) von Experten anzutrainieren.

Hierzu wurden den Teilnehmern Videos ihres eigenen Blickverhaltens beim Basketballfreiwurf gezeigt. Anschließend wurden diese mit dem Blickverhalten der Experten während der Freiwurfbewegung verglichen und Unterschiede herausgearbeitet. Zusätzlich sollten die Teilnehmer eine Preshot Routine (vgl. Box) umsetzen.

Die Quiet-Eye-Gruppe konnte ihre Freiwurfquote um 22 Prozent verbessern und zeigte eine gesteigerte Ökonomie im Blickverhalten, repräsentiert durch eine längere Quiet-Eye-Dauer, ein stabileres Quiet Eye auf eine Lokation (z. B. vordere Kante des Rings) und schnellere Ausführungszeiten der Gesamtbewegung.

Vine und Wilson (2011) konnten darüber hinaus zeigen, dass ein Training der Quiet-Eye-Periode (= längere Quiet-Eye-Dauern) bei Basketballanfängern während des Basketballfreiwurfs zu einer besseren Trefferleistung in Drucksituationen führte.

Protokoll der „Preshot Routine" des Quiet-Eye-Trainings im Basketball (aus Harle & Vickers, 2001, S. 295)

1. Stellen Sie sich mit erhobenem Kopf an die Linie und richten Sie den Blick auf den Basketballkorb. Prellen Sie den Ball dreimal und wiederholen Sie dabei langsam die Phrase „nichts als das Netz".

2. Halten Sie den Ball in Ihrer Schussposition und konzentrieren Sie sich mit dem Auge auf eine einzige Stelle des Basketballkorbs für etwa 1,5 Sekunden. Halten Sie Ihren Blick stabil auf der einen Stelle, begleitet von den Worten: „Sehen, fokussieren!" Sie können entweder den vorderen, mittleren oder hinteren Rand fixieren. Unabhängig davon, welche Stelle Sie fixiert haben, halten Sie das ruhige Auge auf nur einer Stelle, bevor Sie die letzte Aufwärtsphase des Schusses beginnen [...].

3. Schießen Sie schnell mit einer schnellen, flüssigen Bewegung. Der Ball sollte sich durch die Mitte Ihres Gesichtsfelds nach oben bewegen und das Ziel verdecken. Während dieser Zeit müssen Sie Ihren Blick nicht auf den Basketballkorb richten, während Sie schießen.

Trainer können Sportspielern durch Hinweise helfen, die richtigen Informationsquellen auszuwählen und zu fokussieren (siehe auch Box). Diese für Entscheidung und Reaktion relevanten Orte („Information-Rich Areas") können abhängig von den eigenen Vorkenntnissen (z. B. dem Wissen über den gegnerischen Spieler) sein (Jackson, Warren, & Abernethy 2006) und die Wahrnehmungsleistung durch mehr Effizienz erhöhen.

Trainer können durch ihre Ansprachen *ungewollt* die Aufmerksamkeit auch auf für die Ausführung der Handlung nicht wichtige, eher irrelevante Aspekte lenken. Beispielsweise auf das Handgelenk und nicht eben auf den Ring (siehe Kap. 3.3).

Mentale Rotation im Basketball

Im Profibasketball verwenden Trainer häufig Auszeiten, um die Spieler über das bevorstehende Spielmuster zu instruieren. In einer explorativen Studie haben Schul, Memmert, Weigelt und Jansen (2014) insgesamt 154 Auszeiten im Profibasketball analysiert.

Die Daten zeigten, dass Trainer diese Spielmuster meist aus ihrer eigenen Sichtweise auf der Taktiktafel präsentieren. Diese Angewohnheit führt zu einer Fehlausrichtung des instruierten Spielmusters mit der Sichtperspektive der Spieler, sodass diese die räumlich-zeitliche Information des Musters mental drehen müssen, bevor sie die Aktion auf dem Spielfeld ausführen können.

In einer zweiten, experimentellen Studie mussten sich Basketballexperten und -novizen Videoclips von verschiedenen Spielmustern ansehen, die aus ihrer eigenen Sicht oder aus der Sicht eines Trainers präsentiert wurden. Die Identifikation litt sowohl bei den Experten als auch bei den Anfängern signifikant, wenn das bevorstehende Muster verkehrt herum präsentiert wurde.

Es wird vorgeschlagen, dass Basketballtrainer ihre Taktiktafeln während der Auszeiten auf die Sichtperspektive ihrer Sportler ausrichten sollten.

Weigelt und Memmert (2021) haben eine basketballspezifische Paper-and-Pencil-Version („Mental Rotation Task-Basketball") entwickelt und getestet, die die mentalen Rotationsfähigkeiten im Basketball erfassen kann.

Der Kriteriumsstimulus der 24 Items wurde immer in aufrechter Orientierung (Korb oben) dargestellt und befand sich auf der linken Seite des Blatts. Zusätzlich wurden zwei „richtige" Alternativen (ein um 90 Grad nach links oder rechts gedrehter Stimulus und ein um 180 Grad gedrehter Stimulus) und zwei „falsche" Alternativen (entweder gedrehte Spiegelbilder des Kriteriumsstimulus oder gedrehte Bilder eines anderen Spiels) in verschiedenen Positionen derselben Reihe angezeigt.

Die Aufgabe bestand darin, die „richtigen" Alternativen zu identifizieren. Männliche und weibliche Basketballexperten zeigen bessere mentale Rotationsfähigkeiten als Novizen. Der Test erweitert Standardtests zur mentalen Rotation auf basketballspezifisches Stimulusmaterial und kann zur Überprüfung der sportartspezifischen mentalen Rotationsfähigkeiten von Basketballspielern eingesetzt werden.

3.2.2 Bewusste Wahrnehmungsprozesse auf Basis nicht korrekter Informationen (Täuschungen)

Eine Form der bewusst eingesetzten, aber „nicht korrekten" Wahrnehmungsinformationen wird durch Täuschungshandlungen transportiert (für einen Überblick Güldenpenning, Kunde, & Weigelt, 2017): Beispielsweise versucht ein Angreifer, den Abwehrspieler während eines Dribblings durch eine Finte zu täuschen, um dessen Antizipation zu erschweren.

In vielen Studien konnte demonstriert werden, dass Täuschungen sinnvoll und effektiv sind. Nicht überraschend können Experten im Sportspiel eine Finte nicht nur zu einem *früheren* Zeitpunkt erkennen als Novizen (vgl. Sebanz & Shiffrar, 2009), sondern Experten können Schüsse mit Täuschungen eher prognostizieren als Novizen (Bishop et al., 2013; Smeeton & Williams, 2012).

Intensiv hat die Arbeitsgruppe um Matthias Weigelt die Kopftäuschung (im englischen „Head Fake") im Basketball untersucht. Diese basiert nicht auf der Beachtung der Blickrichtung, wie die ursprüngliche Bezeichnung der Täuschung als Blickfinte suggeriert, sondern auf der automatischen Verarbeitung der Kopforientierung (Weigelt, Güldenpenning, & Steggemann-Weinrich, 2020).

Die Kopftäuschung wird im Basketball oft eingesetzt, um den Gegenspieler über die eigentliche Richtung eines Passes zu täuschen. Um eine Kopftäuschung durchzuführen, dreht ein Basketballspieler den Kopf in eine Richtung, gibt den Ball aber in die entgegengesetzte Richtung ab. Der Gegenspieler kann die Fehlinformation, die durch die (falsche) Kopforientierung gegeben wird, nicht unterdrücken und verarbeitet diese automatisch zur (richtigen) Passrichtung mit.

Mehrere Studien haben gezeigt, dass Reaktionen auf Pässe mit Kopftäuschung langsamer und fehleranfälliger sind als auf Pässe ohne Kopftäuschung (Güldenpenning, Kunde, & Weigelt, 2020; Güldenpenning, Schütz, Weigelt & Kunde, 2020; Güldenpenning, Weigelt, & Kunde, 2019; Friehs, Güldenpenning, Frings, & Weigelt, 2020; Güldenpenning, Alhaj Ahmad Alaboud, Kunde, & Weigelt, 2018).

Basketballspieler sind jedoch im Gegensatz zu Laien weniger von einer Kopftäuschung beeinflusst. Dennoch ist es auch bei erfahrenen Basketballspielern sinnvoll, Kopftäuschungen einzusetzen, sodass der Täuschungseffekt lediglich reduziert wird, aber nicht verschwindet (Güldenpenning et al., 2020).

Für den täuschenden Basketballspieler ist es das Ziel, den Kopftäuschungseffekt beim Gegner möglichst zu vergrößern. Polzien, Güldenpenning und Weigelt (2021) gingen der

Frage nach, ob das Timing der Täuschungsaktion die Größe der Kopftäuschung beeinflusst.

Dazu wurde untersucht, ob dieser Effekt von der zeitlichen Verzögerung zwischen der Kopfdrehung und der Passbewegung abhängt. Die Ergebnisse zeigen den größten Effekt, wenn die Kopfdrehung der Passbewegung um 300 Millisekunden vorausgeht.

Aufseiten des getäuschten Spielers ist es hingegen von praktischer Relevanz, ob, zumindest zu einem bestimmten Anteil, Kontrolle bei der Verarbeitung der Kopftäuschung ausgeübt und entsprechend der Täuschungseffekt verringert werden kann.

Dies scheint in gewissen Grenzen der Fall zu sein, da sich der Täuschungseffekt reduziert, wenn unmittelbar zuvor bereits auf eine Täuschung reagiert werden musste (Güldenpenning, Kunde, & Weigelt, 2020; Güldenpenning, Schütz, Weigelt & Kunde, 2020; Güldenpenning, Weigelt, & Kunde, 2019; Friehs, Güldenpenning, Frings, & Weigelt, 2020; Güldenpenning, Alhaj Ahmad Alaboud, Kunde, & Weigelt, 2018). Man spricht hier von einer reaktiven Kontrolle in Folge der unmittelbar vorher erlebten Täuschungssituation (vgl. Gratton et al., 1992).

Zudem führt auch das Wissen darüber, dass ein Spieler sehr häufig eine Täuschung einsetzt, zu einem verringerten Täuschungseffekt (Güldenpenning et al., 2018). Dies wird als proaktive Kontrolle bezeichnet und als strategische Anpassung an die Täuschungshäufigkeit angesehen (vgl. Gratton et al., 1992).

Beide Formen der Anpassung an eine Täuschung können auf Aufmerksamkeitsmechanismen zurückgeführt werden: Es wird mehr Aufmerksamkeit auf das relevante Merkmal Passrichtung gelenkt und/oder mehr Anstrengung unternommen, das irrelevante Merkmal Blickrichtung zu ignorieren. Entsprechend konnte auch gezeigt werden, dass Personen mit einer besseren individuellen Aufmerksamkeitskapazität einen geringeren Blicktäuschungseffekt zeigen (Güldenpenning, Weigelt, Memmert, & Klatt, 2020).

Ein weiterer Faktor, der jedoch eher überraschenderweise den Kopftäuschungseffekt verringert, ist zusätzliche kognitive Belastung (Rückwärtszählen in Dreierschritten). Vermutlich benötigt die Verwendung der begrenzten kognitiven Ressourcen für das gleichzeitige Rückwärtszählen Kapazitäten, die dann nicht mehr für die Verarbeitung des irrelevanten Merkmals Kopforientierung zur Verfügung stehen. Ob eine solche kognitive Belastung in realen Sportsituationen tatsächlich die Verarbeitung der Kopforientierung und damit auch den Täuschungseffekt reduziert, bleibt noch zu untersuchen.

Interessante Ansatzpunkte für die Sportpraxis bieten auch die neuerdings aufkommenden Möglichkeiten des „Neuroenhancements" zur Verbesserung von Gehirnfunktionen.

Die Anwendung einer anodalen transkraniellen Gleichstromstimulation (tDCS) beispielsweise verringert den Blicktäuschungseffekt zumindest unter Laborbedingungen (Friehs et al., 2020). Die Anwendung solcher Verfahren zur Verbesserung der kognitiven Leistungsfähigkeit wird zurzeit, vor allem auch vor dem Hintergrund ethischer Gesichtspunkte, lebhaft diskutiert (Lavazza, 2019)

3.2.3 Unbewusste Wahrnehmungsprozesse auf Basis korrekter Informationen

Umweltreize können nicht nur bewusst, sondern auch unbewusst wahrgenommen werden. Heute weiß man aus der allgemeinen Psychologie und der Motorikforschung, dass sich Wahrnehmung und Handlung gegenseitig beeinflussen (Prinz, 1997).

In einer Reihe von Experimenten konnte dies im Rahmen einer Strafstoßsituation demonstriert werden (Masters, van der Kamp, & Jackson, 2007; Weigelt & Memmert, 2012; Noël et al., 2015). Hier zeigte sich, dass auch unbewusst wahrgenommene Informationen motorische Handlungen massiv beeinflussen können (siehe Box).

Unbewusste Wahrnehmung beeinflusst das bewusste Verhalten

In mittlerweile zahlreichen Studien von den Arbeitsgruppen aus Amsterdam, Paderborn und Köln wurde zum Beleg dieser Aussage die Position des Torhüters auf der Torlinie beim Elfmeter als Untersuchungsparadigma herangezogen (Weigelt & Memmert, 2012; Noël, van der Kamp, & Memmert, 2015; Noel, van der Kamp, Weigelt, & Memmert, 2015; Noël, van der Kamp, Masters, & Memmert, 2016; Weigelt, Memmert, & Schack, 2012). Dazu wurde der Torhüter systematisch auf der Torlinie etwas mehr nach links oder rechts von der Tormitte verschoben.

Tatsächlich ist die Wahrscheinlichkeit hoch, dass der Schütze nach rechts schießt, wenn ein Torhüter aus Schützensicht links von der Tormitte platziert ist. Dieser Effekt besteht auch, wenn die Torwartposition nur ganz gering von der Mitte abweicht und die Schützen diese Verschiebung nicht bewusst wahrnehmen (Noël, van der Kamp, Weigelt, & Memmert, 2015).

Sowohl erfahrene als auch unerfahrene Basketballer werden gleichermaßen von der nicht merkbaren Positionsveränderung beeinflusst (Weigelt, Memmert, & Schack, 2012).

Mit dem Wissen um diesen Zusammenhang könnten Torhüter ihre Position beim Elfmeter bewusster auswählen. Durch die eigene Platzierung des Torwarts auf seiner „schwachen Torseite" – minimal von der Tormitte entfernt – erhöht sich die Wahrscheinlichkeit, dass die Schützen auf die gegenüberliegende Ecke zielen. Dies wiederum führt dazu, dass der Torhüter eine höhere Chance hat, den Schuss auf seiner dann „starken Torseite" zu halten.

3.2.4 Unbewusste Wahrnehmungsprozesse auf Basis nicht korrekter Informationen (Täuschungen)

Überraschenderweise gibt es kaum Forschungsbemühungen, die unbewusste Wahrnehmungsprozesse auf Basis nicht korrekter Informationen (Täuschungen) thematisieren.

Güldenpenning und Kollegen haben in ersten Experimenten argumentiert, dass Täuschungshinweise, also nicht korrekte Informationen, auch unbewusst verarbeitet werden könnten (Güldenpenning, Steinke, Koester, & Schack, 2013; Güldenpenning, Braun, Machlitt, & Schack, 2015). Damit ist es möglich, dass Athleten durch *Priming* (= unbewusste wahrgenommene Informationen) implizit körperbezogene Hinweise verarbeiten können, die wiederum motorische Reaktionen aktivieren können, ohne explizit bewertet zu werden.

Einzelne Studien aus der Kölner und Paderborner Arbeitsgruppe könnte man ebenfalls als Beispiel für unbewusste Wahrnehmungsprozesse auf der Basis nicht korrekter Informationen deuten, wenn die Torhüterverschiebung vom Torwart bewusst (quasi als Täuschung) gemacht wird, aber vom Schützen nicht bewusst wahrgenommen wird (Noël et al., 2015).

3.3 Aufmerksamkeit

Das menschliche Gehirn wurde im Zuge der Evolution dazu optimiert, durch gezielte Aufmerksamkeitsfokussierungen aus der Unmenge an auf uns einströmenden Informationen diejenigen Informationen bewusst zu selektieren und zu verarbeiten, die für zielgesteuertes Handeln im Alltag und auch im Sport relevant sind (Cohen, Nakayama, Konkle, Stantic, & Alvarez, 2015; Mack & Rock, 1998).

Obwohl Aufmerksamkeit und Wahrnehmung eng miteinander verknüpft sind, stellen sie kein identisches Konzept dar. Beispielsweise unterscheidet sich die räumliche Auflösung der Aufmerksamkeit von der der visuellen Wahrnehmung (Intriligator & Cavanagh, 2001).

Die *visuelle Wahrnehmung* liefert den Input für viele andere kognitive Prozesse, sodass Unterschiede in der visuellen Wahrnehmung weitreichende Folgen haben können. Kognition und Leistung beinhalten jedoch weit mehr als das sensorische System und erfahrene Experten können sich von Novizen in vielerlei Hinsicht unterscheiden, selbst wenn Novizen über eine ebenso gute visuelle Wahrnehmung verfügen.

Aufmerksamkeit gilt als ein entscheidender Faktor im Hinblick auf sportliche Leistungen (Abernethy et al., 2007; Memmert, 2009, 2015b; Moran, 1996; Wulf, 2007). So benötigen Basketballer adäquate Aufmerksamkeitskompetenzen bei der simultanen Ausführung verschiedener Tätigkeiten, um in komplexen Situationen erfolgreich agieren zu können (vgl. Oudejans, Koedijker, Bleijendaal, & Bakker, 2005; Vickers, 1996).

Beispielsweise muss man im Basketball den Ball führen und vor dem Gegner abschirmen, während man das Spiel gleichzeitig nach freien Mitspielern „durchsucht". Schiedsrichter müssen alle relevanten Informationen gleichzeitig und exakt in den Blick nehmen, die es ihnen ermöglichen, über Foul oder Nichtfoul oder über Schrittfehler oder kein Schrittfehler zu entscheiden.

Da Sportspieler in den spezifischen Situationen ihrer Sportarten kontinuierlich mit einer Vielzahl von visuellen und auditiven Reizen überflutet werden, die sie aufgrund begrenzter Verarbeitungskapazität nicht vollständig verarbeiten können, stellt sich die Frage, wie die Aufmerksamkeit effizient gelenkt werden kann, um optimale Entscheidungen treffen zu können.

Sportler sollten in der Lage sein, ihre Aufmerksamkeitsausrichtung derart zu steuern, dass sie relevante von weniger relevanten Informationen selektieren können. Aufgrund der enormen Bedeutung der Aufmerksamkeit wurden psychologische Testverfahren zur Messung entwickelt (vgl. Kap. 4) und in der Psychologie unterschiedliche Modelle zur optimalen Aufmerksamkeitsausrichtung aufgestellt.

Der Aufmerksamkeitsmechanismus wird gerne mit der „Spotlichtmetapher" erklärt: Die Aufmerksamkeit ist eine Art Scheinwerfer, dessen Kegel Licht auf einen bestimmten Bereich wirft (Posner, 1980). Die Größe des Lichtkegels ist dabei variabel (Eriksen & St.

James, 1986) und Dinge im Zentrum dieses Kegels können besser verarbeitet werden als Informationen in der Peripherie (LaBerge, 1983).

Da wir als Menschen eine endliche Aufmerksamkeitskapazität haben (Broadbent, 1958; Cowan, 1995), müssen wir Informationen aus unserer Umwelt ausblenden oder abschwächen, um effektiv mit den verhaltensrelevanten Ereignissen arbeiten zu können. Aus diesem Grund wird Aufmerksamkeitstheorien, -paradigmen und -mechanismen schon lange eine große Bedeutung zugewiesen und sie werden seit fast 100 Jahren in der Kognitionswissenschaft intensiv untersucht (Styles, 2008).

Neurowissenschaftliche und kognitionspsychologische Erkenntnisse in der Aufmerksamkeitsforschung (z. B. Coull, 1998; Knudsen, 2007; Mirsky, Anthony, Duncan, Ahearn, & Kellam, 1991; Van Zomeren & Brouwer, 1994) legen eine Aufteilung der Aufmerksamkeit in vier Subprozesse nahe: die *Aufmerksamkeitsorientierung*, die *selektive Aufmerksamkeit*, die *geteilte Aufmerksamkeit* und die *Konzentration*.

Definitionen der vier Subprozesse der Aufmerksamkeit (Memmert & Furley, 2012)

- *Aufmerksamkeitsorientierung*: „Einloggen" und „Ausloggen" der Aufmerksamkeit auf einen Stimulus.
- *Selektive Aufmerksamkeit*: Auswahl zwischen konkurrierenden Stimuli zu einem bestimmten Zeitpunkt.
- *Geteilte Aufmerksamkeit*: Simultanes Aufteilen der Aufmerksamkeit auf unterschiedliche Stimuli („Multitasking").
- *Konzentration*: Aufrechterhalten der Aufmerksamkeit auf einen spezifischen Stimulus über eine gewisse Zeitspanne.

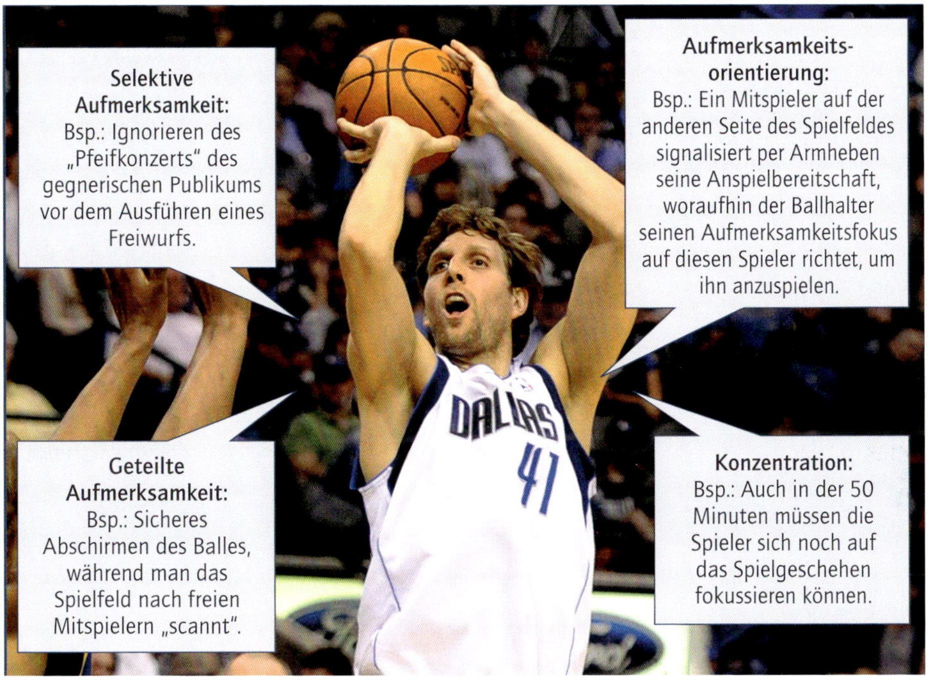

Abb. 3: Darstellung von vier Subprozessen der Aufmerksamkeit anhand von Praxisbeispielen (Aufmerksamkeitsorientierung, selektive Aufmerksamkeit, geteilte Aufmerksamkeit und Konzentration) am Beispiel basketballspezifischer Anforderungen (Furley & Memmert, 2009)

Zwei der vier Subprozesse der Aufmerksamkeit werden im Folgenden näher beschrieben, um die in der Welt des Sports relevanten Aufmerksamkeitsleistungen (vgl. Abb. 3) besser verstehbar und trainierbar zu machen. Der Fokus wird dabei auf die selektive und die geteilte Aufmerksamkeit gelegt, da diesen im Basketball eine zentrale Bedeutung zukommt.

Die Subprozesse der Aufmerksamkeitsorientierung und Konzentration (vgl. Canli & Koçak, 2018) können detailliert an anderer Stelle nachgelesen werden (Memmert, 2009; 2015b).

3.3.1 Selektive Aufmerksamkeit (Selective Attention)

Der Subprozess der *selektiven Aufmerksamkeit* ermöglicht eine gezielte räumliche oder objektgebundene Fokussierung zu bestimmten Zeitpunkten oder innerhalb bestimmter Zeitfenster. Während der Fokus gezielt auf bestimmte Ereignisse fällt, werden andere inhibiert, also ausgeklammert (vgl. Coull, 1998; Posner & Boies, 1971).

Selektive Aufmerksamkeit ist eng mit der Aufmerksamkeitsorientierung verknüpft, denn beide Subprozesse sind in die Aufmerksamkeitsausrichtung bzw. -lenkung involviert. Posner und Peterson (1990) konnten allerdings nachweisen, dass diese beiden Aufmerksamkeitsleistungen unterschiedliche Gehirnareale aktivieren, also verschiedene neurophysiologische Grundlagen haben.

Die selektive Aufmerksamkeit wählt aus verschiedenen Stimuli aus, während die Orientierung daraufhin die Aufmerksamkeit auf diesen Stimulus „einloggt".

Die selektive Aufmerksamkeit ist die in der Sportwissenschaft bislang am meisten beachtete und thematisierte Komponente. Dies kommt nicht nur dadurch zustande, dass diesem Aufmerksamkeitsprozess die wohl größte Bedeutung in sportspezifischen Situationen zukommt, sondern auch dadurch, dass es verschiedene Möglichkeiten gibt, selektive Aufmerksamkeit methodisch zu untersuchen und zu trainieren (Memmert, 2009).

In einem klassischen Paradigma (siehe Box) werden Aufmerksamkeitsfokussierungen mit dem Erlernen von motorischen Fertigkeiten im Sportspiel sowie mit der motorischen Kontrolle von komplexen Bewegungsmustern verbunden (für einen Überblick Wulf, 2007).

Internaler vs. externaler Aufmerksamkeitsfokus im Basketball

Aufbauend auf den Arbeiten von Wulf und Prinz (2001), wird in den Experimenten zwischen einem internalen und einem externalen Aufmerksamkeitsfokus bei der Durchführung von Bewegungshandlungen unterschieden (z. B. Beilock, Bertenthal, McCoy, & Carr, 2004; Rowe et al., 2009).

Beim internalen Fokus richtet der Lernende seinen Aufmerksamkeitsfokus auf die Bewegung selbst (beim Basketballfreiwurf also auf das „Abklappen" des Handgelenks). Beim externalen Fokus hingegen wird die Aufmerksamkeit z. B. auf das Bewegungsziel fokussiert (beim Basketballfreiwurf also auf den Basketballring).

Zahlreiche Forschungsergebnisse lassen darauf schließen (im Überblick Gray, 2011), dass ein externaler Aufmerksamkeitsfokus über viele verschiedene Bewegungsfertigkeiten, Fertigkeitsniveaus und Zielgruppen hinweg in der Regel einem internalen, bewegungsbezogenen Fokus überlegen ist (Wulf, Shea, & Park, 2001; Wulf, 2007).

Ein externaler Aufmerksamkeitsfokus führt nicht nur bei Novizen, sondern auch bei Experten zu besseren Aneignungs- und Lernleistungen von verschiedenen Techniken in den Sportspielen (zu einer differenzierteren Position Gray, 2004; Wulf, McConnel, Gärtner, & Schwarz, 2002).

Beilock und Kollegen können auch zeigen, dass insbesondere Experten bei der Ausführung ihrer hoch automatisierten Bewegungshandlung durch einen internalen Aufmerksamkeitsfokus eher behindert werden (Beilock, Carr, MacMahon, & Starkes, 2002).

Darüber hinaus konnten Rienhoff et al. (2015) nachweisen, dass die interne vs. externe Aufmerksamkeitsfokussierung die Quiet-Eye-Dauer während des Basketballfreiwurfs beeinflusst. Die Ergebnisse zeigten, dass ein externer Aufmerksamkeitsfokus auf den Ball zu einer signifikanten Verringerung der Basketball-Freiwurfleistung und zu einer signifikanten Verringerung der Ruhe-Augen-Dauer führte. Eine bessere Wurfleistung war über alle Leistungsstufen hinweg mit einer längeren Quiet-Eye-Dauer verbunden.

So konnte beispielsweise ebenfalls nachgewiesen werden, dass der selektive Aufmerksamkeitsfokus durch einfache Instruktionen manipuliert werden kann: Eine kleine Anweisung des Trainers kann den Aufmerksamkeitsfokus derart einengen und führen, dass wichtige Gegebenheiten einer Situation (z. B. ein ungedeckter Mitspieler) nicht bewusst wahrgenommen werden und dadurch nicht mit in die Entscheidungsfindung einbezogen werden können (Memmert & Furley, 2007). Kreative Lösungsfindungen werden dadurch stark beschränkt.

In einer sechsmonatigen Längsschnittstudie konnten diese Befunde in realen Trainingsszenarien repliziert werden; Kinder erzielten keinen Lernzuwachs in der kreativen Lösung taktischer Aufgaben, wenn ihr Aufmerksamkeitsfokus permanent durch konkrete Anweisungen und Hinweise eingeengt wurde (Memmert, 2007).

3.3.2 Geteilte Aufmerksamkeit (Divided Attention)

So, wie es in manchen Situationen wichtig und notwendig ist, die Aufmerksamkeit gezielt und selektiv aul ein Objekt oder einen Ort zu fokussieren (siehe Kap. 3.3.1), erfordern andere Situationen die parallele Verarbeitung mehrerer Informationen an verschiedenen Orten.

Der Subprozess der *geteilten Aufmerksamkeit* befähigt Athleten dazu, sich auf zwei oder mehrere Informationsquellen gleichzeitig zu konzentrieren (vgl. Coull, 1998). Diese Kompetenz, die auch eine hinreichende Breite des Aufmerksamkeitsfokus voraussetzt, ist nicht nur im Sport, sondern auch in verschiedenen Alltagssituationen, wie zum Beispiel dem Straßenverkehr, eine wichtige Voraussetzung.

Hüttermann, Memmert, Simons und Bock (2013) entwickelten ein neues Paradigma, mit welchem sich das sogenannte *visuelle Aufmerksamkeitsfenster* einer Person genau bestimmen lässt. Dieses repräsentiert das mit einem Blick maximal bewusst wahrnehmbare Aufmerksamkeitsfeld in der Horizontalen, Vertikalen und Diagonalen.

Das Aufmerksamkeitsfeld ist dabei unterscheidbar von der reinen peripheren Sehleistung. Im Mittel zeigt sich ein maximales Aufmerksamkeitsfenster mit einer horizontalen Ausrichtung von 32.88° ± 8.36°, einer Vertikalen von 26.40° ± 5.36° und einer Diagonalen von 27.76° ± 5.56° auf. Sportspieler haben gegenüber Nichtsportspielern größere Aufmerksamkeitsfenster, zumindest im Hinblick auf die horizontale und diagonale Ausrichtung (vgl. Abb. 4).

Mittlerweile zeigen zahlreiche Studien mit dem Attention-Window-Paradigma den Einfluss verschiedener Einflussfaktoren (z. B. Expertise, Training, Emotionen, Kreativität, Physis) auf das Aufmerksamkeitsfenster von Athleten (im Überblick Hüttermann & Memmert, 2017).

Hüttermann Memmert, Simons und Bock (2013) konnten mit dem Attention-Window-*Paradigma* auch die Frage klären, ob eine Fixierung zwischen zwei Reizen Erfolg versprechender ist als die Fixierung eines Reizes mit peripherer Wahrnehmung des anderen Reizes.

Der Vergleich beider Ausrichtungsstrategien der visuellen Aufmerksamkeit zeigte, dass mit der mittigen Fixation insgesamt eine durchschnittlich höhere Erfolgsrate (90,42 % ± 4,88 %), bezogen auf die Identifizierung der simultan präsentierten Reize, erzielt wird im Vergleich zur Kombination der fixierten/peripheren Ausrichtung (80,24 % ± 10,28 %).

Dieses Ergebnis scheint sowohl für Spielsportler als auch für Nichtspielsportler Gültigkeit zu besitzen. Allerdings sind Experten in Mannschaftssportspielen Novizen bei beiden Strategien klar überlegen.

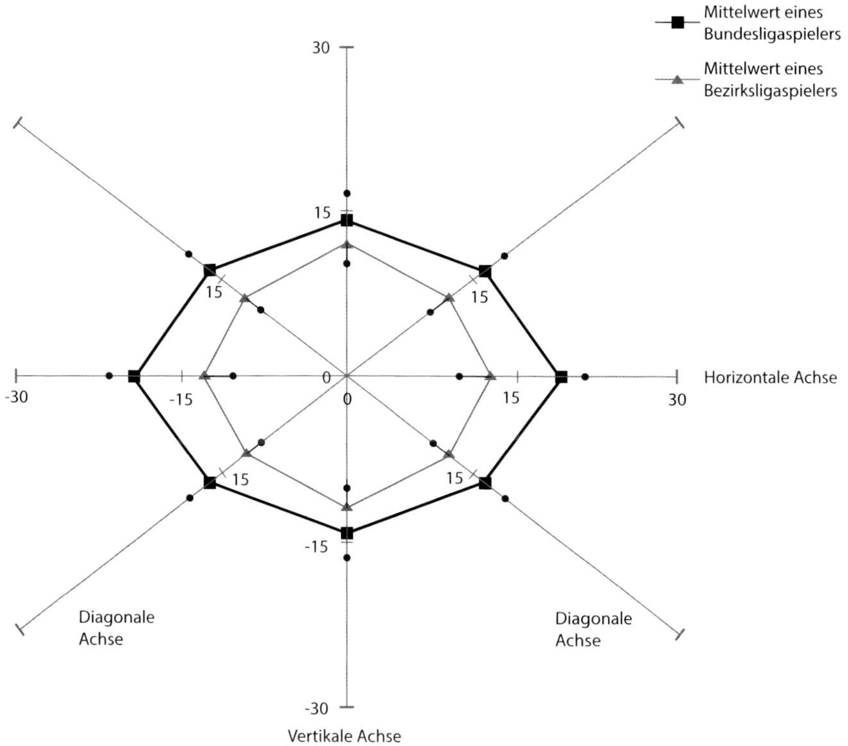

Abb. 4: Größe des maximalen Aufmerksamkeitsfensters [in Grad] für zwei verschiedene Athleten aus dem Basketball, innerhalb dessen gleichzeitig zwei Reize peripher wahrgenommen werden können. Da jedes Stimuluspaar symmetrisch über die Mitte präsentiert wurde, werden die Daten ebenfalls symmetrisch für die einzelnen Achsen (horizontal, diagonal, vertikal) dargestellt. Das äußere Aufmerksamkeitsfenster präsentiert die gemittelten Werte eines Bundesligaspielers, das innere Fenster die gemittelten Werte eines Bezirksligaspielers; die Fehlerbalken geben die jeweiligen Standardabweichungen an.

Es gibt inzwischen eine Fülle von Studien, die zeigen, dass das Aufmerksamkeitsfenster im Labor und im Feld trainiert werden kann (Hüttermann & Memmert, 2018), eine Rolle bei Täuschungen/Finten im Sport spielt (Güldenpenning, Weigelt, Memmert, & Klatt, 2020) und sich auf die Entscheidungsfindung bei Schiedsrichtern auswirkt (Hüttermann, Helsen, Put, & Memmert, 2018).

Das Phänomen „Blindheit durch Unaufmerksamkeit" (*Inattentional Blindness*) verfolgt die Grundidee, dass Sportler in dem Moment, in dem sie ihre Aufmerksamkeit auf eine bestimmte Sache lenken, unerwartete Objekte oft nicht bewusst wahrnehmen, obwohl diese sich direkt und klar sichtbar vor ihren Augen befinden (Mack & Rock, 1998; Most, Scholl, Clifford, & Simons, 2005).

Was ist „Blindheit durch Unaufmerksamkeit" (Inattentional Blindness)?

Es kommt vor, dass ein Spieler einen völlig freistehenden Mitspieler nicht sieht und nicht anspielt, obwohl dieser sich offensichtlich im Blickfeld befand. Vorwürfe von Trainern und Teamkameraden kommen da schnell, aber der betreffende Spieler beteuert hartnäckig, seinen Mitspieler nicht gesehen zu haben. Damit kann er durchaus recht haben, denn nur, wenn Aufmerksamkeit auf einen bestimmten Bereich bzw. ein bestimmtes Objekt gerichtet ist, wird diese Information auch bewusst aufgenommen und verarbeitet.

Bewusste Wahrnehmung scheint somit Aufmerksamkeitsprozesse zu benötigen. Wenn Aufmerksamkeit auf ein anderes Objekt gerichtet ist, dann wird ein unerwartetes Objekt oft nicht wahrgenommen, obwohl es sich im visuellen Blickfeld der Sportler befindet.

Sogar hochklassige Jugend-Basketballspieler können sich diesem Phänomen nicht ganz entziehen (Memmert, 2006b). Basketballexperten sind in basketballspezifischen Situationen nicht in der Lage, offensichtlich freistehende Mitspieler wahrzunehmen, deren Anspielen jeweils die Optimallösung der Spielsituation dargestellt hätte (Furley, Memmert, & Heller, 2010).

Diese Ergebnismuster konnten auch in realistischeren Kontexten mit motorischen Antwortaktionen sowie mit einer feldnäheren Erstaufgabe (Dreifachwahlaufgabe) repliziert werden (vgl. Abb. 5, rechts). Dazu mussten die Basketballspieler neben der taktisch richtigen Lösung nicht nur den Abstand zum Gegenspieler angeben, sondern auch die Fußposition der Gegenspieler (linker Fuß vorne/rechter Fuß vorne/gleiche Höhe) korrekt benennen.

Spezifische, spielnahe Szenarien mit anspruchsvollen Entscheidungsaufgaben und komplexen, aufmerksamkeitsbindenden Erstaufgaben im Handball konnten diese Befunde bestätigen (Memmert & Furley, 2007; vgl. Abb. 5, links). Wurde die Aufmerksamkeit gezielt auf den direkten Gegenspieler gelenkt, sahen sie einen freien Mitspieler nicht mehr.

Insgesamt zeigt aber die Studie von Memmert (2006a), dass Expertise im Basketball, sowohl in der Jugend als auch im Profibereich, die Wahrscheinlichkeit erhöht, unerwartete Objekte wie freie Mitspieler eher bewusst wahrzunehmen als Menschen, die über keine basketballspezifischen Vorerfahrungen verfügen.

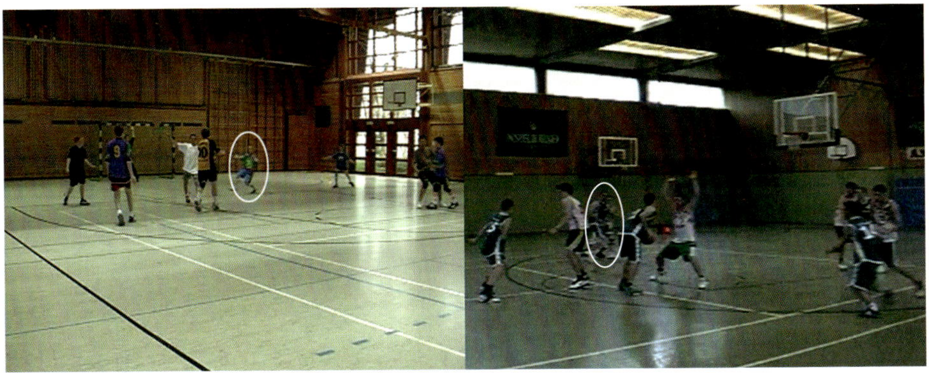

Abb. 5: Darstellung zweier sportartspezifischer Inattentional-Blindness-Test-Szenarien unterschiedlicher Komplexitätsstufen (links: geringe Komplexität, Handball; 3 gegen 3, Memmert & Furley, 2007; rechts: mittlere Komplexität, Basketball, 5 gegen 5, Furley, Memmert, & Heller, 2010). Eingekreist ist jeweils der freistehende Mitspieler, der – laut Expertenmeinung – auch die beste Anspiellösung in dieser Situation darstellt.

3.4 Spielintelligenz

Bedeutsam für das Generieren von Entscheidungsmöglichkeiten und für das Suchen optimaler Lösungsideen ist, dass ein Spieler dazu in der Lage ist, alle wichtigen Informationen aus seiner Umwelt (Mit- und Gegenspielerpositionen, unerwartet auftauchende Spieler etc.) wahrzunehmen, um sie in seinem Handlungsplan zu berücksichtigen.

Im Basketball haben insbesondere die Aufbauspieler die Aufgabe, durch schlaues, einstudiertes, taktisches Verhalten das Aufbauspiel einer Mannschaft zu strukturieren. In diesem Zusammenhang spricht man in der Sportwissenschaft gerne von Entscheidungsfähigkeit (im Englischen *Decision-Making*) oder auch, angelehnt an die Psychologie, von *konvergentem Denken* oder *(Spiel-)Intelligenz*.

Definition

Taktische Spielintelligenz (konvergentes taktisches Denken)

In Mannschafts- und Rückschlagsportarten versteht man unter *taktischer Spielintelligenz* die Produktion einer Bestlösung zu Problemen in spezifischen individual-, gruppen- oder mannschaftstaktischen Spielsituationen.

Die Sportspielforschung arbeitet vor allem mit zwei Definitionen kognitiver Denkprozesse, die eine Forschungsgruppe um Joy Paul Guilford aufgestellt hat; *konvergentes* und *divergentes Denken* (Roth, 2005). In *konvergenten Denkprozessen* werden sogenannte *Ideallösungen* für ein Problem gesucht und angesteuert. *Divergente Denkprozesse* hingegen generieren eine Vielzahl von Lösungen für diese Problemstellung, und zwar auch Lösungen, die neu, unerwartet oder überraschend sind.

Die Forschung zur taktischen Spielintelligenz ist eng mit der kognitiven Entscheidungsforschung verknüpft (Höner, 2005; Roth, 2005). Oftmals spricht man im Sport auch einfach nur von „der Taktik".

An dieser Stelle ist es nicht möglich, einen umfassenden Überblick über die Taktikforschung im Sport zu geben. Dazu muss auf andere Werke im Sportspiel (Memmert, 2004 a, b; Raab, 2001; Roth, 1989) oder Basketball (vgl. Hohmann & Pietzonka, 2017; Lohmann, 2017) verwiesen werden.

Einen aktuellen, zusammenfassenden Überblick zu Theorien und Modellen im Sportspiel findet man in König und Memmert (2019). Zu ersten Überlegungen zur basketballspezifischen Diagnostik von taktischen Entscheidungen wird auf eine aktuelle Studie von Rösch, Schultz und Höner (2021) verwiesen.

An dieser Stelle wird der Blick auf individualtaktische, kognitive Lösungen gerichtet. Damit wird auch das Konstrukt der (taktischen) Spielfähigkeit berührt (vgl. dazu ausführlicher Kuhlmann, 1989; Roth, 2005; s. Tab. 3). „Unbestritten ist das Konstrukt Spielfähigkeit zu einer zentralen Leitidee der Spielvermittlung geworden" (König, 1997, S. 476). Damit kann die allgemeine Sportspielfähigkeit mit dem *g-Faktor* (vgl. ausführlicher Amelang & Barttussek, 2001, S. 224) in der allgemeinen Intelligenzforschung verglichen werden.

Tab. 3: Definitionen des Konstrukts der Spielfähigkeit im Sportspiel (aus Memmert, 2004a, S. 241)

Kennzeichnung	Definition	Operationalisierung	Autor
Spielintelligenz/ taktische Flexibilität	Die Fähigkeit, in veränderten, unvorhergesehenen Situationen richtige Entscheidungen schnell zu treffen, spieltaktisch zweckmäßige Lösungen zu finden.	–	Döbler (1964)
Sportliche Spieltätigkeit	Vielseitige und komplexe Erscheinung, deren Qualität von zahlreichen Leistungsfaktoren bestimmt wird. Aus psychologischer Sicht ist sie als Einheit motivationaler, volitiver, emotionaler und kognitiver Prozesse anzusehen, die ihren Ausdruck in der sportspielspezifischen Motorik findet. Charakteristisch für sie ist das mehrfache Bezugssystem – Mitspieler, Gegner, Ball, Zielraum –, in dem sich der Spieler befindet und mit dem er sich ständig aktiv auseinandersetzen muss.	–	Konzag & Konzag (1980)
Allgemeine und spezielle Spielfähigkeit	Die Fähigkeit, ein Spiel in Gang zu setzen, es in seinem Verlauf zu sichern und bei Störungen wiederherzustellen. Das Vorhandensein von Kenntnissen über Spielidee und Spielregeln, der notwendigen Fertigkeiten im Umgang mit dem Spielgerät und der taktischen Erfahrung in wichtigen Spielsituationen.	–	Dietrich (1984)
Spieltätigkeit	Zielgerichtete, bewusste, taktische Handlungen. Die taktischen Kenntnisse sind Grundlage für die Wahrnehmung und Analyse der Spielsituation und für die Spielleistung.	–	Herzog (1986)
Spielfähigkeit	Die komplexe Fähigkeit, die verschiedenen und ständig wechselnden Spielsituationen auch bei gegnerischer Einwirkung lösen zu können.	–	Stiehler, Konzaq & Döbler (1988)
Spielfähigkeit	Komplexe, sportspielbezogene, spezifische Leistungsvoraussetzungen und eine Form der individuellen Handlungsfähigkeit entsprechend den variablen Wettspielbedingungen.	–	Schnabel (2008)
Taktisches Handeln	Die angemessene und wirksame Bewältigung komplexer Spielsituationen.	X	Wegner & Katzenberger (1994)
Spielfähigkeit	Die Fähigkeit, aktiv und erfolgreich an einem Sportspiel als Mit- und Gegenspieler teilzunehmen, indem man spieltypische Situationen und Spielvorgänge im Rahmen der Regeln technisch und spieltaktisch, individuell oder in Kooperation mit anderen bewältigt, sie emotional erlebt und mitgestaltet.	–	König (1997)

Wie Tab. 3 zeigt, gibt es für das Konstrukt der Spielfähigkeit doch zahlreiche, teilweise sogar recht unterschiedliche Begrifflichkeiten und Systematiken sowie auch widersprüchliche Definitionen (zur ausführlichen Diskussion vgl. König, 1997, S. 476; vgl. auch König & Memmert, 2012).

Basistaktiken spielen bei der Entwicklung einer allgemeinen Spielfähigkeit oder Spielintelligenz eine herausragende Rolle (vgl. Memmert & König, 2012). Sie können als taktische Grundkenntnisse gekennzeichnet werden, die in vielen Sportspielen eine zentrale Rolle spielen (vgl. Tab. 4).

Mittlerweile sind sie fester Bestandteil zahlreicher Lehrpläne und Trainingskonzeptionen in verschiedenen Alters- und Leistungsklassen (allgemeine Ballschule: Kröger & Roth, 1999; Roth & Kröger, 2011; Ballschule Rückschlagspiele: Roth, Kröger, & Memmert, 2002; Ballschule Wurfspiele: Roth, Memmert, & Schubert, 2006; Ballschule in der Primarstufe: Roth, Damm, Pieper, & Roth, 2014; Fußball: Memmert, Thumfart, & Uhing, 2014) und natürlich auch im Basketball und Handball (Hohmann & Pietzonka, 2017; Knobloch, Pieper, & Uhrmeister, 2020).

Tab. 4: Basistaktiken im Basketball

- DAS ZIEL ANSTEUERN: Taktische Aufgabenstellungen, bei denen es darauf ankommt, Zeitpunkt und Ort einer Abschlusshandlung auszuwählen.
- DEN BALL DEM ZIEL ANNÄHERN: Taktische Aufgabenstellungen, bei denen es darauf ankommt, den Ball in einen Angriffs- bzw. Abschlussraum zu transportieren.
- ZUSAMMENSPIEL: Taktische Aufgabenstellungen, bei denen es darauf ankommt, Bälle situationsgerecht und schnell zu Partnern weiterzuspielen.
- DIE LÜCKEN AUSNUTZEN: Taktische Aufgabenstellungen, bei denen es darauf ankommt, in der Auseinandersetzung mit Gegenspielern (individuell) Zwischenräume für die Chance eines Abspiels oder Punktgewinns zu nutzen.
- DIE GEGNERBEHINDERUNG UMGEHEN: Taktische Aufgabenstellungen, bei denen es darauf ankommt, in der Auseinandersetzung mit Gegenspielern einen Ballbesitz (individuell) zu sichern.
- EINE ÜBERZAHL HERAUSSPIELEN: Taktische Aufgabenstellungen, bei denen es darauf ankommt, sich durch Anbieten, Orientieren und in Kooperation mit Partnern einen Vorteil zu verschaffen.

Die in Tab. 4 beschriebenen Basistaktiken können als ein erster Ausgangspunkt von Spielformen dienen, die taktische Spielintelligenz im Vereinstraining, in der Talentförderung sowie in der schulischen Anfängerausbildung (Bildungspläne: Spielfähigkeit) schulen können.

3.5 Spielkreativität

Wenn man Basketballexperten fragt oder sich den internationalen Spitzenbasketball genau anschaut, erkennt man, dass gerade die höchst kreativen Basketballspieler den Unterschied ausmachen können. Beispielsweise gewann der viermal ausgezeichnete MVP (Most Valuable Player) der amerikanischen Basketball Liga (NBA), Lebron James, in den Jahren 2012, 2013, 2016 und 2020 jeweils vier NBA-Titel mit drei unterschiedlichen Mannschaften.

Auch Dirk Nowitzki, ehemaliger Spieler der Dallas Mavericks, bekam 2007 als erster Europäer den MVP-Award für den wertvollsten Spieler der Saison verliehen. Außerdem gelang es dem „German Wunderkind" im Jahre 2011 als erstem Deutschen, eine NBA-Meisterschaft zu gewinnen.

Bei den Frauen brachte es die Kreativspielerin Lisa Leslie auf zwei WNBA-Titel. Des Weiteren gewann sie mit der amerikanischen Nationalmannschaft viermal die olympische Goldmedaille.

Bedeutung der Kreativität in anderen Sportarten

Die Aussagen von Joachim Löw belegen die besondere Bedeutung von Kreativität im Fußball: „Kreativität und spielerische Klasse sollten die neuen deutschen Tugenden sein." Auch der ehemalige Sportvorstand von Bayern München, Matthias Sammer, weist auf ihre Bedeutung hin: „Die erste Initiative, die Flexibilität im eigenen Team zu erhöhen, kam immer vom Trainer. [...] Nur hatten wir das Gefühl, dass unser Spiel kreativer und unberechenbar werden müsste. [...] Erst dann war unsere Spielweise unberechenbar und modern – extrem kreativ."

Der ehemalige Kapitän der deutschen Fußballnationalmannschaft, Philip Lahm, antwortet auf die Frage, ob Automatismen und ein Plan Kreativität ersticken können: „Der Plan ist die Basis, das Spiel lebt weiter von Kreativität und Spontaneität in den einzelnen Situationen. Trotzdem muss man grundsätzlich wissen, wie man etwa gegen eine Raute verteidigen will."

Für die Sportart Basketball spielt somit neben der taktischen Spielintelligenz ein weiterer kognitiver Prozess eine große Rolle: die *taktische Kreativität* (Ruikar & Wankhade, 2013).

Definition

Taktische Kreativität (divergentes taktisches Denken)

In Mannschafts- und Rückschlagsportarten versteht man unter *taktischer Kreativität* die Generierung zahlreicher Lösungen zu Problemen in spezifischen individual-, gruppen- oder mannschaftstaktischen Spielsituationen, die als überraschend, selten und/oder originell bezeichnet werden können.

Unter *Kreativität* im Basketball verstehen wir besonders überraschende, originelle und flexible taktische und motorische Lösungen, zum Beispiel No-Look-Pässe, Bodenpässe oder bestimmte Laufwege. Erste empirische Evidenzen zur Bedeutung von taktischer Kreativität im Basketball fehlen noch, aber im Profifußball gibt es jedoch erste Belege (Kempe & Memmert, 2018).

Ist Kreativität tatsächlich ein Erfolgsfaktor im Spitzensport?

Kempe & Memmert (2018) haben alle Spiele der Fußballweltmeisterschaften 2010 und 2014 sowie der Fußballeuropameisterschaft 2016 nach kreativen Aktionen bei Torerfolgen untersucht. Analysiert wurden dabei alle Tore, die aus dem Spiel heraus entstanden: Das waren 311 Tore in 153 Spielen. Dabei wurden jene Spielsituationen und -aktionen ausgewertet, die im Einzelfall zum Torerfolg führten. Einbezogen wurden die jeweils letzten acht Aktionen, die das Tor herbeiführten.

Drei Fußballexperten mit UEFA-Lizenzen hatten die Aufgabe, die Aktionen vor dem Torschuss, bezogen auf die Kreativleistung, auf einer Skala von 1 bis 10 zu bewerten, wobei 1 ein deutlich unterdurchschnittliches Kreativitätsniveau und 10 ein deutlich überdurchschnittliches Kreativitätsniveau bedeutete.

Die Ergebnisse zeigen, dass das Kreativitätsniveau ansteigt, je näher der Torabschluss rückt. Vor allem die siebte Aktion, der „entscheidende Pass" (Assist), bekam im Mittel den höchsten Kreativitätswert. Insgesamt weisen die letzten drei Aktionen vor dem Torschuss signifikant höhere Kreativitätswerte auf als die Aktionen davor.

Auch wenn diese Werte nur knapp über dem Durchschnittswert liegen, zeigen diese Ergebnisse umso mehr, dass hochgradig kreative Lösungen extrem selten sind. Die Experten bewerteten lediglich 172 von über 1.800 Aktionen als hochgradig kreativ mit einem Wert von 8 und höher auf der Kreativitätsskala. Andererseits enthielten die Aktionsabfolgen bei fast der Hälfte aller Tore (46 Prozent) mindestens eine Aktion mit hohem Kreativitätsniveau. Bei den sehr erfolgreichen Teams der drei Turniere lag der Wert sogar bei 63 Prozent.

Kempe & Memmert (2018) konnten zudem zeigen, dass Kreativität auch erfolgreiche von weniger erfolgreichen Teams eines Turniers unterscheidet. Zusammenfassend scheint Kreativität ein immer wichtiger werdender Faktor im Fußball zu sein, gerade beim Erzielen von Toren auf höchstem Leistungsniveau.

Um einen so umfassenden Begriff wie die taktische Kreativität bewerten zu können, hat die Forschungsgruppe um Guilford diesen bereits 1967 faktorenanalytisch operationalisiert und in die drei Eigenschaften *Originalität, Flexibilität* und *Flüssigkeit* aufgeteilt.

Im Basketball wurden Videotests (Furley & Memmert, 2015; Memmert, 2010a, b; Memmert, Hüttermann, & Orliczek, 2013) und Spieltestsituationen (vgl. Memmert, 2004a, b; 2006b; 2010b) entwickelt, um diese drei Faktoren erfassen zu können.

- **Originalität:** Die Ungewöhnlichkeit von taktischen Entscheidungshandlungen kann durch Basketballexperten bewertet werden.
- **Flexibilität:** Der Abwechslungsreichtum von taktischen Entscheidungshandlungen wird über die Handlungs- oder Antwortvielfalt der Basketballspieler bestimmt.
- **Flüssigkeit:** Die Anzahl von taktischen Entscheidungshandlungen, die Basketballspieler für eine bestimmte Situationskonstellation generieren.

Nationale und internationale, empirisch geprägte Forschungsprogramme haben in den letzten Jahren dazu geführt (für einen Überblick: Memmert, 2012; 2015a; auch Santos, Memmert, Sampaio, & Leite, 2016; de Sa Fardilha & Allen, 2019), dass zahlreiche methodische Möglichkeiten zur spezifischen Schulung von taktischer Kreativität entwickelt werden konnten.

Mittlerweile werden verstärkt auch neurowissenschaftliche Ansätze dazu benutzt, um die Entstehung und Prozesse taktischer Kreativität besser verstehen zu können (Fink et al., 2018; 2019; Rominger et al., 2020; 2021).

Auf einer Vermittlungsebene scheinen die sieben Prinzipien *Deliberate Play, One-Dimension-Games, Diversifikation, Deliberate Coaching, Deliberate Memory* (wird eigenständig im nächsten Kapitel behandelt), *Deliberate Practice* und *Deliberate Motivation* – quasi die sieben Ds der Kreativitätsschulung im Basketball – von besonderer Bedeutung zu sein (vgl. Abb. 6). Ihre Anordnung ist nicht zufällig, sondern entspricht einer chronologischen Reihung.

Während die vier ersten Prinzipien eher für das Kinder- und Jugendtraining geeignet erscheinen, können alle sieben Prinzipien auch im Erwachsentraining eingesetzt werden. Die Ds können zum Beispiel Berücksichtigung finden, wenn basketballspezifische taktische Inhalte geschult werden (z. B. Basisbausteine: Memmert & Breihofer, 2006; Memmert, Thumfart, & Uhing, 2014), aber auch sportartübergreifende Basistaktiken (allgemeine Ballschule: Roth & Kröger, 2011; Ballschule Rückschlagspiele: Roth, Kröger, & Memmert, 2002; Ballschule Wurfspiele: Roth, Memmert, & Schubert, 2006).

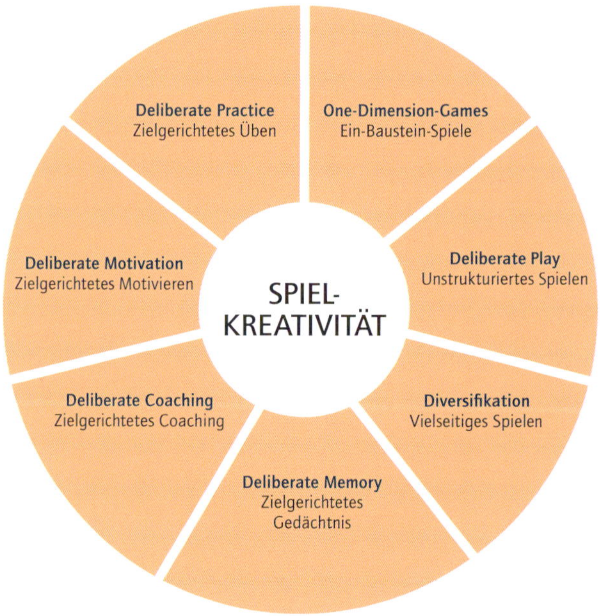

Abb. 6: „Die sieben Ds der Schulung von taktischer Kreativität im Basketball (vgl. Tactical Creativity Approach von Memmert, 2015a)"

3.5.1 Deliberate Play

Das unangeleitete und möglichst freie Experimentieren in spielnahen und unstrukturierten Situationen in der Kindheit wird als *Deliberate Play* bezeichnet (Côté, Baker, & Abernethy, 2007). Bewegungsbiografiestudien und auch Feldexperimente (Greco, Memmert, & Morales, 2010). deuten darauf hin, dass das *Deliberate Play* in der Kindheit und Jugend die Kreativität von aktuellen Nationalmannschafts- und Bundesligaspielern beeinflusst hat.

Unangeleitetes Agieren kann somit zum Ausprobieren unterschiedlichster Antwortvariationen führen und scheint auch zu einer intrinsischen Motivation beizutragen (Kröger & Miethling, 2020).

3.5.2 One-Dimension-Games

Mit Basis-Baustein-Spielen (engl.: One-*Dimension-Games*) kann man eine allgemeine und basketballspezifische taktische Kreativität entwickeln; sie lassen sich wie folgt charakterisieren (Memmert, 2004a, b; Memmert & Roth, 2003):

- Fokussierung auf eine Basistaktik (Nicht auf mehrere!);
- Vorgabe von klaren Rollenverteilungen im Spiel;
- Vorgabe von bestimmten Rahmensituationen;
- Gewährleistung immer wiederkehrender Rahmensituationen;
- Gewährleistung gleichbleibender Rahmensituationen;
- Gewährleistung hoher Wiederholungszahlen;
- Gewährleistung unterschiedlicher Mit- und Gegenspieler durch systematische Rotationen.

3.5.3 Diversifikation

Taktische Kreativität kann mit vielseitigem, sportspielübergreifendem Training geschult werden, in dem Kinder und Jugendliche taktische Aufgaben mit Hand, Fuß und Hockeyschläger lösen. Das Agieren in vielen unterschiedlichen, sportspielaffinen Situationen ermöglicht den Erwerb unterschiedlichster Bewegungserfahrungen (Memmert, 2006b).

Bedeutsam für das Generieren originärer Lösungsideen ist es demnach, dass Kinder und Jugendliche relativ frühzeitig in ihrer Bewegungsbiografie mit unterschiedlichen Bällen in Berührung kommen und in Spielformen mit verschiedenen motorischen Ausführungsformen agieren lernen, um Situationen immer wieder auf eine andere, neue Art zu denken.

Neuere Studien konzentrieren sich auch mehr auf die Einbeziehung von motorischem Verhalten in kreativen motorischen Problemlösungen, sprich der motorischen Kreativität. Die Autoren „verstehen kreative motorische Aktionen als funktionale Bewegungsmuster, die für den Einzelnen und/oder die Gruppe neu sind und an die Zwänge des anstehenden Motorproblems angepasst sind" (Orth, van der Kamp, Memmert, & Savelsbergh, 2017, S. 1).

3.5.4 Deliberate Coaching

Ein breiter Aufmerksamkeitsfokus ist notwendig, um auch unerwartete Objekte, wie freie Mitspieler, wahrzunehmen, die Ausgangspunkte von originellen Lösungshandlungen sein können (Memmert, 2005).

Geringere Instruktionsvorgaben seitens der Trainer führen dazu, dass Kinder und Jugendliche besser in der Lage sind, kreative und variantenreiche Lösungsmöglichkeiten zu generieren, als jugendliche Basketballspieler, die ständig mit aufmerksamkeitslenkenden Hinweisen in den Schulungseinheiten konfrontiert werden.

Zur Förderung von taktischer Kreativität ist es nicht ratsam, als Übungsleiter ständig das Trainingsspiel zu stoppen und taktische Anweisungen an seine Spieler zu geben, da eben diese Anweisungen den Aufmerksamkeitsfokus einschränken (Furley & Memmert, 2005). Hüttermann, Nerb und Memmert (2019) zeigten erstmals, dass es einen Zusammenhang zwischen der Größe des individuellen visuellen Aufmerksamkeitsfensters und der Generierung taktischer Kreativität im Fußball gibt.

3.5.5 Deliberate Motivation

Befunde aus der Sozialpsychologie lassen vermuten, dass kreative Leistungen durch Instruktionen manipuliert werden können. Das kann beispielsweise geschehen, wenn durch die Art der Instruktion das emotionale Befinden des Probanden zur Aufgabe beeinflusst wird.

Memmert und Kollegen (2013) konnten zeigen, dass auch taktische Kreativität im Sport von einem Hoffnungsfokus (Promotionfokus) profitiert, also wenn das Aufgabenziel als lohnenswerter Zustand angestrebt wird. Das Gegenteil wäre ein Preventionfokus, der durch das Ziel der Abwendung eines Übels geschaffen wird.

Insgesamt weisen die Ergebnisse darauf hin, dass Trainer durch geeignete Promotion-Fokus-Instruktionen („*Euer Ziel ist es*, dass jeder dritte Ball an den Kreis gespielt wird."), anstatt von: „*Ihr müsst* jeden dritten Ball an den Kreis spielen", das Generieren von kreativen Lösungen auch in basketballspezifischen Situationen unterstützen können.

Debanne und Laffaye (2015) konnten ebenfalls auf der Basis der Theorie des regulatorischen Fits zeigen, dass Zusammenhänge zwischen den Motivationsorientierungen der Spieler und deren Leistung bei Basketballstrafwürfen existieren.

3.5.6 Deliberate Practice

Das instruktionsgeleitete Agieren in übungszentrierten und strukturierten Situationen mit dem Ziel, effektiv spezifische individuelle Leistungskriterien zu verbessern, nennt man *Deliberate Practice* (Côté, Baker, & Abernethy, 2007).

Die Expertiseforschung demonstriert, dass Leistungssportler mehr als 10 Jahre intensiv, sportartspezifisch und qualitativ hochwertig trainiert haben müssen, um eine Chance zu haben, Hochleistungssportler zu werden (Ericsson, Krampe, & Tesch-Römer, 1993; für eine Gegenposition: siehe Hambrick & Meinz, 2011; Macnamara, Hambrick, & Oswald, 2014).

Memmert, Baker und Bertsch (2010) wiesen nach, dass spätere hochkreative Basketballspieler deutlich länger im Basketball zielgerichtet trainiert haben als weniger kreative Basketballspieler. Somit scheint auch *Deliberate Practice* ein notwendiges, aber natürlich nicht hinreichendes Merkmal zur Förderung taktischer Kreativität zu sein, insbesondere in der späten Kindheit und zu Beginn der Jugend.

3.6 Arbeitsgedächtnis

Im Zentrum der bewussten Informationsverarbeitung steht das Arbeitsgedächtnis, in dem eine limitierte Informationsmenge verarbeitet werden kann, die für die aktuelle Tätigkeit relevant ist (im Überblick, Baddeley, 2007). Von besonderer Bedeutung für die Kognitionen im Basketball sind die Kapazität und die generelle Funktionsweise des Arbeitsgedächtnisses (im Überblick, Furley, & Memmert, 2010; Furley & Wood, 2016).

Was versteht man unter dem Arbeitsgedächtnis?

Für viele kognitive Aufgaben wird ein Gedächtnis gebraucht, das sowohl Ziele, wichtige Aufmerksamkeitsresultate, abgerufene Informationen aus dem Langzeitgedächtnis und Zwischenresultate der Bearbeitung bereithält, als auch die Bearbeitung all dieser Informationen koordiniert.

Nahezu alle kognitiven Leistungen erfordern die zeitweilige, anforderungsabhängige Bereitstellung von Informationen. Das Arbeitsgedächtnis ist damit ein Schlüsselsystem für das Verständnis komplexer kognitiver Leistungen (Engle, 2002).

Definition

„Der Begriff *Arbeitsgedächtnis* wird von Kognitionspsychologen verwendet, um die Fähigkeit zu beschreiben, gleichzeitig zielgerichtete Informationen aufrechtzuerhalten und zu verarbeiten. Wie der Name schon sagt, reflektiert das Konzept des Arbeitsgedächtnisses im Kern eine Art der Erinnerung, aber es ist weitaus mehr als ein Gedächtnis, denn es ist ein Gedächtnis bei der Arbeit und in den Diensten von komplexer Wahrnehmung" (Conway et al., 2007).

Obwohl die individuelle *Kapazität des Arbeitsgedächtnisses* eines Athleten keinen Einfluss auf divergente Leistungen im Sportspiel (Furley & Memmert, 2015) oder motorische Fertigkeiten im Basketball (Afrouzeh, Musa, Suppiah, & Abdullah, 2020) zu haben scheint, ist es dennoch ratsam, dass Trainer aufgrund der limitierten Kapazität des Arbeitsgedächtnisses (Cowan, 2005) bei taktischen Anweisungen, Instruktionen oder Besprechungen nicht zu viele Informationen zur gleichen Zeit geben (Cowan, 2001).

Zudem muss beachtet werden, dass besonders beim (taktischen, kognitiven, motorischen) Neulernen das Arbeitsgedächtnis in einem größeren Maße beansprucht wird als in späteren Expertisestadien (Maxwell, Masters, & Eves, 2003; Schmidt & Wrisberg, 2004; vgl. auch Abb. 7).

Experten speichern im Gegensatz zu Novizen nämlich spezifische Ereignisse (z. B. Laufwege einzelner Spieler, taktische Konstellationen) nicht als einzelne Informationseinheit ab, sondern als taktisches Muster der Spielerkonstellationen („Chunkingprozesse").

Zum einen erleichtert und verbessert dies im besonderen Maße die frühzeitige Antizipation von bedeutungsvollen Situationskonstellationen (für einen allgemeinen Überblick Williams & Ericsson, 2005).

Zum anderen wird die limitierte Kapazität des Arbeitsgedächtnisses von Experten nicht so schnell aufgebraucht wie bei Novizen und kann somit für die Wahrnehmung weiterer Situationskonstellationen oder elaborierter taktischer Entscheidungsprozesse genutzt werden (Williams, Hodges, North, & Barton, 2006).

Die generelle *Funktionsweise des Arbeitsgedächtnisses*, das heißt, die Tatsache, dass im Arbeitsgedächtnis Informationen kurzfristig bearbeitet, manipuliert und strukturiert werden (Conway et al., 2007), hat wichtige Konsequenzen für das Entscheidungstraining im Sportspiel.

Aktuelle Studien haben gezeigt (Furley & Memmert, 2013), dass die aktivierten Inhalte des Arbeitsgedächtnisses den Aufmerksamkeitsfokus eines Athleten dadurch lenken, indem die Aufmerksamkeit auf diejenigen Objekte im visuellen Feld gelenkt wird, auf die sich die Inhalte des Arbeitsgedächtnisses beziehen.

Zudem wurde nachgewiesen, dass die Kapazität des Arbeitsgedächtnisses Vorhersagen erlaubt, welche Athleten in der Lage sind, ihre Aufmerksamkeit gezielt zu kontrollieren, indem aufgabenirrelevante Reize ausgeblendet werden und somit Interferenzen vermieden werden (Furley & Memmert, 2012).

Demzufolge bedeutet dies insbesondere für das methodische Prinzip *Deliberate Memory* als eines der sieben Ds (vgl. Kap. 3.5), dass im positiven Fall Instruktionen des Trainers den Aufmerksamkeitsfokus der Athleten lenken und somit taktisch-kreative Entscheidungen erleichtern können. Im negativen Fall greifen Athleten verstärkt auf irrelevante Informationen des Trainers zurück, die das Treffen von optimalen Entscheidungen durch eine ungünstige Aufmerksamkeitskontrolle in der spezifischen Situation verhindern (Furley et al., 2010).

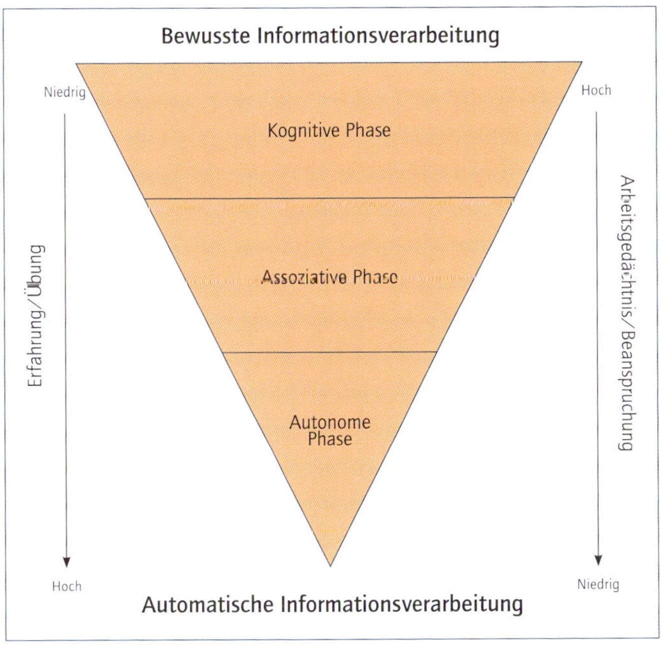

Abb. 7: Beanspruchung des Arbeitsgedächtnisses beim taktischen Lernen in Abhängigkeit vom Expertisegrad des Athleten (Furley & Memmert, 2010).

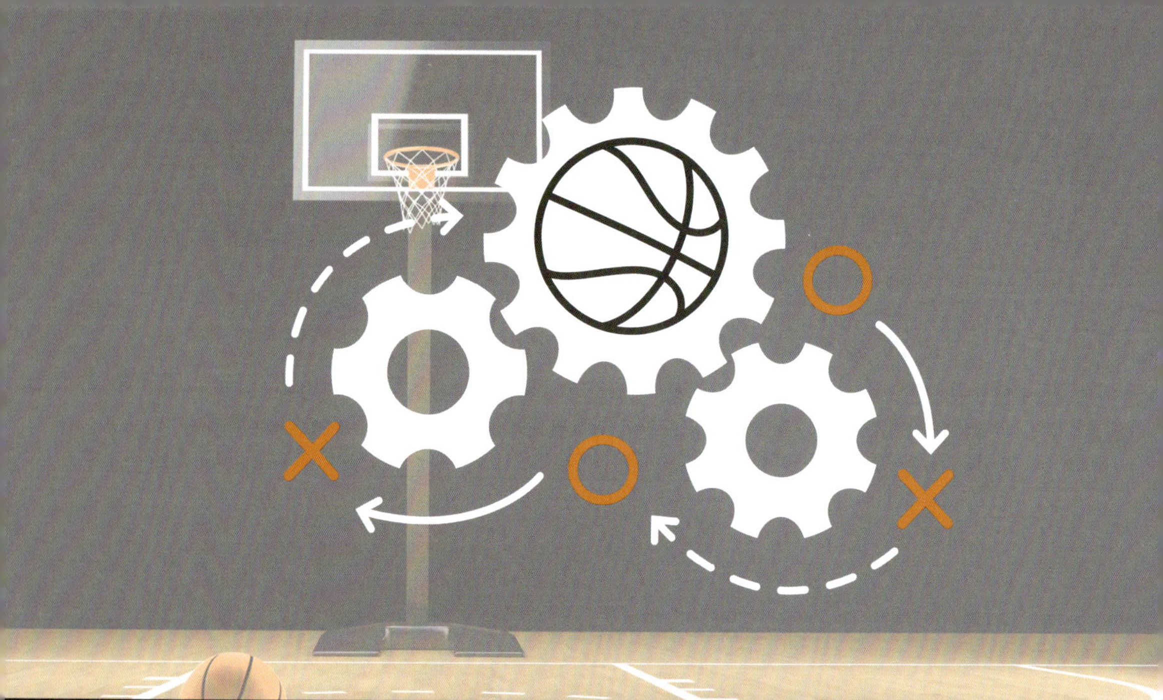

4 DIAGNOSTIK VON KOGNITIONEN

In der Literatur gibt es mittlerweile eine fast nicht mehr überschaubare Flut von kognitiven Tests. Diese reichen von wissenschaftlich abgesicherten Verfahren bis zu reinen Softwareprodukten, die keinem wissenschaftlichen Anspruchsniveau genügen.

Im Folgenden wird auf einen generellen Überblick verzichtet und ausgewählte Verfahren werden vorgestellt, die am Institut für Trainingswissenschaft und Sportinformatik der Deutschen Sporthochschule Köln in den letzten Jahren entwickelt und in Studien und in der Praxis eingesetzt wurden. Exemplarisch werden jeweils vier Labortests sowie vier Feldtests vorgestellt.

4.1 Labortests

Im Folgenden werden exemplarisch vier kognitive Testverfahren vorgestellt. Bei allen vier Testverfahren erhalten die teilnehmenden Athleten ihre Ergebnisse zusammenfassend wie in Abb. 8 dargestellt.

Kognitive Fähigkeiten

	Aufmerksamkeitsfenster (statisch)	Arbeitsgedächtniskapazität	Anfälligkeit gegen Ablenkung	Geteilte Aufmerksamkeit (dynamisch)
	Der *Attention-Window-Task* bestimmt das mit einem Blick bewusst wahrnehmbare visuelle Feld (in Grad), begrenzt durch die individuelle maximale horizontale (h) und vertikale (v) Ausrichtung.	Der *Working-Memory-Span-Test* misst die Fähigkeit eines Sportlers, seine Aufmerksamkeit auf die momentane Aufgabe zu richten, ohne dabei von anderen Gedanken abgelenkt zu werden.	Der ***Perceptual**-Load-Test* misst, inwieweit Sportler, sich von ***externalen*** Reizen ablenken lassen (Plus-/Minuswerte = höhere/niedrigere Ablenkung), welche völlig irrelevant für ihre Aufgabe – niedrige (n)/ hohe (h) perzeptive Belastung – sind.	Im *Motion-Option-Tracking-Test* wird gemessen, bis zu welcher Geschwindigkeit Sportler mehrere, relevante, sich bewegende Objekte verfolgen ***(tracken)*** können.
NN **NN**	h * v	55 %	n 31 h 68	*
Handball *3. Bundesliga*	h 16,8 v 15,2	87 %	n -6 h -3	808
Basketball *Bundesliga*	h 38,0 v 36,0	91 %	n 66 h 56	1.251
Fußball *Bundesliga*	h 40,0 v 33,0	87 %	n 54 h 33	1.274
Tischtennis *Bundesliga*	h * v	87 %	n -24 h -9	1.204
Handball *U17*	h 15,3 v 14,3	73 %	n 11 h -10	705
Fußball *U15*	h 24 v 18	57 %	h 19 n -8	1013
Tennis *U10*	h 4,8 v 5,5	55 %	n 12 h 26	*

Trainingsempfehlung:

Testdatum:

*Nicht erfasst

Abb. 8: Darstellung der Ergebnisse aller vier elementaren Kognitionen eines exemplarischen Sportlers, zusammen mit den Gruppenmittelwerten einzelner anderer Stichproben (Sportart, Alter, Expertise)

4.1.1 Attention-Window-Test

Der *Attention-Window-Test* von Hüttermann, Memmert, Simons und Bock (2013) kann genutzt werden, um die individuelle Aufmerksamkeitsbreite zu beurteilen.

Während jeder Testphase werden die Spieler angewiesen, einen zentralen Punkt zu fixieren und zu versuchen, ein graues Dreieck innerhalb eines Kreises unter quadratischen Distraktoren (= Ablenkungsobjekte) zu entdecken.

Mehrere Versuche lang erscheint das Ziel in unterschiedlichen Abständen vom Fixpunkt (10 Grad, 20 Grad, 30 Grad) entlang einer von acht gleich beanstandeten radialen Linien, die von einem Quadrat in der Mitte der Anzeige (45 Grad Abstand) stammen (vgl. Abb. 9). Diese Zufallsanzeige wird für 12 Millisekunden eingeblendet, gefolgt von einer farbigen Maske (100 Millisekunden).

Nach der Maskierung werden die Spieler gebeten, anzugeben, wie viele graue Dreiecke sie je nach Ausrichtung der Gegenstände gerade an den verschiedenen Orten gesehen haben. Die Teilnehmer müssen 180 Versuche absolvieren. Diese Aufgabe misst, wie gut sich Menschen mit Objekten befassen können, die weit von der Fixierung entfernt sind (Hüttermann, Simons, & Memmert, 2014). Das abhängige Maß ist die Punkteverteilung des diagonalen Aufmerksamkeitsfensters und die Division des Gesamtwerts durch die Anzahl der Dimensionen (das heißt, drei).

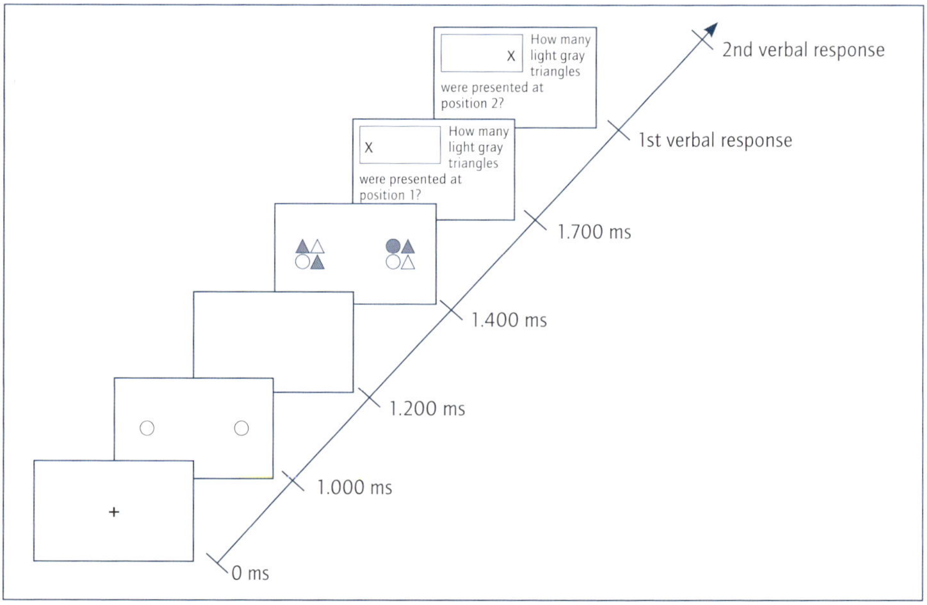

Abb. 9: Darstellung des Attention-Window-Tests (Hüttermann et al., 2013). Die Aufgabe ist es, zwei Reize gleichzeitig peripher wahrzunehmen. Es wird die maximale, noch wahrnehmbare Entfernung zwischen den Reizen in horizontaler, vertikaler und diagonaler Richtung gemessen und ein maximales Aufmerksamkeitsfenster bestimmt.

4.1.2 Working-Memory-Span-Test

Der etablierte *Arbeitsgedächtnistest* von Conway, Kane, Bunting, Hambrick, Wilhelm und Engle (2005) misst die Fähigkeit des Athleten, die Aufmerksamkeit auf die aktuelle Aufgabe zu lenken, ohne sich von anderen Gedanken ablenken zu lassen.

Die Verarbeitungsaufgabe zielt darauf ab, bestimmte Formen zwischen den Distraktoren zu zählen und sich dann die Zählsummen für einen späteren Gedächtnisabruf zu merken. Jede Aufgabe enthält zufällig angeordnete, dunkelblaue Kreise, grüne Kreise und dunkelblaue Quadrate (vgl. Abb. 10).

Die Aufgabe besteht darin, die dunkelblauen Kreise laut zu zählen und dann die Gesamtzahl am Ende laut zu nennen. Nach 2-6 Aufgaben tritt eine Erinnerungsmaske auf, in die die Spieler ihre gespeicherten Zählsummen genau in der Reihenfolge ausfüllen müssen, in der sie angezeigt werden (siehe Kane, Hambrick, Tuholski, Wilhelm, Payne, & Engle 2004, für eine detaillierte Beschreibung).

Die Einfachheit dieser Zählaufgabe ermöglicht es fast allen Spielern, diese Aufgabe zu erfüllen. Der Zählspannen-Punktezahl ist ein Teilwert (vgl. Conway et al., 2005), der die Summe aller korrekt abgerufenen Elemente darstellt – wobei ein korrekt abgerufener Gegenstand aus einem Satz mit zwei Gegenständen zwei Punkte erhält und ein korrekt abgerufener Gegenstand aus einem Satz mit sechs Gegenständen sechs Punkte erhält –, dividiert durch die maximal mögliche Bewertung. Der Test besteht aus 15 Versuchen. Das abhängige Maß ist die Bewertung der korrekt gespeicherten Objekte in Prozent.

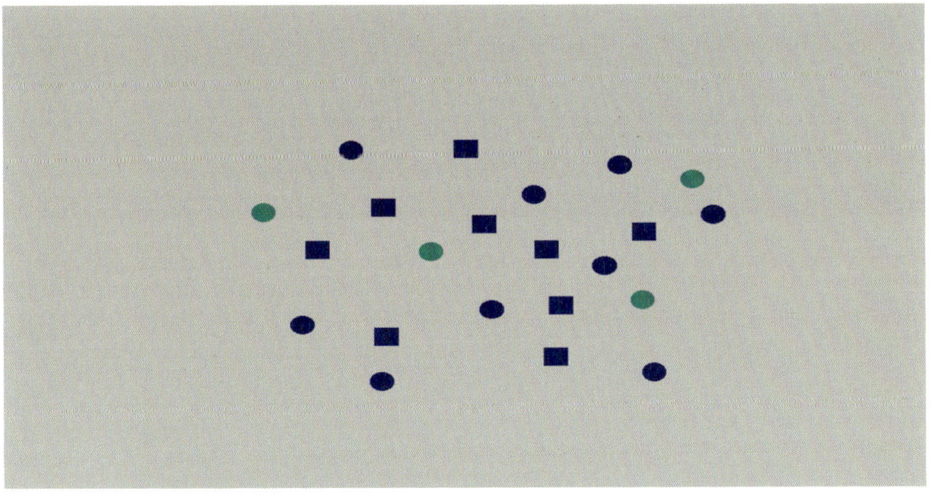

Abb. 10: Darstellung eines Displays des Arbeitsgedächtnistests von Conway et al. (2005). Der Spieler muss zwischen den Distraktoren (grüne Kreise und dunkelblaue Quadrat) alle dunkelblauen Kreise laut zählen und sich dann die Zählsummen für einen späteren Gedächtnisabruf merken.

4.1.3 Perceptual-Load-Test

Der *Perceptual-Load-Test* von Beck und Lavie (2005) ist ein Maß für die kognitive Hemmungsfähigkeit, da er misst, inwieweit die Spieler durch Reize abgelenkt werden, die für ihre Aufgabe völlig irrelevant sind.

Die Spieler führen die basketballspezifische Perceptual-Load-Aufgabe (Furley, Memmert, & Schmid, 2013) durch. Sie beginnt mit zwei Beispielblöcken (eine hohe und eine niedrige kognitive Ablenkungsbelastung), gefolgt von acht Versuchsblöcken, die sich zwischen Blöcken mit niedriger und hoher Belastung abwechseln (vgl. Abb. 11).

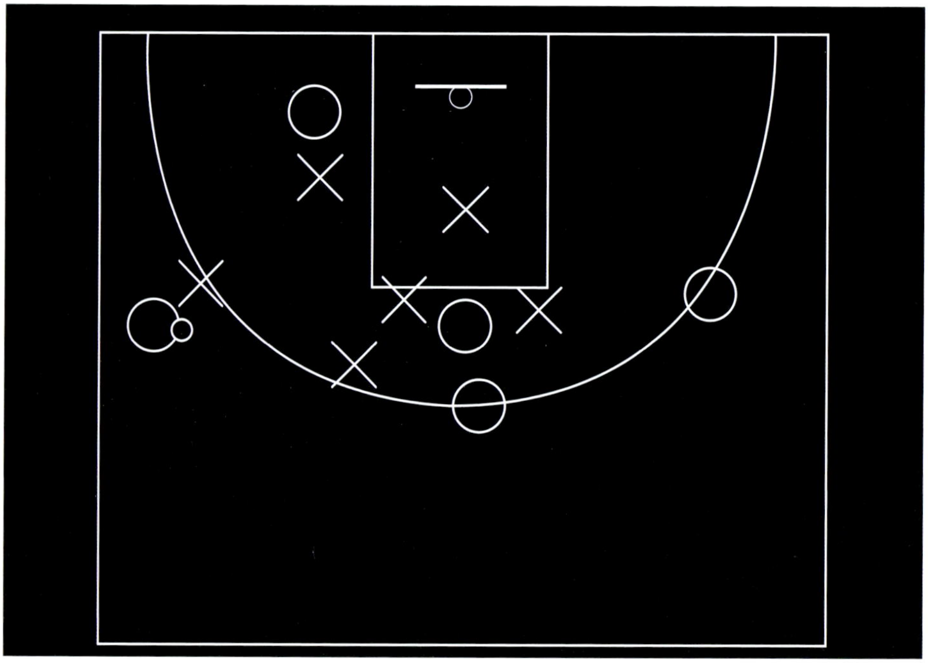

Abb. 11: Darstellung eines Displays der basketballspezifischen Perceptual-Load-Aufgabe von Furley et al. (2013). Die Spieler haben die Aufgabe, die Ablenkung (X im Freiwurfraum) zu ignorieren und so schnell und so genau wie möglich anzugeben, welcher Spieler in Ballbesitz ist (O = Abwehr oder X = Angriff).

Alle Spieler starten mit einem Block unter hoher Belastung. Vor jeder Messung wird ein Fixationskreuz 1.000 Millisekunden lang in der Mitte des Bildschirms angezeigt, gefolgt von der Taskanzeige mit der basketballspezifischen Anordnung und dem Ablenkungsmanöver. Die Aufgabenanzeigen werden für 100 Millisekunden dargestellt. Die Spieler bekommen die Anweisung, die Ablenkung zu ignorieren und so schnell und so genau wie möglich anzugeben, welcher Spieler in Ballbesitz gelangt. Das Ablenkungsmanöver zeigt sich immer an einem Befestigungspunkt (Beck & Lavie, 2005).

Die Teilnehmer reagieren mit Tastendruck auf die Zielreize. Eine neue Aufgabe wird durch die Reaktion des Spielers oder die Auslassungen innerhalb von zwei Sekunden ausgelöst. Nach jedem Versuch wird eine Rückmeldung über die Qualität der Antworten oder Auslassungen mittels eines Computertons gegeben. Nach jedem Block werden die Teilnehmer an die Tastenbelegung erinnert.

Der Test besteht aus 160 Versuchen. Das abhängige Maß ist die Reaktionszeit der Wahrnehmungsbelastung, bezogen auf den Zustand der niedrigen und hohen Ablenkung.

4.1.4 Multiple-Object-Tracking-Test

Der *Multiple-Object-Tracking-Test* zur Verfolgung von Bewegungsobjekten misst, bis zu welcher Geschwindigkeit die Spieler in der Lage sind, mehrere relevante, bewegliche Objekte zu verfolgen (Alvarez & Franconeri, 2005). Ein 3D-Multiple-Object-Tracking-Training hat positive Effekte auf Passentscheidungen (Romeas, Guldner, & Faubert, 2016), aber keine nennenswerten Transfereffekte auf andere visuelle oder exekutive Funktionen (Scharfen & Memmert, 2021).

Die Spieler überwachen die Positionen einer Reihe von bewegten Kreisen auf einem Computermonitor. Die Anzeige enthält zunächst vier grüne und drei blaue Kreise. Nach drei Sekunden im Ruhezustand werden die blauen Gegenstände grün und sind identisch mit den Zielen (grüne Kreise) und alle Kreise beginnen, sich zu bewegen, während die Spieler versuchen, die Positionen der anfänglich blauen Gegenstände zu verfolgen.

Der Test ist anpassungsfähig, sodass die Geschwindigkeitsschwellen und die Anzahl der Versuche von den Fähigkeiten der Spieler abhängen. Nach acht Sekunden bleiben die Kreise stehen und die Spieler müssen die drei ehemals blauen Kreise markieren.

Die Leistung wird über die Anzahl der korrekt verfolgten und markierten Kreise definiert. Diese Aufgabe zeigt individuelle Unterschiede in der Fähigkeit auf, die Aufmerksamkeit auf mehrere, unabhängig voneinander bewegliche Objekte zu teilen und zu erhalten (vgl. Abb. 12a, 12b und 12c).

a)

b)

c)

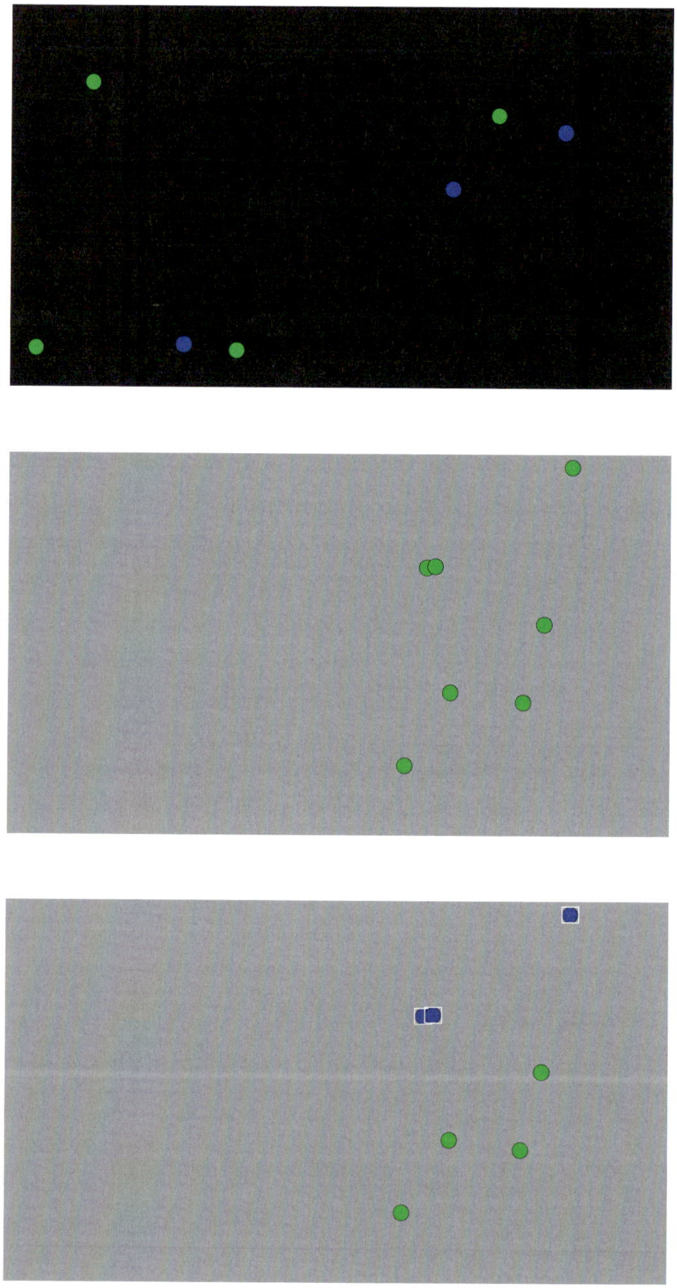

Abb. 12a-c: Darstellung des Multiple-Object-Tracking-Tests (Cavanagh & Alvarez, 2005). Die Aufgabe besteht darin, mehrere – a) Standbild zur Kennzeichnung – sich bewegende Objekte (b) gleichzeitig zu verfolgen und wahrzunehmen, um sie final am Ende des Tests zu identifizieren (c).

4.2 Feldtests

Elementare Kognitionen sind in der Sportspielpraxis auch als *Basistaktiken* bekannt (Memmert, 2004a). Wie bereits in Kap. 3.4 beschrieben, handelt es sich um grundlegende Kompetenzen, die in vielen Sportspielen, somit auch im Basketball, von besonderer Bedeutung sind und das Fundament für spätere sportartspezifische (hier basketballspezifische) Taktiken bilden.

Spieltestsituationen können sowohl die taktische Kreativität (Memmert, 2010a, b; Memmert & Roth, 2007) als auch die Spielintelligenz (Bestlösungen) in basistaktischen Aufgabenstellungen bewertbar machen (vgl. Memmert, 2010b; Memmert & Roth, 2003; Memmert, 2013). Die daraus resultierenden konvergenten Leistungskennziffern können zur Talentdiagnostik im Verein oder zur Benotung im Sportunterricht dienen.

Im Verein kann es sinnvoll sein, mit einer Videokamera das Verhalten der Kinder aufzuzeichnen, um anschließend das taktische Verhalten mithilfe eines Videos und einer Skala zu beurteilen. In der Schule kann eine Lehrkraft auch mit der entwickelten Skala die Bewertung direkt vornehmen.

Exemplarisch werden im Folgenden vier standardisierte Spieltestsituationen mit ihren Skalierungen zur Bewertung konvergenter taktischer Leistungen vorgestellt, die umfassend hinsichtlich der Gütekriterien geprüft wurden (vgl. Memmert, 2004a; b).

Diese Diagnosemöglichkeiten verwenden die Basis-Baustein-Etiketten von Memmert (2004a). Da diese inhaltlich nahezu identisch mit den Basis-Bausteinen von Roth und Kröger (2011) sind, haben wir in Klammern die dazugehörige Basis-Baustein-Etikette von Roth und Kröger (2011) ebenfalls aufgelistet.

Spieltestsituationen mit den Skalierungen zur Bewertung divergenter taktischer Leistungen können in Memmert (2010a; b) sowie bei Memmert und Roth (2007) nachgelesen werden. In allen Spieltestsituationen können die Spieler entweder mit der Hand, dem Fuß oder verschiedenen Schlägern agieren.

4.2.1 Spieltestsituation „Den Ball dem Ziel annähern“

In der Basistaktik *Den Ball dem Ziel annähern* (eine Überzahl herausspielen) müssen Sportspieler den Ball in die Nähe eines Abschlussraums transportieren. Dazu muss beurteilt werden, ob die sich gerade in Ballbesitz befindenden Spieler den Ball – wenn es sinnvoll ist – in eine bestimmte Richtung des Zielbereichs gespielt haben und ob eine möglichst große Distanz überbrückt wurde (erstes Bewertungskriterium).

Weiterhin müssen die Entscheidungen der Kinder unter Berücksichtigung der Situationen bewertet werden (zweites Bewertungskriterium).

Aus diesen beiden Komponenten soll ein Gesamturteil der individuellen Leistung gebildet werden. In dieser Spieltestsituation wird nur der am Ball aktive Spieler bewertet, es fließt nicht ein, wie gut sich die Spieler anbieten oder im Raum orientieren und wie das Zusammenspiel erfolgt (ein Beispiel aus einem aktuellen Forschungsprojekt ist in Kap. 3.4 in der Box dargestellt).

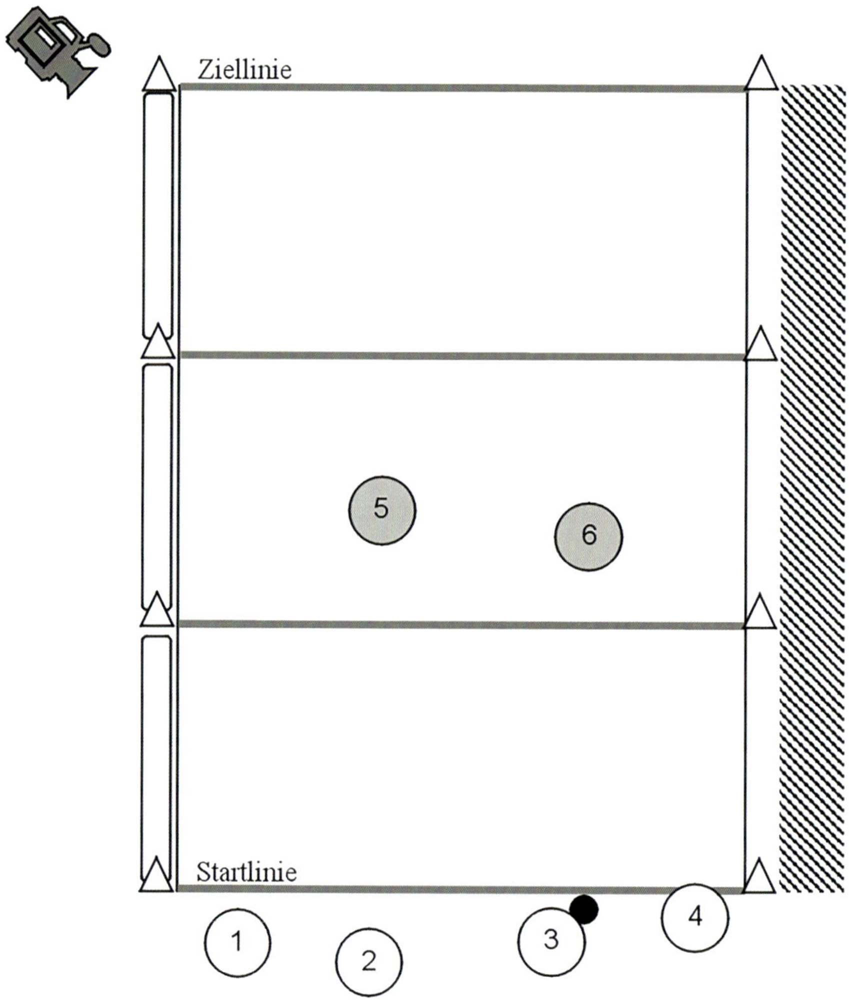

Abb. 13: Spielfeldgröße = 12 x 8 Meter; Unterteilung in drei gleich große Felder; Abstand der Videokamera zum Spielfeld = 3 Meter

Die Testsituation wird folgendermaßen durchgeführt (vgl. Abb. 13): In einer Art Parteiballspiel spielen Mannschaft A und B um den Ballbesitz. Wichtig hierbei ist, dass die angreifende Mannschaft A sich mit 4 gegen 2 in der Überzahl befindet. Sie hat die Aufgabe, den Ball über die gegnerische Ziellinie zu transportieren. Die angreifenden Spieler dürfen sich den Ball zuwerfen, aber nicht mit ihm laufen (Schrittregel beachten!), ihn prellen oder führen.

Bei jedem Versuch befinden sich alle Spieler von Mannschaft A hinter der eigenen Startlinie, wohingegen sich die Spieler der verteidigenden Mannschaft B im mittleren Feld befinden. Jeder Versuch beginnt, wenn beide Mannschaften richtig aufgestellt sind, auf ein Signal des Lehrers oder Übungsleiters.

Die Spielerkonstellationen von Mannschaft A und B werden entgegen dem Uhrzeigersinn zweimal durchgewechselt, wobei jede Formation sechs Angriffe bekommt. Somit hat jeder Spieler 12 Angriffsversuche mit unterschiedlichen Partnern. Die Auswertung erfolgt über eine erprobte Skalierung (s. Tab. 5).

Tab. 5: Skalierung der Basistaktik „Den Ball dem Ziel annähern" (Memmert, 2004a)

Freies Anspiel in Richtung Zielbereich (Qualität der Lösung von Situationen)	Optimale Distanzminimierung	Punkte	Ankerbeispiele
Optimal	Optimal, auch > 8 m (2 Felder)	10	Der Spieler hat, immer wenn es möglich war, den Ball in Richtung des Zielbereichs gespielt und dabei eine möglichst große Distanz überbrückt.
Optimal	Optimal, auch > 4 m (1 Feld)	9	Der Spieler hat fast immer den Ball in Richtung des Zielbereichs gespielt und dabei eine große Distanz überbrückt.
Optimal	Optimal, auch < 4 m (1 Feld)	8	Der Spieler hat meistens den Ball in Richtung des Zielbereichs gespielt und dabei eine große Distanz überbrückt.
Gut, es ex. eine bessere Alternative gibt.	Durchschnittlich, > 2 m	7	Der Spieler hat häufig den Ball in Richtung des Zielbereichs gespielt und dabei eine durchschnittliche Distanz überbrückt.
Gut, es ex. eine bessere Alternative gibt.	Befriedigend, < 2 m	6	Der Spieler hat häufig den Ball in Richtung des Zielbereichs gespielt und dabei eine befriedigende Distanz überbrückt.
Befriedigend, es ex. zwei bessere Alternativen gibt.	Durchschnittlich, > 2 m	5	Der Spieler hat relativ oft den Ball in Richtung des Zielbereichs gespielt und dabei eine durchschnittlich große Distanz überbrückt.

Freies Anspiel in Richtung Zielbereich (Qualität der Lösung von Situationen)	Optimale Distanzminimierung	Punkte	Ankerbeispiele
Befriedigend, es ex. zwei bessere Alternativen gibt.	Befriedigend, < 2 m	4	Der Spieler hat relativ selten den Ball in Richtung des Zielbereichs gespielt und dabei eine befriedigende Distanz überbrückt.
Ungenügend, es wurde eine schlechte Möglichkeit ausgewählt.	Durchschnittlich, < 4 m	3	Der Spieler hat selten den Ball in Richtung des Zielbereichs gespielt und dabei eine durchschnittliche Distanz überbrückt.
Ungenügend, es wurde eine schlechte Möglichkeit ausgewählt.	Durchschnittlich, > 1-4 m	2	Der Spieler hat fast nie den Ball in Richtung des Zielbereichs gespielt und dabei eine durchschnittliche Distanz überbrückt.
Ungenügend, es wurde eine schlechte Möglichkeit ausgewählt.	Befriedigend, < 1 m	1	Der Spieler hat fast nie den Ball in Richtung des Zielbereichs gespielt und dabei eine nur befriedigende Distanz überbrückt.

4.2.2 Spieltestsituation „Zusammenspiel"

Innerhalb der basistaktischen Spieltestsituation *Zusammenspiel* (Ballbesitz kooperativ) *sichern* müssen Bälle situationsgerecht und schnell zu Partnern weitergespielt werden. Dabei werden zwei taktische Komponenten bewertet: Entscheidungsqualität und -zeit.

Bei der Entscheidungsqualität werden räumliche Entscheidungsleistungen evaluiert bzw. bewertet, wie gut Sportspieler freie Mitspieler situationsgerecht anspielen. In diese Bewertung fließt ein, ob die Kinder im richtigen Moment und auch unter Bedrängung Möglichkeiten wahrnehmen, einen Ball weiterzuspielen.

Durch die zweite Komponente – Entscheidungszeit – wird bewertet, ob die Sportspieler zeitlich adäquate Lösungen erbringen bzw. mit welcher Geschwindigkeit ein Ball abgespielt wird. Wiederum wird nur der am Ball aktive Spieler bewertet.

Das Ergebnis repräsentiert ein Gesamturteil der individuellen taktischen Leistung bezüglich der Entscheidungsqualität und der Entscheidungszeit.

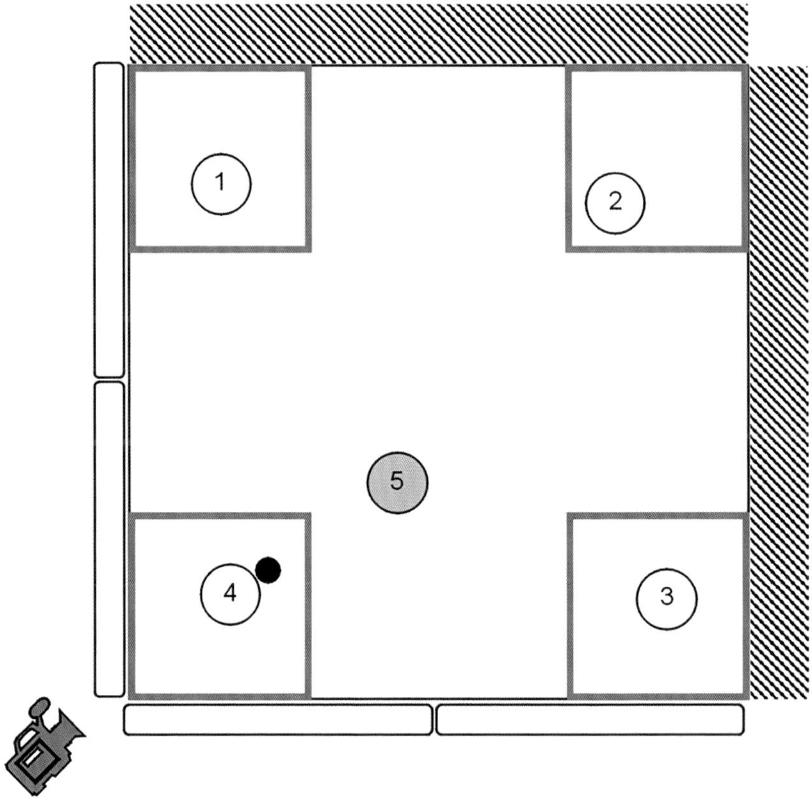

Abb. 14: Spielfeldgröße = 3,60 x 3,60 Meter; Seitenlängen der vier quadratischen Felder = 1,0 Meter; Abstand der Videokamera (auf einem Mattenwagen) zum Spielfeld = 6 Meter

Abb. 14 veranschaulicht die Durchführung mit fünf Spielern. Die vier Angreifer stehen in den markierten Feldern und dürfen diese nicht verlassen. Weiterhin gibt es einen Abwehrspieler, dem das übrige Spielfeld zur Verfügung steht und der die vier Quadrate nicht betreten darf.

Die Aufgabe der vier Angreifer ist, sich einen Ball in einer Minute so oft und so schnell wie möglich zuzuwerfen. Der ballbesitzende Spieler hat jeweils zwei Abspielmöglichkeiten, da Diagonalpässe nicht erlaubt sind. Die Aufgabe des Abwehrspielers ist es, das Zuspiel zu verhindern. Gelingt ihm dies, wird der Ball anschließend wieder schnellstmöglich freigegeben.

Die Angreifer dürfen den Ball nicht mittels „Bogenlampen" über den Abwehrspieler werfen. Nach jeweils einer Minute werden die Positionen nach einer vorgegebenen Rotationsfolge gewechselt. Somit hat jeder Spieler vier Minuten im Angriff (vgl. Tab. 6).

Tab. 6: „Skalierung der Basistaktik „Zusammenspiel" (Memmert, 2004a)"

Entscheidungsrichtigkeit adäquates Abspiel (Fehler/Qualität)	Entscheidungszeit Geschwindigkeit	Punkte	Ankerbeispiel
Immer optimal (keine Fehler)	Leicht verzögert	10	Der Spieler hat bis auf eine kritische Situation optimal und möglichst schnell abgespielt.
(kaum Fehler)	Gar nicht verzögert		
Immer optimal (keine Fehler)	Leicht/stark verzögert	9	Der Spieler hat bis auf 1-2 kritische Situationen optimal abgespielt, allerdings häufig mit leichter Zeitverzögerung.
(Kaum Fehler/kritisch)	Gar nicht verzögert		
Meistens optimal (> 85 %) (kaum Fehler/kritisch)	Stark verzögert	8	Der Spieler hat stark verzögert den Ball abgespielt und dabei kaum Fehler gemacht.
(Wenige Fehler/kritisch)	Gar nicht/leicht verzögert		
Meistens optimal (wenige Fehler/kritisch)	Stark verzögert	7	Der Spieler hat leicht verzögert den Ball abgespielt und dabei wenige, hauptsächlich kritische Fehler gemacht.
(Wenige, hauptsächlich kritische Fehler)	Gar nicht/leicht verzögert		
Überwiegend gut (> 70 %) (wenige, hauptsächlich kritische Fehler)	Stark verzögert	6	Der Spieler hat schnellstmöglich den Ball abgespielt und dabei einige, teilweise grobe Fehler gemacht.
(Wenige kritische und grobe Fehler)	Leicht/ gar nicht verzögert		
Überwiegend gut (wenige kritische und grobe Fehler)	Stark verzögert	5	Der Spieler hat leicht verzögert den Ball abgespielt und dabei einige grobe Fehler gemacht.
(Wenige, hauptsächlich grobe Fehler)	Gar nicht/leicht verzögert		
Häufig schlecht (> 60 %) (mehrere, hauptsächlich kritische Fehler)	Stark verzögert	4	Der Spieler hat stark verzögert den Ball abgespielt und dabei einige grobe Fehler gemacht.
(Mehrere kritische und grobe Fehler)	Gar nicht/leicht verzögert		
Häufig schlecht (mehrere, kritische und grobe Fehler)	Stark verzögert	3	Der Spieler hat leicht verzögert den Ball abgespielt und viele kritische und grobe Fehler gemacht.
(Mehrere, hauptsächlich grobe Fehler)	Leicht verzögert		

Entscheidungsrichtigkeit adäquates Abspiel (Fehler/Qualität)	Entscheidungszeit Geschwindigkeit	Punkte	Ankerbeispiel
Sehr häufig schlecht (< 60 %) (viele kritische und grobe Fehler)	Stark verzögert	2	Der Spieler hat stark verzögert den Ball abgespielt und dabei viele grobe Fehler gemacht. Das Treffen von Entscheidungen war kaum zu erkennen.
(Viele, hauptsächlich grobe Fehler)	Gar nicht/leicht verzögert		
Sehr häufig schlecht (< = 50 %) (Sehr viele grobe Fehler)	Unabhängig von der Entscheidungszeit	1	Der Spieler hat wahllos den Ball abgespielt und dabei sehr viele grobe Fehler gemacht.

4.2.3 Spieltestsituation „Die Lücken ausnutzen"

Innerhalb der basistaktischen Spieltestsituation *Die Lücken ausnutzen* (die Lücke erkennen) müssen Lücken situationsadäquat erkannt und genutzt werden. Daher wird beurteilt, ob Spieler die „optimale" Lücke erkannt haben bzw. vorhandene Lücken nicht erkannt haben.

Falls in einer bestimmten Situation keine Lücke vorhanden ist, muss ein Abspiel in den eigenen Reihen erfolgen. Wiederum wird nur der am Ball aktive Spieler bewertet und nicht, wie gut sich die Spieler anbieten, im Raum orientieren oder wie das Zusammenspiel erfolgt.

Für die Durchführung dieser Spieltestsituation *Die Lücken ausnutzen* wird die aus vier Spielern bestehende, angreifende Mannschaft auf zwei Zonen mit jeweils zwei Spielern aufgeteilt (Abb. 15). Die abwehrende Mannschaft besteht aus drei Spielern und agiert im mittleren Bereich, den sie nicht verlassen darf. Weiterhin dürfen die angreifenden Mannschaften diesen mittleren Bereich nicht betreten.

Die angreifenden Spieler müssen ihre jeweiligen Plätze (links oder rechts des Aktionsfeldes) halten und dürfen nicht mit dem Ball laufen. Zuspiele innerhalb der beiden angreifenden Teams sind erlaubt. Die abwehrende Mannschaft dreht sich stets zum ballbesitzenden Spieler. Nach jeweils zwei Minuten werden die Positionen systematisch gewechselt, sodass jedes Kind sich zweimal in einer Angriffsposition befindet (vgl. Tab. 7).

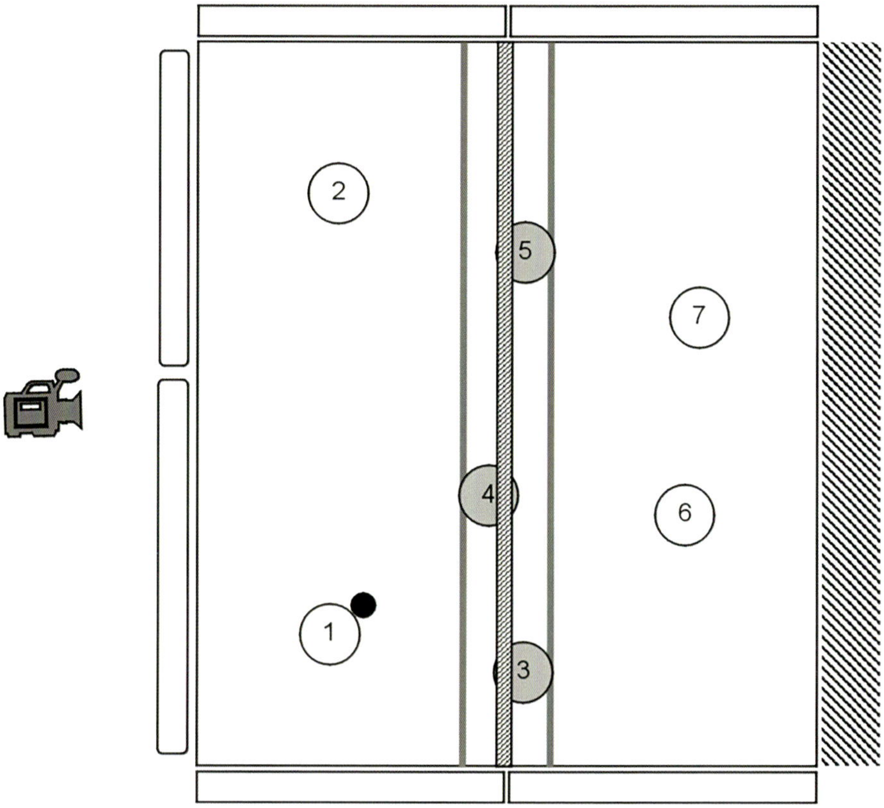

Abb. 15: Spielfeldgröße = 8 x 7 Meter; Breite der mittleren Zone = ein Meter; Höhe des Baustellenbandes über der mittleren Zone = 1,50 Meter; Abstand der Videokamera zum Spielfeld = 8 Meter

Tab. 7: Skalierung der Basistaktik „Die Lücken ausnutzen" (Memmert, 2004a).

Qualität der Lösung der Situation (Ausnutzen von Lücken oder Abspiel)	Deutlichkeit der Situation	Punkte	Ankerbeispiel
Optimal	Schwere Situation	10	Der Spieler hat auch bei schwierigen Situationen immer optimal die Lücke ausgenutzt oder zu einem Mitspieler mit einer besseren Lücke gepasst.
Optimal	Mittelschwere Situation	9	Der Spieler hat bis auf wenige kritische Entscheidungen optimal die Lücke ausgenutzt und mittelschwere Situationen vorgefunden.
Optimal	Leichte Situation	8	Der Spieler hat fast immer optimal die Lücke ausgenutzt und gegen eine schwache Abwehr gespielt, bei der leichte Situationen auftauchten.
Gut, es existiert nur eine bessere Alternative.	Schwere Situation	7	Der Spieler hat fast immer optimal die Lücke ausgenutzt und vorwiegend schwere Situationen gehabt.
Gut, es existiert nur eine bessere Alternative.	Mittelschwere Situation	6	Der Spieler hat bis auf wenige kritische Entscheidungen optimal die Lücke ausgenutzt, wobei leichte und schwierige Situationen vorkamen.
Befriedigend, es existieren zwei bessere Alternativen.	Mittelschwere Situation	5	Der Spieler hat mehrere kritische Entscheidungen gehabt, jedoch keine schlechten. Die Situationen waren mittelschwer.
Befriedigend, es existieren zwei bessere Alternativen.	Leichte Situation	4	Der Spieler hat einige schwere Fehler in leichten Situationen gemacht, sonst aber die Lücken gut erkannt.
Ungenügend, es wurde eine schlechte Möglichkeit ausgewählt.	Schwere Situation	3	Der Spieler hat mehrere schlechte Entscheidungen getroffen, aber sonst keine schweren Fehler in schweren Situationen gemacht.
Ungenügend, es wurde eine schlechte Möglichkeit ausgewählt.	Mittelschwere Situation	2	Der Spieler hat viele kritische Entscheidungen in leichten Situationen getroffen. Die Situationen waren als mittelschwer einzustufen.
Ungenügend, es wurde eine schlechte Möglichkeit ausgewählt.	Leichte Situation	1	Der Spieler hat mehrere schwere Fehler in leichten Situationen gemacht.

4.2.4 Spieltestsituation „Eine Überzahl herausspielen"

In der standardisierten Spieltestsituation *Eine Überzahl herausspielen* (sich anbieten und orientieren) geht es darum, zum richtigen Zeitpunkt eine optimale Position auf dem Spielfeld (vgl. Abb. 16) einzunehmen. Daher ist das zu bewertende Kriterium das adäquate Aufsuchen von anspielbaren Positionen im Raum. Demzufolge werden die Spieler, die nicht am Ball sind, beurteilt.

Im Gegensatz zu den vorherigen Spieltestsituationen fließt in die Bewertung NICHT ein, ob ein Pass gespielt wird oder erfolgreich ist bzw. ob eine Distanzüberwindung oder eine Zielorientierung stattfindet.

Weiterhin wird versucht, die Schwierigkeit der Situation mitzubewerten. Das Ergebnis stellt ein Gesamturteil der individuellen Leistung in Bezug auf das Einnehmen von anspielbaren Positionen im Raum dar.

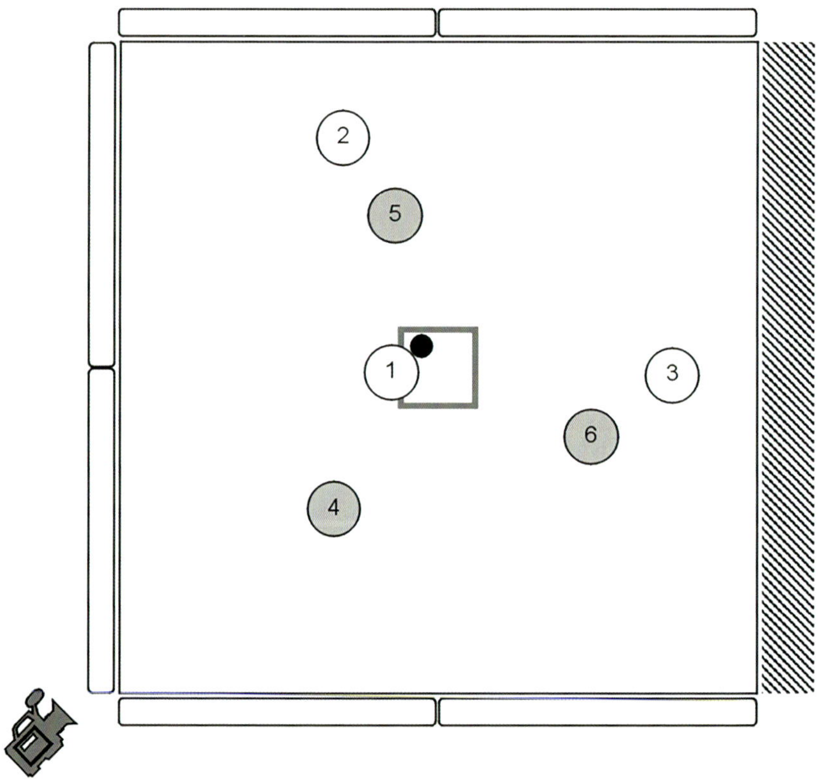

Abb. 16: Spielfeldgröße = 9 x 9 Meter; Startquadratgröße = 1 x 1 Meter; Abstand der Videokamera zum Spielfeld = 4 Meter

Für die Durchführung der Spieltestsituation *anbieten und orientieren* agiert ein angreifendes Team A und ein abwehrendes Team B gegeneinander, die jeweils aus drei Spielern bestehen. Die Aufgabe der angreifenden Mannschaft A ist, sich den Ball so oft wie möglich zuzuspielen, wobei mit dem Ball nicht gelaufen werden darf. Team B versucht, die Zuspiele abzufangen. Die Abwehrspieler müssen zwei Meter Abstand zum Ballhalter wahren.

Zu Beginn des Spiels oder nach einem von den Abwehrspielern abgefangenen Ball muss sich ein Angreifer mit Ball in einem vordefinierten Startquadrat befinden. Die übrigen Spieler können sich frei auf dem gesamten Spielfeld verteilen. Nach jeweils zwei Minuten werden die Spieler aus den drei Mannschaften systematisch durchgewechselt, damit sich jedes Kind im Laufe des Spieltests mit unterschiedlichen Partnern zweimal im Angriff befindet (vgl. Tab. 8).

Tab. 8: Skalierung der Basistaktik „Sich anbieten und orientieren" (Memmert, 2004a).

Qualität der Leistung (adäquates Aufsuchen von anspielbaren Positionen im Raum)	Deutlichkeit der Situation für den Agierenden	Punkte	Ankerbeispiele
Optimal: immer anspielbar	Eher schwer	10	Der Spieler hat trotz einer eher schweren Situation immer die optimale Position aufgesucht und so dem Ballbesitzenden immer die Möglichkeit gegeben, ihn anzuspielen.
Optimal: immer anspielbar	Eher leicht	9	Der Spieler hat immer die optimale Position aufgesucht und so dem Ballbesitzenden immer die Möglichkeit gegeben, ihn anzuspielen. Die Situation war jedoch weniger schwierig.
Fast optimal: fast immer anspielbar	Eher schwer	8	Der Spieler hat trotz einer eher schweren Situation fast immer die optimale Position aufgesucht und so dem Ballbesitzenden meist die Möglichkeit gegeben, ihn anzuspielen.
Fast optimal: fast immer anspielbar	Eher leicht	7	Der Spieler hat fast immer die optimale Position aufgesucht und so dem Ballbesitzenden meist die Möglichkeit gegeben, ihn anzuspielen. Die Situation war jedoch weniger schwierig.
Gut: häufig anspielbar	Eher schwer	6	Der Spieler hat trotz einer eher schweren Situation häufig die optimale Position aufgesucht und so dem Ballbesitzenden oft die Möglichkeit gegeben, ihn anzuspielen.

Qualität der Leistung (adäquates Aufsuchen von anspielbaren Positionen im Raum)	Deutlichkeit der Situation für den Agierenden	Punkte	Ankerbeispiele
Befriedigend: unregelmäßig anspielbar	Eher leicht	5	Der Spieler hat unregelmäßig die optimale Position aufgesucht und so dem Ballbesitzenden manchmal die Möglichkeit gegeben, ihn anzuspielen. Die Situation war weniger schwierig.
Mangelhaft: fast nie anspielbar	Eher schwer	4	Der Spieler hat fast nie die optimale Position aufgesucht und so dem Ballbesitzenden selten die Möglichkeit gegeben, ihn anzuspielen. Die Situation war aber eher schwer.
Mangelhaft: fast nie anspielbar	Eher leicht	3	Der Spieler hat trotz einer eher leichteren Situation fast nie die optimale Position aufgesucht und so dem Ballbesitzenden selten die Möglichkeit gegeben, ihn anzuspielen.
Ungenügend: nie anspielbar	Eher schwer	2	Der Spieler hat nie die optimale Position aufgesucht und so dem Ballbesitzenden nie die Möglichkeit gegeben, ihn anzuspielen. Die Situation war aber eher schwer.
Ungenügend: nie anspielbar	Eher leicht	1	Der Spieler hat trotz einer eher leichteren Situation nie die optimale Position aufgesucht und so dem Ballbesitzenden nie die Möglichkeit gegeben, ihn anzuspielen.

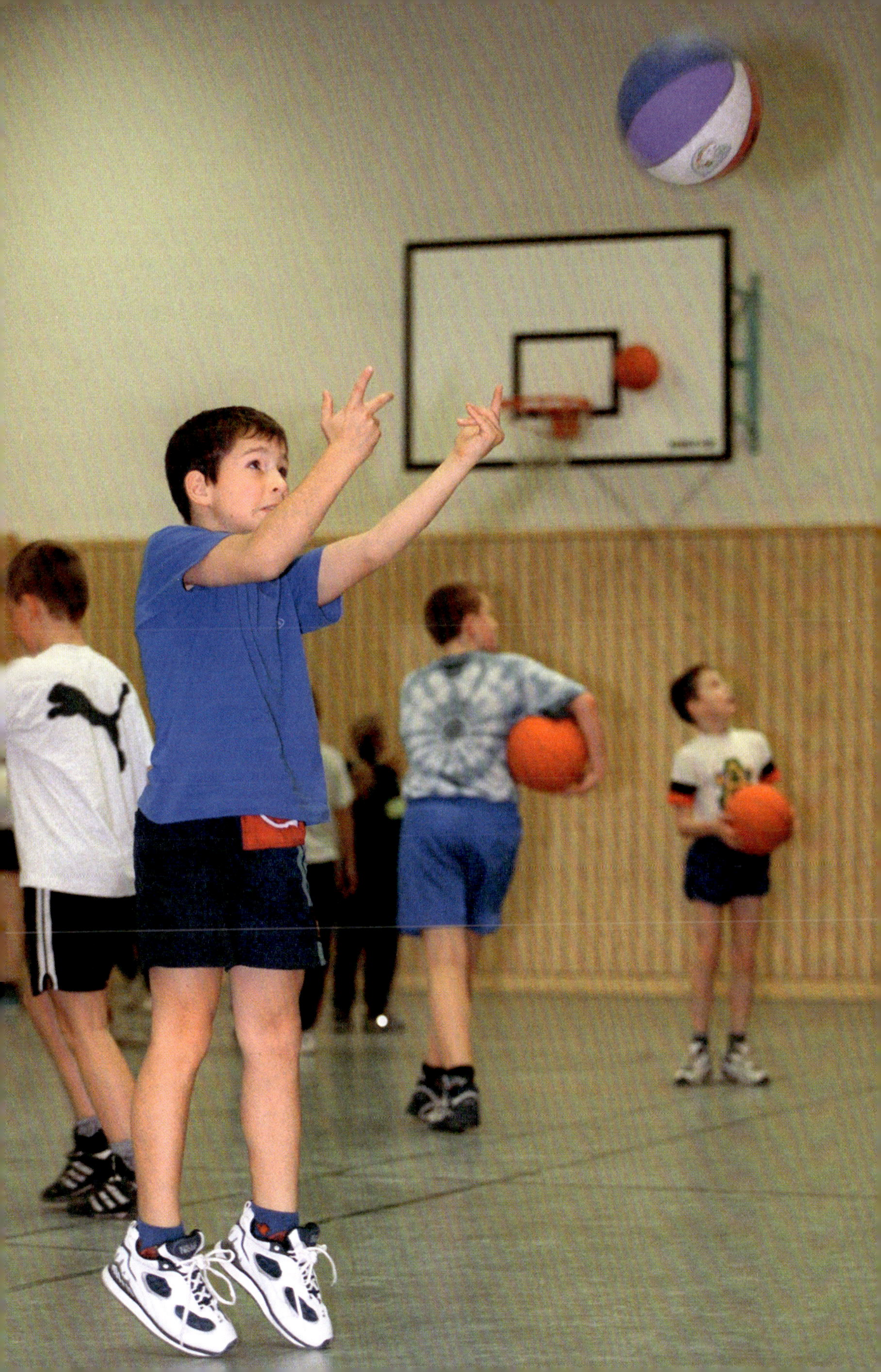

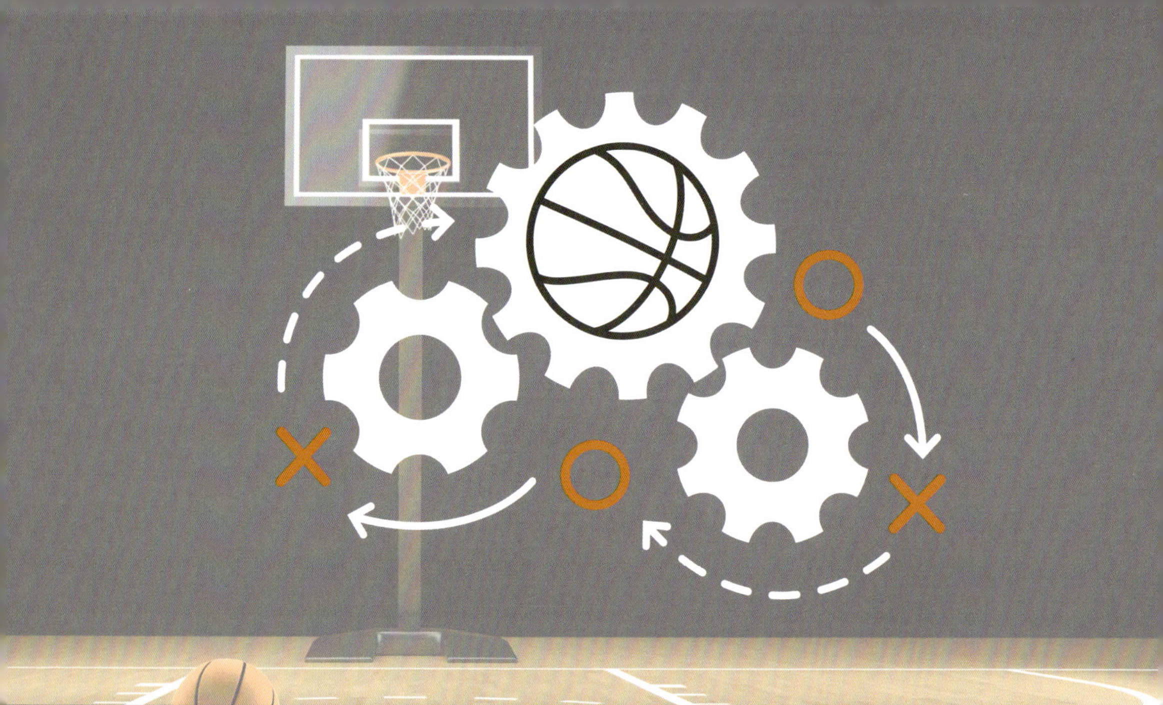

5 SPIELFORMEN ZUM KOGNITIVEN TRAINING

Kognitives Training ist altersunabhängig – für einen Sechsjährigen ebenso wichtig und notwendig wie für einen Bundesligaprofi. Selbst in hohem Alter können Kognitionen gewinnbringend trainiert werden (für einen Überblick: Lampit, Hallock, & Valenzuela, 2014; Kelly, Loughrey, Lawlor, Robertson, Walsh, & Brennan, 2014; Toril, Reales, & Ballesteros, 2014; Shao, Mang, Li, Wang, Deng, & Xu, 2015).

Aber vor allem elementare Kognitionen, sportspielübergreifende Basistaktiken (Roth & Kröger, 2011), wie etwa sich anbieten und zu orientieren oder das Ausnutzen von Lücken, sind im Anfänger- und Kindertraining sehr früh zu schulen.

Dennoch: Wenn ein Trainer in der Bezirksklasse die Schnelligkeit und Technik seiner Spieler schult, weil er an Spritzigkeit oder Passqualität arbeiten will, dann sollte er in genau demselben Maße auch Kognition trainieren, wenn er glaubt, dass sein Team viele schlechte Lösungen auf dem Feld wählt. Basketballspezifisches Kognitionstraining ist alters- und spielklassenunabhängig. Somit können Kognitionen als ebenso wichtig wie Schnelligkeit, Kraft, Ausdauer oder Technik angesehen werden.

Basketballspezifisches Kognitionstraining ist letztlich eine wichtige Grundlage für ein optimales Technik-Taktik-Training. Das kann in allen Altersklassen und auf allen Spielniveaus strukturiert trainiert werden. Deshalb sollte Kognitionstraining auch stärker und ganz systematisch in der Trainerausbildung verankert werden.

Mit Blick auf die Trainingssteuerung und -periodisierung kann das Lösen von Spielsituationen in jeder Phase der Saison, also in jeder Trainingseinheit, seinen Platz finden: sowohl in der Vorbereitung als auch während der Spielzeit. Basketballspezifisches Kognitionstraining ist oftmals sehr effektiv in spezielle Spiel- und Übungsformen integrierbar.

Obwohl hierzu noch keine systematischen Studien vorliegen, kann man in Analogie zum Techniktraining vermuten (Auguste, 2006; Olivier, 1996), dass es keine wesentliche Rolle spielen dürfte, ob man die Kognitionen innerhalb einer Einheit zu Beginn üben lässt oder am Ende. Der Zusammenhang zwischen Konditions- und Techniktraining wurde früher überschätzt, das ist heute so nicht mehr haltbar.

Spieler lernen im ausgeruhten Zustand genauso viel wie während oder nach einer Belastung. Im Wettkampf müssen Spieler schließlich auch in den letzten 10 Minuten eines Spiels noch gute Entscheidungen treffen. Folglich muss diese Situation aus dem Training bekannt sein.

Natürlich werden basketballspezifische Kognitionen auch beiläufig geschult. Aber im Kern geht es ja darum, einzelne Kognitionen gezielt und differenziert anzusprechen, um einzelne Spieler und das Team besser zu machen. Einfach nur Spielformen anzubieten und zu hoffen, dass man Kognitionen im Basketball als Nebeneffekt mitschult, ist unsystematisch und greift zu kurz.

Nachfolgend wird eine Vielzahl von Spiel-, Wettkampf- und ergänzenden Übungsformen beschrieben, die die einzelnen Kognitionen in basketballspezifischen Situationen schulen können. Nicht alle Aufgabenstellungen sind neu erfunden. Einerseits wurden interessante Spiele aus der Literatur zusammengetragen und gegebenenfalls entsprechend modifiziert. Andererseits wurden aber auch neue Spiele entwickelt, welche in der Praxis erprobt wurden. Naturgemäß finden sich nicht zu allen Kognitionen gleich viele Spielformen.

Während Antizipation extrem spezifisch zu schulen ist, lässt sich die Aufmerksamkeit auf sehr viele verschiedene Weisen trainieren. Für die Kreativitätsschulung werden methodische Hinweise gegeben, die die Trainer in ihren spezifischen taktischen Spielformen berücksichtigen können. Die Beschreibungen bzw. Skizzen der Spielformen orientieren sich an den üblichen Positionsbezeichnungen und Abkürzungen der Fachliteratur. Sie sind in Abb. 17 nochmals dargestellt und erklärt.

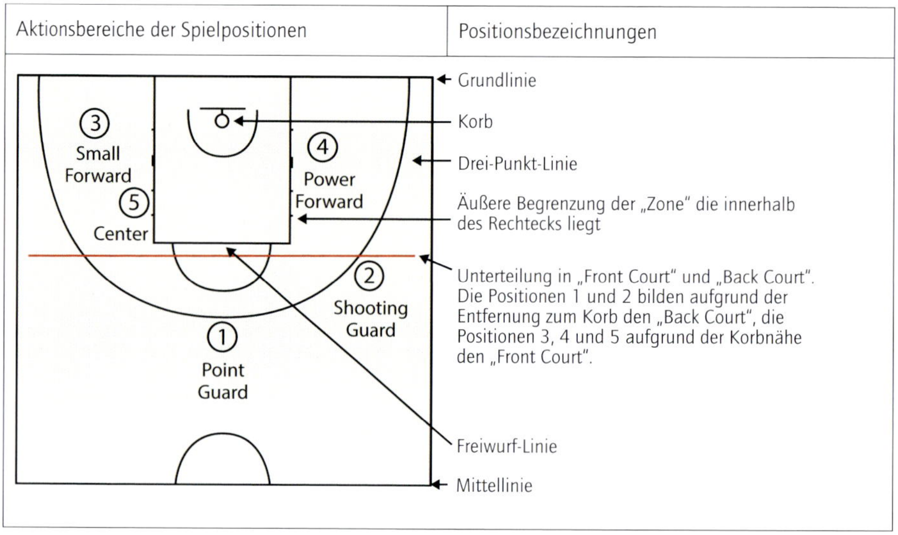

Abb. 17: Angriffspositionen im Basketball (Heckel, 2021, S. 43).

Ein grundlegendes Equipment wird für fast alle Übungen benötigt. Für die meisten Spielformen reichen Spielfeldmarkierungen, mehrere Bälle und Parteibänder oder verschiedenfarbige Leibchen.

Sollten weitere Materialien, wie Kleinkästen, Minitore, andere oder sehr viele Bälle oder Fitlights, benötigt werden, wird in der Übungsorganisation darauf hingewiesen. Stoppuhren, ein Kartenset oder Trillerpfeifen können nützliche Helfer sein, um Zeiten einzuhalten, Signale zu geben und die Gruppe zusammenzurufen.

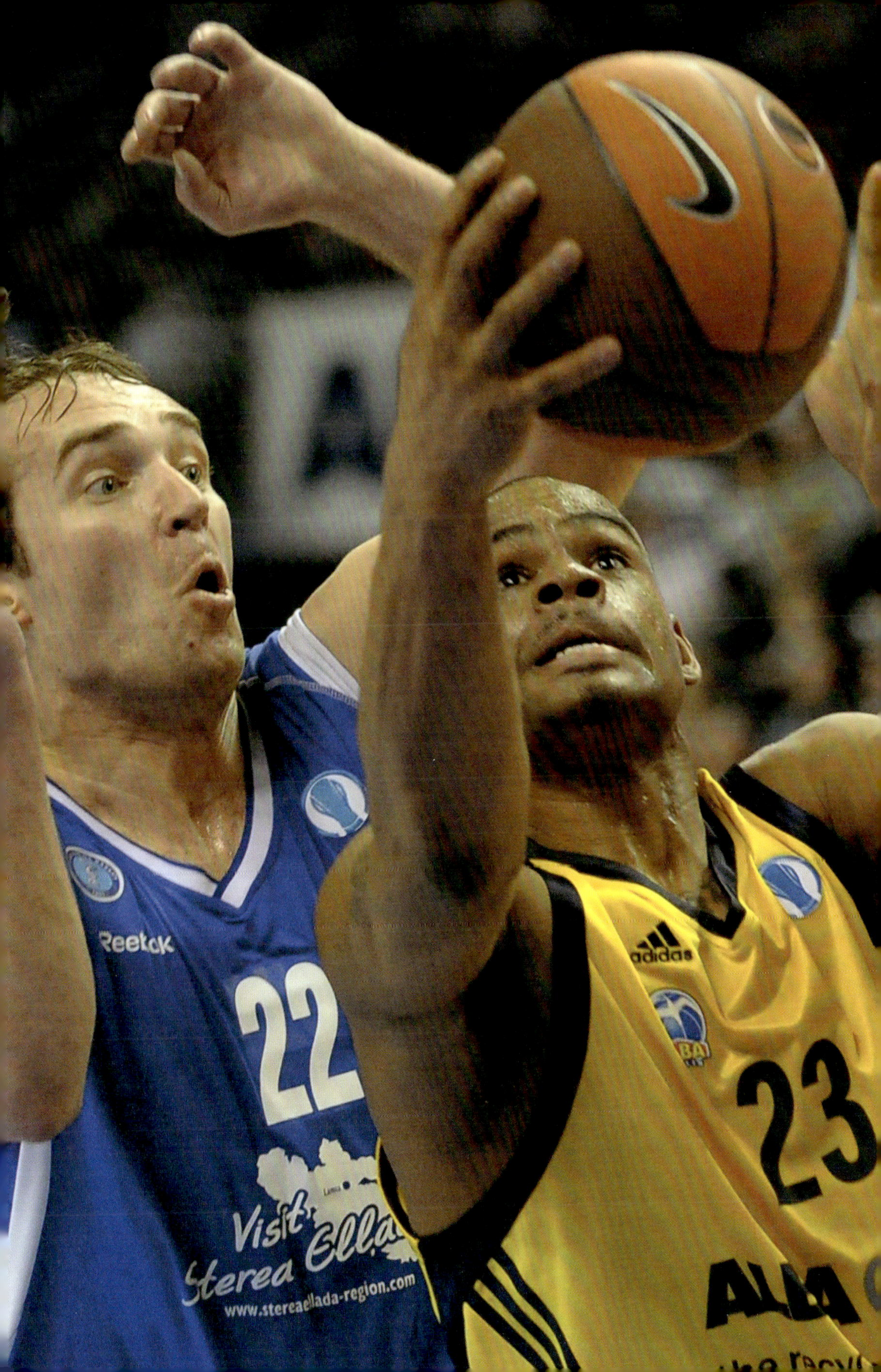
Reebok
22
Visit Sterea Ellada
www.stereaellada-region.com
adidas
23
ALBA

5.1 Spielformen zur Antizipation

5.1.1 Spiel 1 gegen 1 im Halbfeld

Skizze

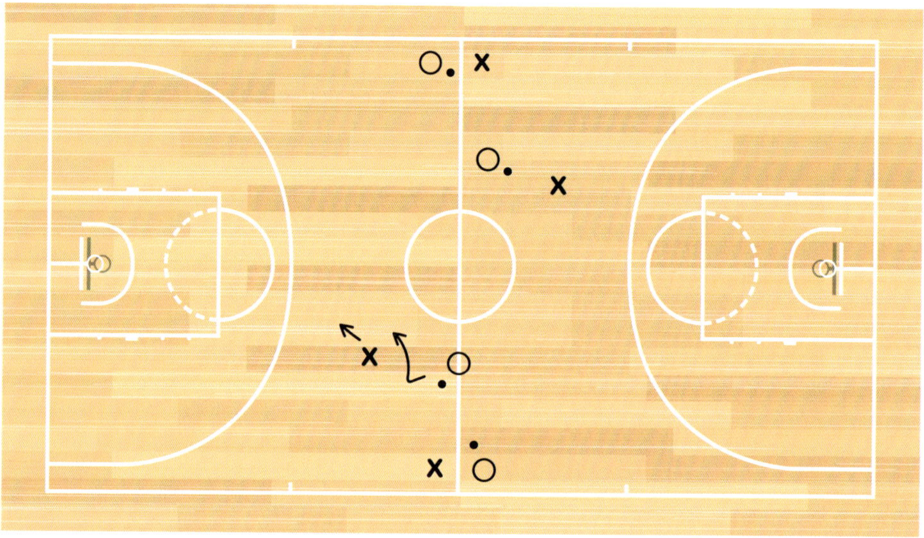

Organisation

Es werden Zweiergruppen gebildet. Jeweils zwei Spieler stehen sich gegenüber. Beim Spieler mit Ball (O) – Blick zum Korb, Grundposition etwa an der Mittellinie – werden Schulter und Hüfte mit gelben Klebepunkten markiert. Der Spieler ohne Ball (X) und ohne Markierungen steht seinem Gegenspieler im Abstand von circa zwei Metern und mit dem Rücken zum Korb gegenüber. Pro Halbfeld sind 3-4 Zweiergruppen möglich, gestartet werden kann von unterschiedlichen Positionen an der Mittellinie.

Ablauf

Ziel des Angreifers ist, mit Korbwurf abzuschließen. Er startet zunächst mit verhaltenem Tempo und eröffnet auf ein Zeichen des Trainers die Aktion. Der Verteidiger versucht, dem Angreifer beim Prellen den Ball herauszuspielen oder ihn aus dem Sektor zu drängen. Hierbei sollte er nicht den Ball, sondern vor allem Hüfte und Schulter des Angreifers beobachten. Nach Abschluss eines Durchgangs starten die beiden mit umgekehrten Aufgaben.

Sobald ein Paar abgeschlossen hat, starten die nächsten beiden Spieler.

Variationen

- **Spiel 1 gegen 1 plus 1 (2):** Hinzunahme von einem oder zwei neutralen Spielern, die etwa auf Höhe der Freiwurflinie stehen; diese sind zunächst statisch, danach können sie sich bewegen. Der Angreifer kann sich nach Anspiel eines der beiden neutralen Spieler ohne Ball freilaufen. Der Verteidiger beobachtet vor allem die Hüfte des Gegenspielers.
- **„Zweiter Versuch":** Gewinnt der Verteidiger das Duell (s. o.), muss der Angreifer sofort einen zweiten Ball holen und startet erneut. Einen Ballkasten an der Mittellinie deponieren.

5.1.2 Spiel 1 gegen 1 auf dem ganzen Feld

Skizze

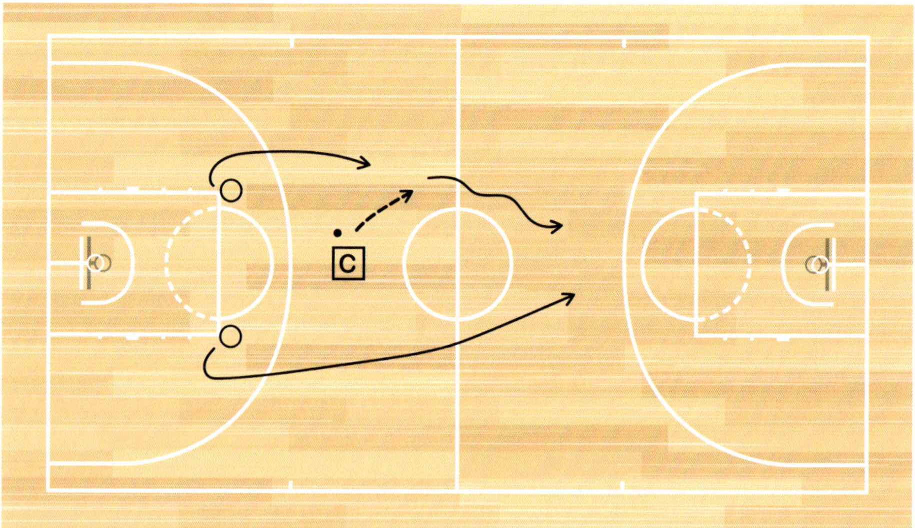

Organisation

Ausgangspunkt: Zu Beginn stehen beide beteiligten Spieler an den beiden Eckpunkten einer Zone. Der Coach steht mit Ball auf Höhe der Dreierlinie.

Ablauf

Mit dem Rücken zum gegenüberliegenden Korb stehend, warten die beiden Spieler auf ein Startsignal. Mit dem Startsignal drehen sie sich um und begeben sich so schnell wie möglich in Richtung des Balls, welcher vom Coach zeitgleich mit dem Signal ins Spielfeld geworfen wird. Der Spieler, der zuerst an den Ball kommt, wird zum Angreifer, der andere Spieler wird zum Verteidiger. Jetzt beginnt das 1 gegen 1 auf den gegenüberliegenden Korb. Nach Abschluss der Übung laufen beide Spieler außerhalb des Spielfeldes zurück und stellen sich erneut an.

Variationen

- Wettkampfform: Die Paare bleiben gleich. Gewonnen hat derjenige, welcher zuerst drei Treffer erzielt.
- Die Paare können variiert werden, sodass eventuell Groß gegen Klein spielt (verschiedene Match-ups).
- Die Anzahl der Dribblings begrenzen.

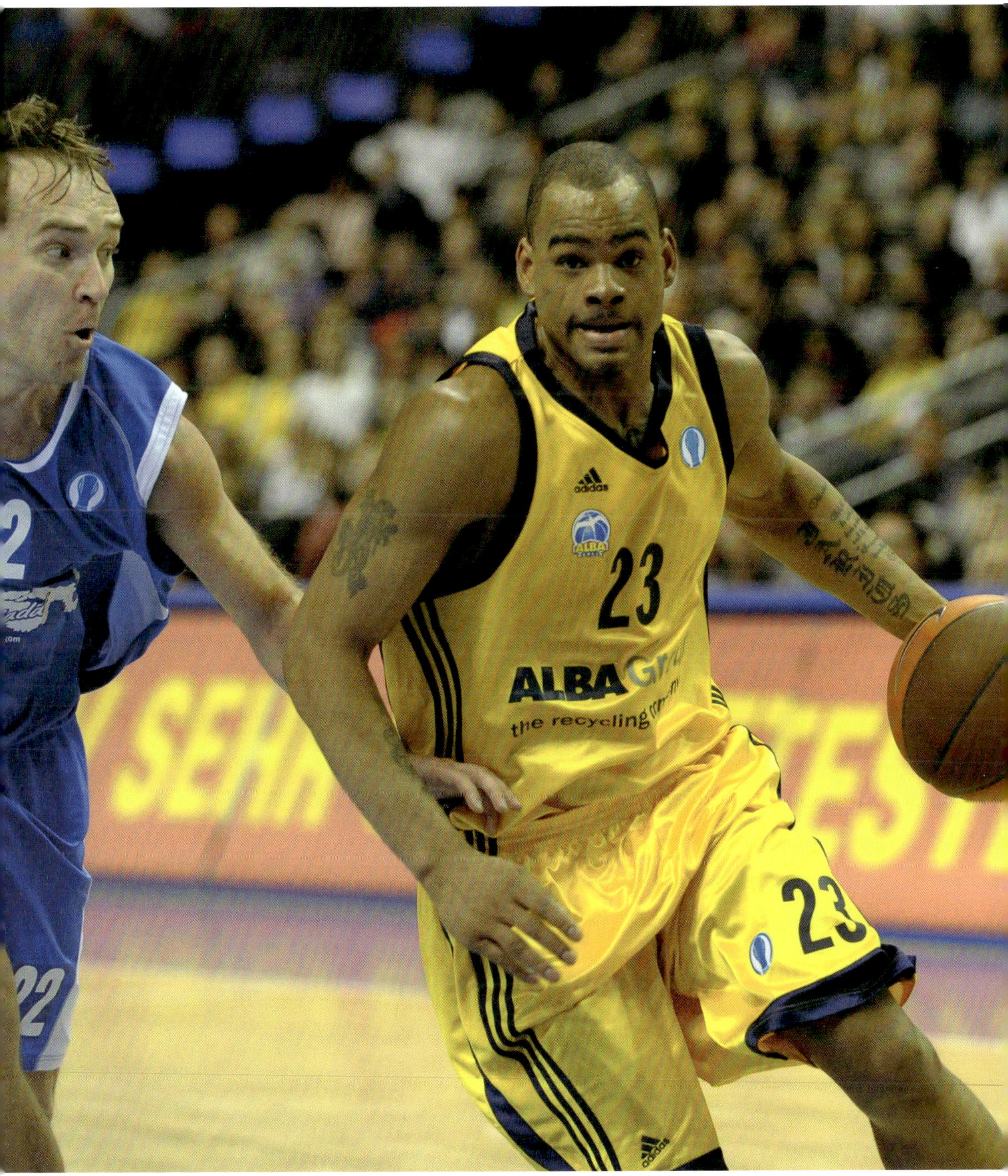
adidas
23
ALBA
the recycling

5.1.3 Get the Ball

Skizze

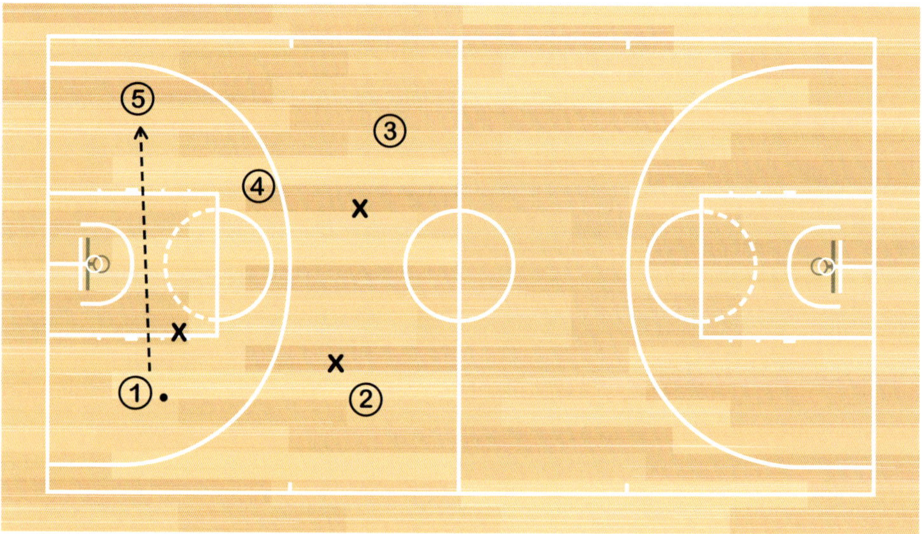

Organisation

In einer Spielfeldhälfte oder in einem markierten Feld spielen fünf Angreifer (mit einem Ball) gegen drei Verteidiger. Ziel der Verteidiger ist, den Ball zu berühren. Die Angreifer versuchen, den Ball für eine vorgegebene Zeit (z. B. 20 Sekunden) ohne Gegnerberührung in den eigenen Reihen zu halten (Parteiballprinzip).

Ablauf

Auf ein Startsignal hin spielen sich die fünf Angreifer den Ball untereinander zu. Die Verteidiger versuchen, durch genaue Beobachtungen Ballwege zu antizipieren und dadurch rechtzeitig beim Ballbesitzer zu sein. Hierzu ist es erforderlich, dass sie das Blickverhalten und die Oberkörperaktionen der Angreifer genau beobachten. Wird der Ball berührt, beginnt das Spiel von Neuem. Ziel ist es, in einem vorgegebenen Zeitfenster so häufig wie möglich den Ball zu berühren.

Variationen

- Je nach Können sind andere Teamkonstellationen (z. B. 4 gegen 2, 5 gegen 3 plus 1) möglich.
- Variation der Spielfeldgröße.
- **Wechsel von Angriff und Abwehr**: Die verteidigende Mannschaft hat zwei Ersatzspieler außerhalb des Feldes. Sobald sie es schafft, den Ballbesitzer zu berühren, werden alle Verteidiger (3 plus 2) zu Angreifern, die Angreifer werden zur Verteidigung, wobei zwei Spieler das Spielfeld verlassen.

5.1.4 Pass with the Wall

Skizze

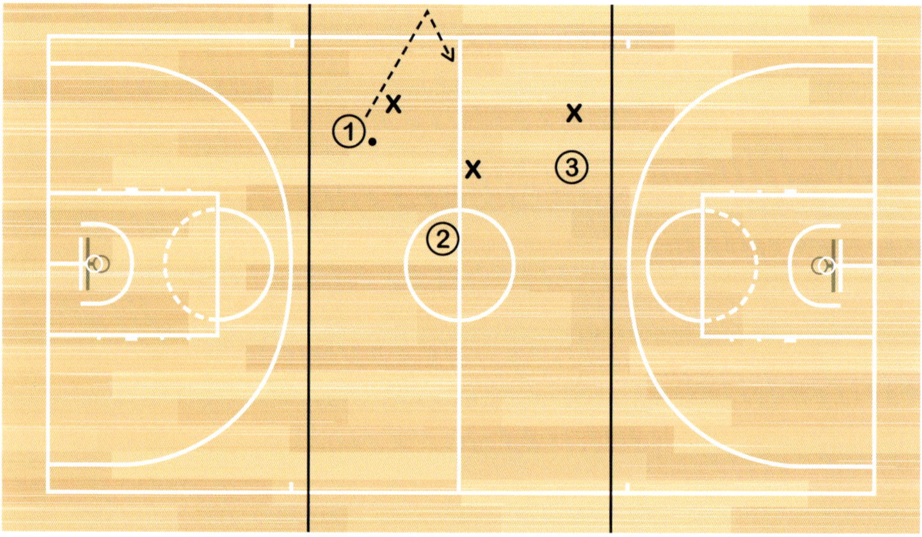

Organisation

Zwei Teams (Größe je nach Spieleranzahl und Feldgröße) spielen in einem Hallendrittel oder in zwei oder drei quer bzw. längs im Hallendrittel liegenden Feldern gegeneinander. Die beiden Querseiten des Spielfeldes (Hallenwände) sind die Zielbereiche.

Ablauf

Ein Punkt kann erzielt werden, indem ein Angreifer den Ball indirekt an die Wand spielt und der zurückprallende Ball anschließend den Boden berührt. Fängt ein Abwehrspieler den zurückkommenden Ball, so ist es kein Punkt.

Weitere Regeln:

- Ohne Dribbling.
- Kein Gegnerkontakt.

Variationen

- Ein Punkt kann nur erzielt werden, wenn alle Angreifer in der eigenen Angriffshälfte sind (Mittellinie festlegen).

- Ein Punkt zählt doppelt, wenn nicht alle Abwehrspieler in die Abwehrhälfte zurückgelaufen sind (hohes Spieltempo).
- Beide Variationen miteinander verbinden.
- Ein Aufsetzer darf erst ab einer bestimmten Linie, z. B. ab der Mittellinie, gespielt werden.

5.1.5 Rebounderball

Skizze

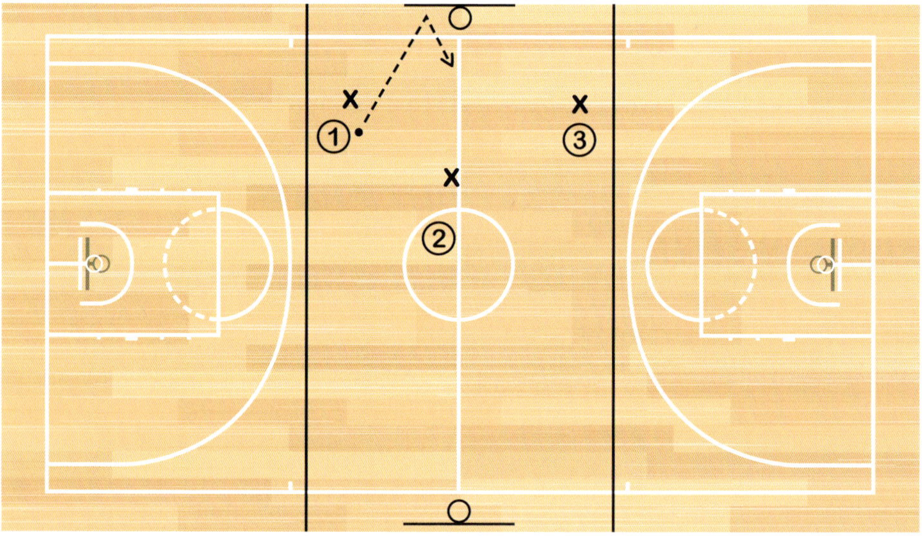

Organisation

Zwei Teams spielen gegeneinander auf einem Basketballfeld (z. B. Querfeld in einem Hallendrittel). Punkte können erzielt werden, indem der Ball an das Basketballbrett geworfen wird und von dort so zurückprallt, dass er den Boden berührt.

Ablauf

Spieleröffnung durch Anspiel, Einwurf oder Jump. Das ballbesitzende Team (A) spielt sich den Ball zu und versucht, ihn gegen das Brett zu werfen. Team B muss verteidigen und rebounden.

Variationen

- Ein zweiter Angreifer oder der Werfer muss den zurückprallenden Ball fangen, erst dann ist es ein Punkt.
- Spiel mit Doppelrebound, das heißt, der erste Rebound wird im Sprung gefangen und sofort wieder gegen das Brett geworfen, der zweite Rebound muss den Boden berühren.
- Berührt ein Verteidiger den Ballbesitzer, wechselt der Ballbesitz.

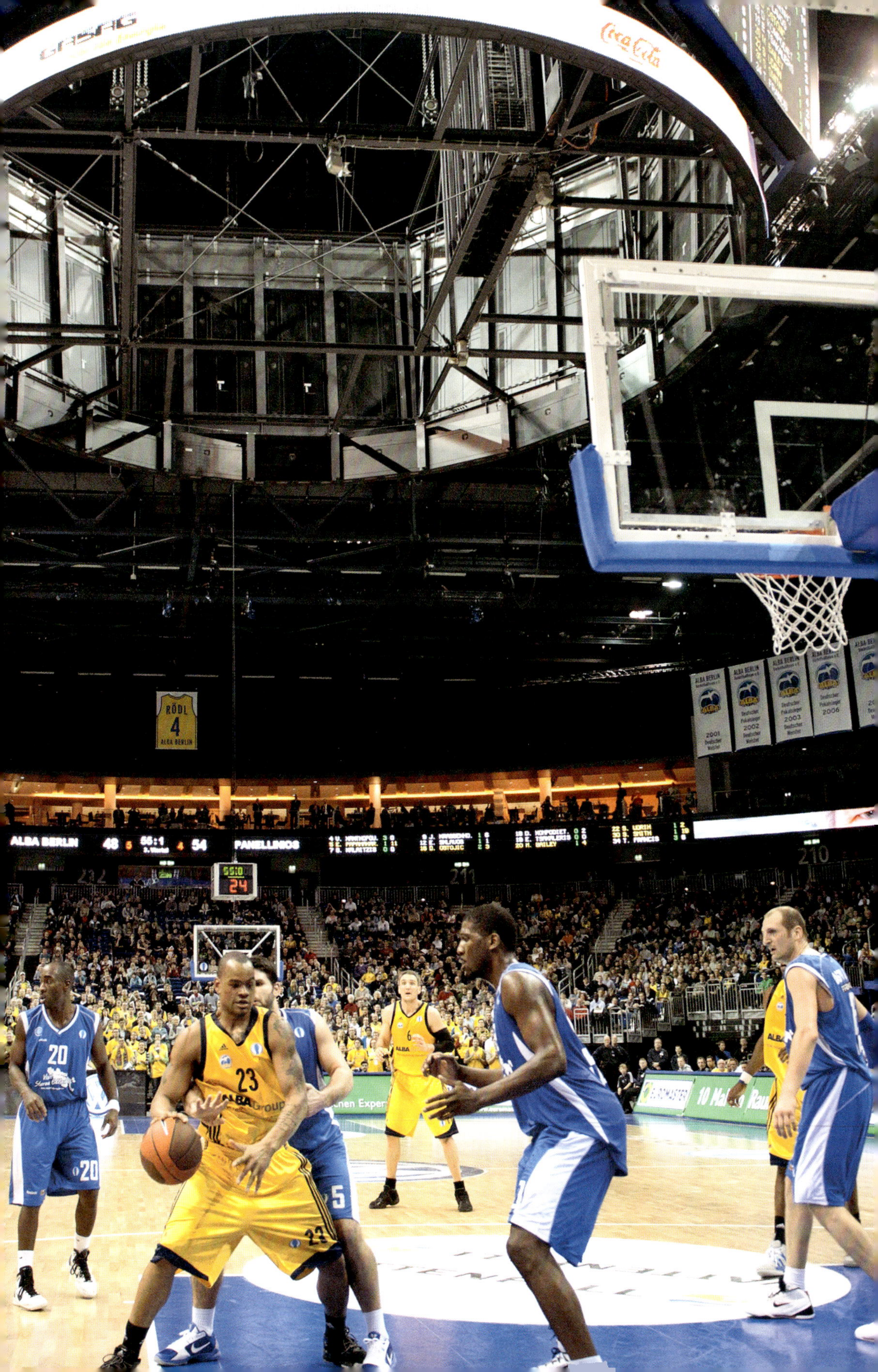
ALBA BERLIN 48 54 PANELLINIOS
RÖDL
4
ALBA BERLIN

5.1.6 Push-up-Basketball

Skizze

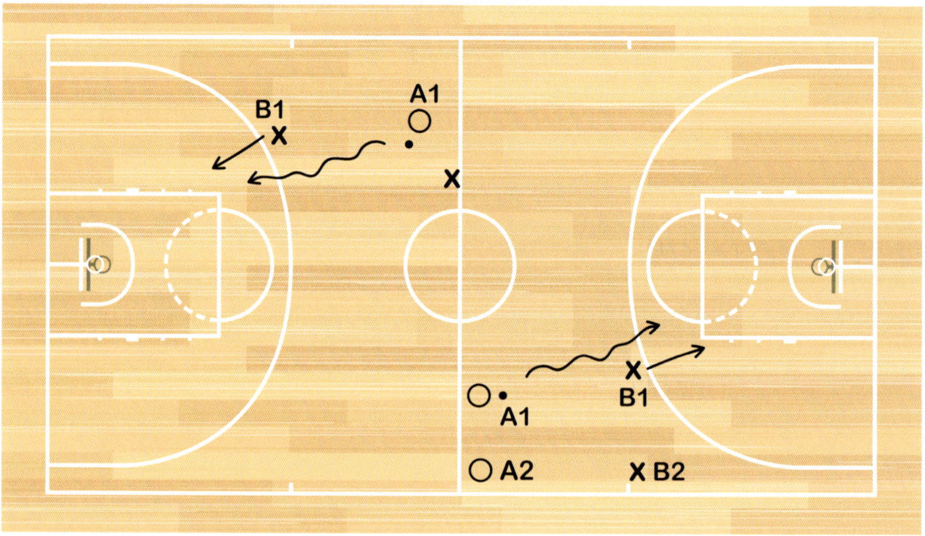

Organisation

Die Spieler gehen paarweise zusammen und nehmen die Liegestützposition ein. A ist an der Mittellinie, B an der Drei-Punkte-Linie. A schaut zum gegnerischen Korb, B ist mit dem Rücken zum gegnerischen Korb. Der Ball liegt neben A.

Ablauf

Auf Pfiff des Trainers sprinten beide zum gegnerischen Korb. A mit dem Ball (Prellen! Schrittregel!), B ohne Ball. B versucht, schneller als A am Korb zu sein, um A am Korbwurf zu hindern. A versucht, einen Korb zu erzielen. Die Spieler besetzen die beiden Positionen im Wechsel. Nach Abschluss eines Durchgangs rückt das nächste Paar von außen nach.

Variationen

- Die Anfangsposition kann variiert werden: Skippings, auf dem Bauch/Rücken liegend usw.
- A und B befinden sich im Mittelkreis in der Liegestützposition. Sie versuchen, den Gegenspieler durch Wegziehen der Arme umzuschubsen, ohne dabei selbst umzufallen. Das Verlassen des Mittelkreises ist dabei untersagt. Nach wenigen Sekunden wirft der Trainer einen Ball in Richtung Tor. Sobald diese Aktion erfolgt ist, sprinten

die beiden Spieler zum Ball. Derjenige, der den Ball zuerst hat, wird Angreifer, der andere wehrt ab. Der Spieler, der ein Tor erzielt hat, bekommt einen Punkt.

- Der Ball kann vom Trainer auf den Boden gelegt oder in verschiedene Richtungen geworfen werden.
- Variation der Anforderung im Mittelkreis: Die beiden Spieler müssen ...
  - ... sich im Stehen auf den Unterschenkel mit den Händen klatschen.
  - ... ein Leibchen, welches hinten in die Hose gesteckt wurde, herausziehen.

5.1.7 Fast Break 1 gegen 0 und 2 gegen 0

Skizze

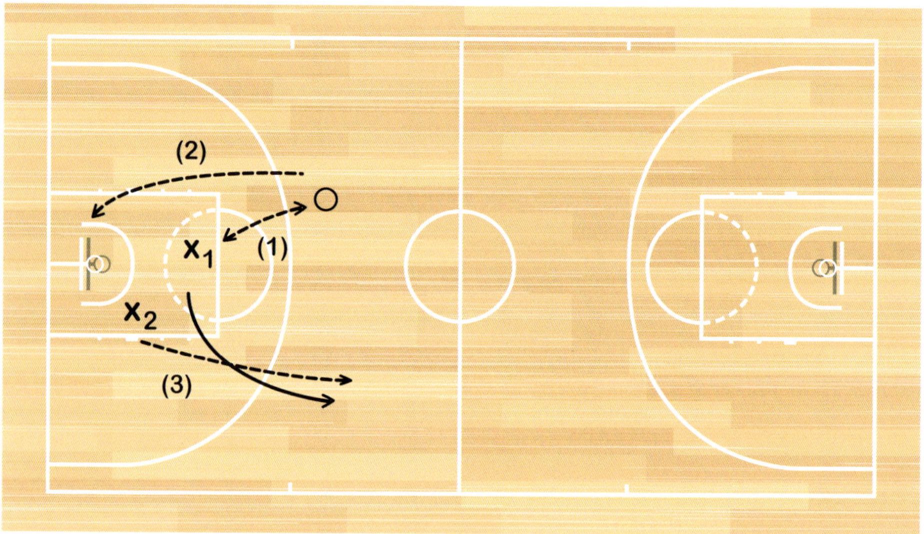

Organisation

Den Auftakt bildet ein Korbwurf (2), der nach einem Touch (1), ausgeführt wird. Ein Verteidiger steht hierbei an der Zonenlinie (X_1) und antizipiert den Korbwurf, ein weiterer (X_2) erwartet den Rebound.

Ablauf

Der Angreifer wirft auf den Korb; X_2 geht zum Rebound. Bei einem Treffer erfolgt ein Einwurf von der Grundlinie zum Fast Break, bei Fehlwurf erfolgt ein Rebound und anschließend ein direkter Pass zum Fast Break (3), der von X_1 ausgeführt wird. Ein zweites Paar setzt die Übung fort.

Variationen

- Zwei Verteidiger an der Zonenlinie, die abwechselnd einen Fast Break laufen.
- Beide Verteidiger starten zum Fast Break, vor dem Abschluss muss ein weiterer Pass gespielt werden (Fast Break 2 gegen 0).
- Der Fast Break 2 gegen 0 wird zum 2 gegen 1 erweitert, das heißt, ein weiterer Verteidiger wird im zweiten Halbfeld positioniert.

5.1.8 Fast Break 2 gegen 1

Skizze

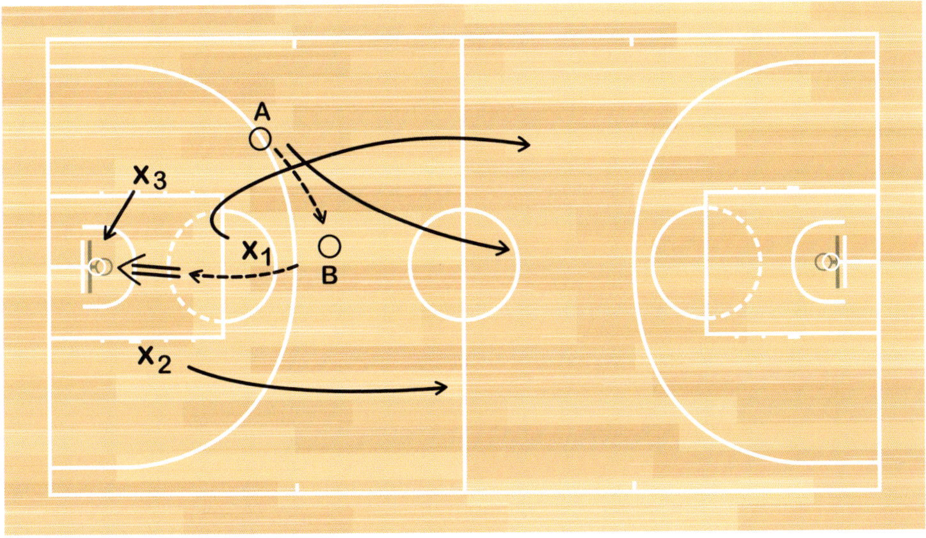

Organisation

Als Auftakthandlung spielen die Angreifer A und B ein (einfaches) gruppentaktisches Angriffsmittel (z. B. Give and Go, Backdoor) und werden dabei von einem Verteidiger gestört (X_1). Zwei weitere Verteidiger (X_2, X_3) stehen am Zonenrand und antizipieren den Korbwurf.

Ablauf

Nach dem Korbwurf geht X_3 zum Rebound, X_1 und X_2 zum Fast Break; hierbei versuchen sie, zu antizipieren. Je nach Abschluss (Rebound oder Korb) wird der Ball direkt oder als Einwurf zum Fast Break gespielt. Der Nichtwerfer (A oder B) sprintet zurück und versucht, den Fast Break zu stören. X_1 und X_2 lösen die 2-gegen-1-Situation.

Variationen

- Die angriffstaktischen Aufgaben für A und B variieren (z. B. Pick and Roll) => neue Situationen für die Verteidiger.
- Einen zusätzlichen Verteidiger in der zweiten Hälfte positionieren.
- B und X_3 erweitern den Fast Break zum 3 gegen 2.

5.1.9 Situation 2 gegen 2

Skizze

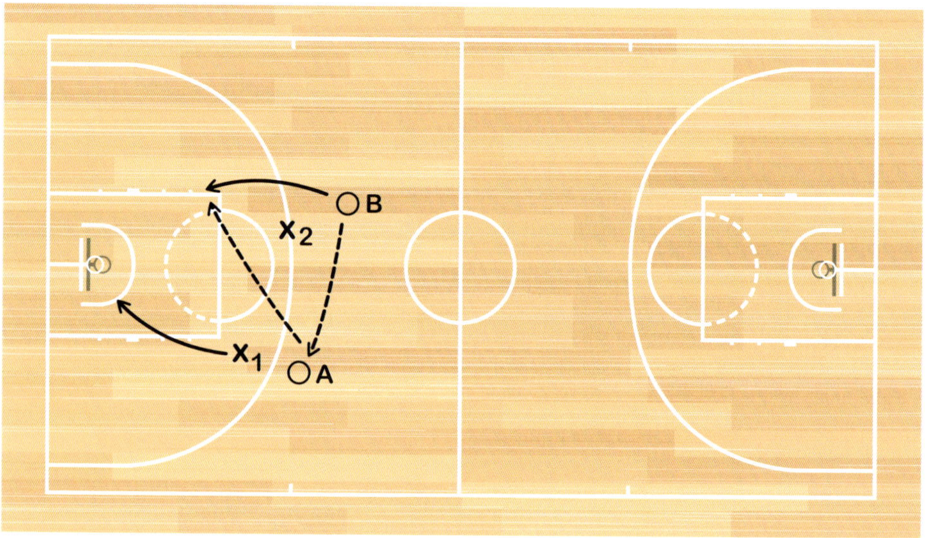

Organisation

Ausgangspunkt ist wie in Kap. 5.1.7 und 5.1.8 ein Korbwurf nach einem Touch oder ein einfaches gruppentaktisches Angriffsmittel. Allerdings wird dieses Mal in Gleichzahl agiert.

Ablauf

Situation 1 gegen 1: Nach einem Check wirft A auf den Korb, X_2 rebounded und startet sofort einen Fast Break (Dribbling). A sprintet zurück (Transition Defense) und versucht, X_2 zu bekämpfen. Sobald ein Paar abgeschlossen hat, werden alle Positionen wieder aufgefüllt.

Situation 2 gegen 2 (vgl. Skizze): A oder B werfen nach gruppentaktischem Angriffsmittel (z. B. give and go), X_2 geht zum Rebound. X_1 eröffnet den Fast Break und spielt mit X_2 einen 2-gegen-2-Schnellangriff gegen A und B.

Variationen

- **Spiel 1 gegen 1 plus 2**: Hinzunahme von zwei neutralen Spielern, die etwa auf Höhe der Mittellinie stehen; diese sind zunächst statisch, danach können sie sich bewegen.

Der Angreifer kann sich nach Anspiel zu einem der beiden neutralen Spieler ohne Ball freilaufen. Der Verteidiger beobachtet vor allem die Hüfte des Gegenspielers.

- **„Zweiter Versuch“:** Gewinnt/gewinnen Verteidiger das Duell, muss/müssen der oder die Angreifer sofort einen zweiten Ball holen und starten erneut. Einen Ballkasten an der Mittellinie deponieren.

5.1.10 Achterlauf mit Fast Break 2 gegen 1

Skizze

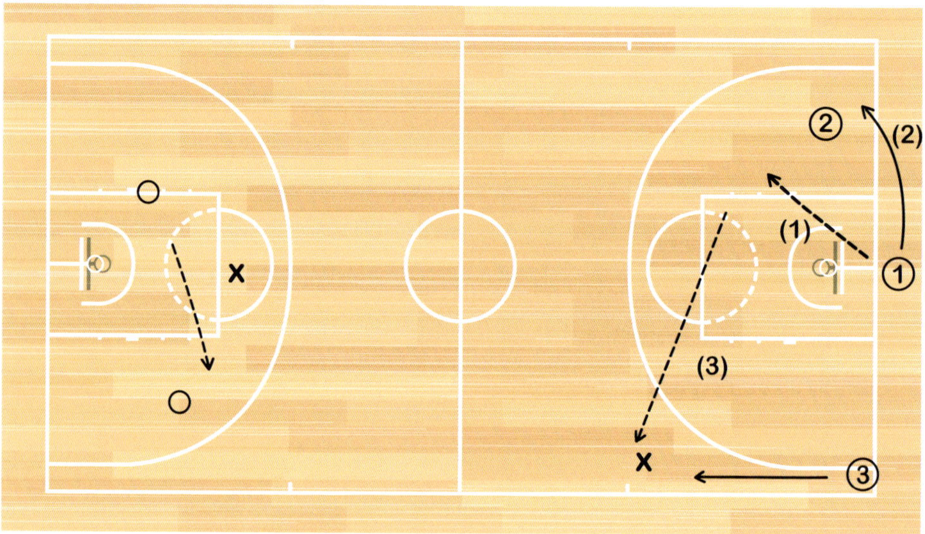

Organisation

An der Grundlinie verteilen sich die Spieler auf drei Startpositionen. Die Durchführung der Übung erfolgt im Dreierteam (zwei Außenspieler plus ein Innenspieler). Jeder Spieler, der sich in der mittleren Reihe befindet, hat einen Ball.

Ablauf

Der Spieler unter dem Korb beginnt die Übung, indem er einen Außenspieler seiner Wahl anspielt (1). Anschließend hinterläuft er diesen Spieler (2) und (3) bleibt anspielbar. Der Außenspieler mit Ball spielt daraufhin den zweiten Außenspieler an und hinterläuft ihn. Abgeschlossen wird der Achterlauf mit einem Korbleger auf der anderen Seite des Spielfeldes.

Nun wird Werfer zum Verteidiger. Die anderen beiden Spieler werden zu Angreifern. Auf den gegenüberliegenden Korb wird 2 gegen 1 gespielt.

Variationen

- Die Anzahl der Dribblings im 2 gegen 1 variiert, beginnend mit null Dribblings. Das Passspiel steht im Vordergrund. Die Anzahl kann je nach Gruppe auf 1-3 Dribblings begrenzt werden.
- **Strafen:** Wenn die Offensive nicht trifft, müssen die beiden Angreifer einen zweiten Ball holen (eine Ballkiste steht am Schnittpunkt Mittel-/Seitenlinie). Dies kann so lange wiederholt werden, bis ein Treffer erfolgt.

5.1.11 Fast Break Game

Skizze

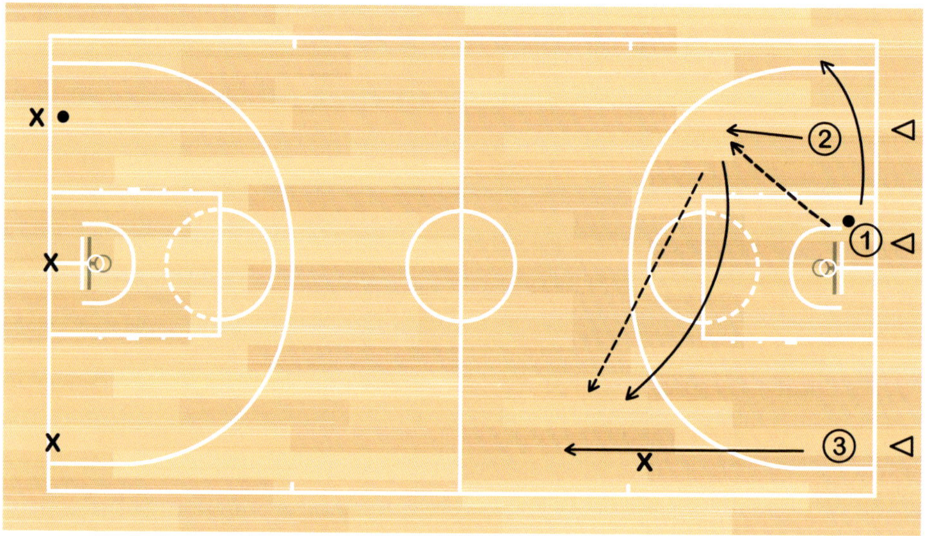

Organisation

An der Grundlinie beider Seiten teilen sich die Spieler auf jeweils drei Startpositionen auf. Diese befinden sich jeweils in der Nähe der beiden Außenlinien und einmal unter dem Korb. Insgesamt gibt es also sechs Positionen. Die Durchführung der Übung erfolgt im Dreierteam, das heißt, zwei Außenspieler plus ein Innenspieler.

Ablauf

Die Übung beginnt mit einem Fast Break, welcher im Achterlauf ausgeführt wird (vgl. Kap. 5.1.10). Vollendet wird der Angriff von dem Spieler, welcher den dritten Pass zugespielt bekommt.

Die anderen beiden Spieler erhalten nach Korbwurf etwa auf Höhe der Freiwurflinie je einen Pass zugespielt (Passspieler hinter der Grundlinie), welcher mithilfe eines Sprungwurfs abgeschlossen wird. Der wartende Spieler, welcher sich unter dem Korb befindet, holt den Korbleger-Rebound (eigener Ball) und leitet mit den zwei Außenspielern erneut den Fast Break bzw. die Übungsform ein.

Variationen

- Die Übung endet, wenn 20, 25, 30, ... Punkte erzielt werden (Korberfolg = ein Punkt).
- Während der gesamten Übung darf der Ball nicht auf den Boden fallen.
- Wenn ein Korbleger verworfen wird, muss von vorne gezählt werden.

5.1.12 Umschaltspiel

Skizze

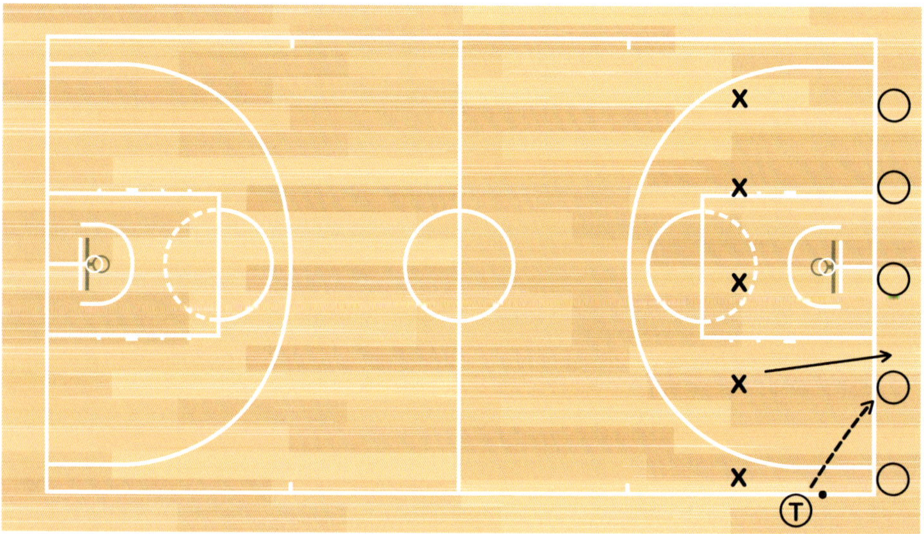

Organisation

Benötigt werden 10 Spieler, die in zwei Fünferteams aufgeteilt werden. Je zwei Spieler (einer pro Team) stehen sich im Abstand von 3-4 Metern gegenüber (siehe Skizze).

Hierbei gilt: Das angreifende Team befindet sich auf der Grundlinie des Basketballfeldes, das verteidigende Team befindet sich bereits im Feld mit dem Rücken zum anzugreifenden Korb. Verteidigt wird in der Mann-Mann-Verteidigung.

Ablauf

Auf Kommando bekommt ein angreifender Spieler einen Ball vom Trainer zugespielt und beginnt direkt den Angriff. Der Verteidiger dieses Angreifers muss dann so schnell wie möglich die Grundlinien berühren, um in die Defense überzugehen. Das heißt, es wird vorerst 5 gegen 4 gespielt, und zwar so lange, bis der fünfte Verteidiger zurück in der Defense ist.

Variationen

- Die Übungsform kann auch in anderen Konstellationen gespielt werden, z. B. 4 gegen 2 oder Ähnliches.
- Der Abstand zum angreifenden Team bzw. zur Grundlinie kann variiert werden.
- Die angreifende Mannschaft startet so lange als Offense, bis sie verwirft.

5.1.13 Den Ballhalter neutralisieren

Skizze

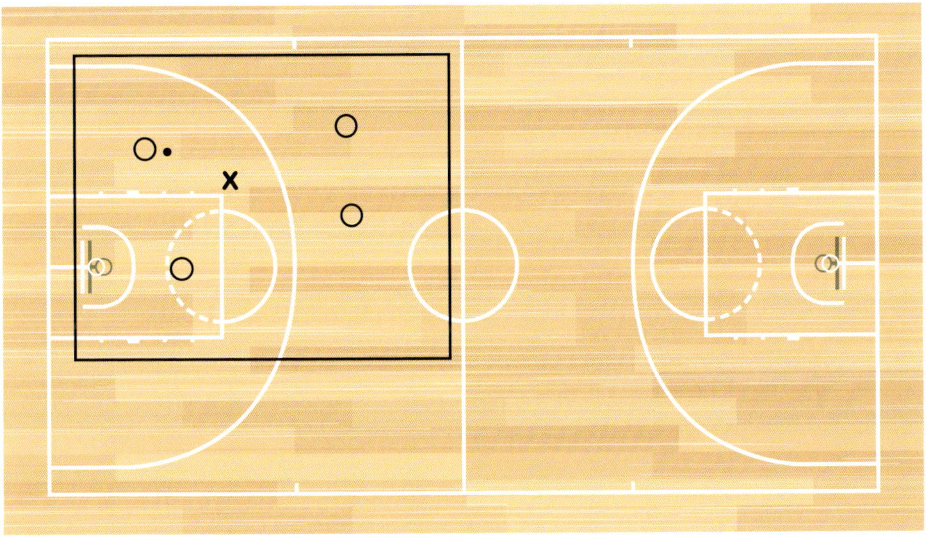

Organisation

4-6 Spieler bewegen sich in einem Rechteck von 8-10 x 8-10 Metern. 1-2 Spieler fungiern als Fänger; sie müssen farblich gekennzeichnet werden.

Ablauf

Die Spieler passen sich einen Ball bei freien Lauf- und Passwegen zu. Der Fänger versucht, einen Angreifer, der gerade in Ballbesitz ist, abzuschlagen. Gelingt dies, wechseln Fänger und Gefangener die Aufgabe.

Ein Fänger muss bei diesem Spiel mögliche Passwege antizipieren, nur dann hat er eine echte Chance.

Variationen

- Es wird mit zwei Bällen gespielt.
- Es wird mit zwei oder mehreren Fängern gespielt.
- Der Wechsel erfolgt erst nach einer vorgegebenen Zeit, der Fänger muss dann so viele Punkte wie möglich machen.
- Abgefangene Bälle ergeben zwei Punkte.

5.1.14 Variables Fast-Break-Spiel

Skizze

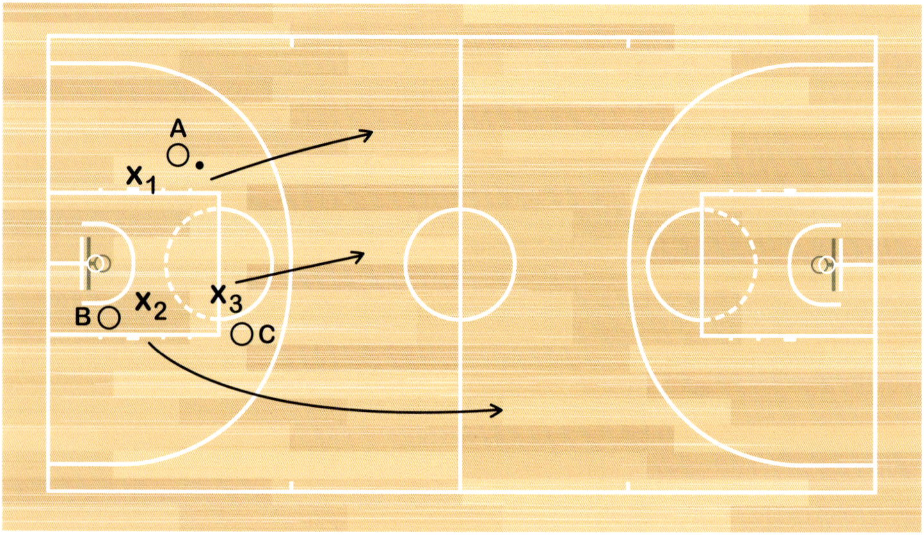

Organisation

Zwei Teams à drei Spieler spielen Parteiball innerhalb der Drei-Punkte-Linie. Ziel ist ein blitzschnelles Umschalten der Verteidiger nach Ballverlust, Ballablage oder Korbwurf der Angreifer.

Ablauf

Team 1 spielt innerhalb der Linie Parteiball gegen Team 2. Team 2 (X_1, X_2, X_3) muss nach Balleroberung grundsätzlich einen Fast Break spielen, der sich aus den folgenden Situationen ergeben kann:

- Korbwurf,
- den Ball ablegen oder
- technischer Fehler (z. B. Fehlpass).

Wichtig: Die Verteidiger müssen auf Signale der Angreifer achten!

Variationen

- Variation der Teamgröße.
- Variation der Spielfeldgröße.
- Überzahlspiel, das heißt, der Angreifer, der als Letzter den Ball hatte, läuft nicht zurück.

5.2 Spielformen zur Wahrnehmung

5.2.1 Follow Me!

Skizze

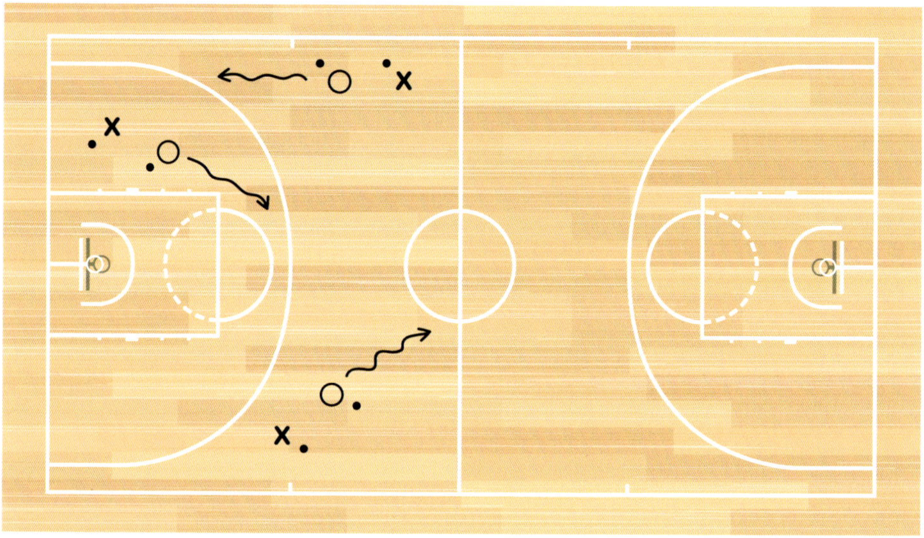

Organisation

Die Spieler werden in Zweierteams eingeteilt. Jeder Akteur hat einen Ball.

Ablauf

Bei jedem Zweierteam läuft ein Spieler voraus und variiert seine Lauf- und Dribbelbewegungen. Der andere Spieler agiert als Schatten, das heißt, er imitiert den anderen Spieler so genau wie möglich. Ein Wechsel der Aufgaben erfolgt auf ein optisches Zeichen des Trainers (z. B. eine Hand hochhalten, ein Markierungshemd fallen lassen, sich hinsetzen ...).

Variationen

- Wechsel der Zuordnung, wenn zwei vorauslaufende Spieler sich eng passieren.
- Die Zweierteams versuchen immer wieder, zwischen einem anderen Zweierteam hindurchzulaufen. Gelingt dies, erfolgt ein Wechsel der beiden Schatten.
- Vor einem Zuordnungswechsel muss eine Zusatzaufgabe (z. B. Abklatschen, den Ball tauschen oder Ähnliches) ausgeführt werden, das heißt, der Zeitdruck wird erhöht.

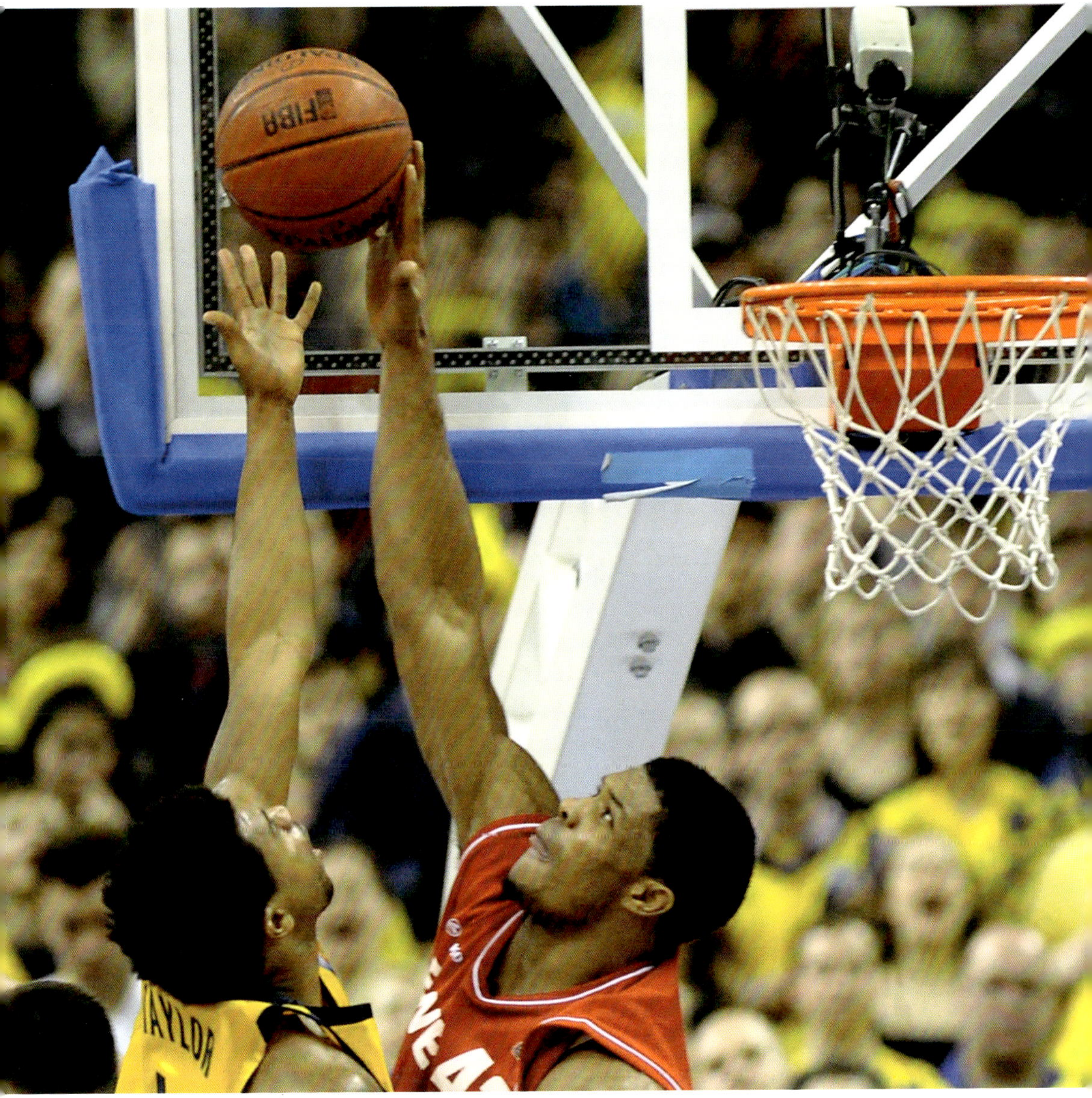

5.2.2 Give and Go (1)

Skizze

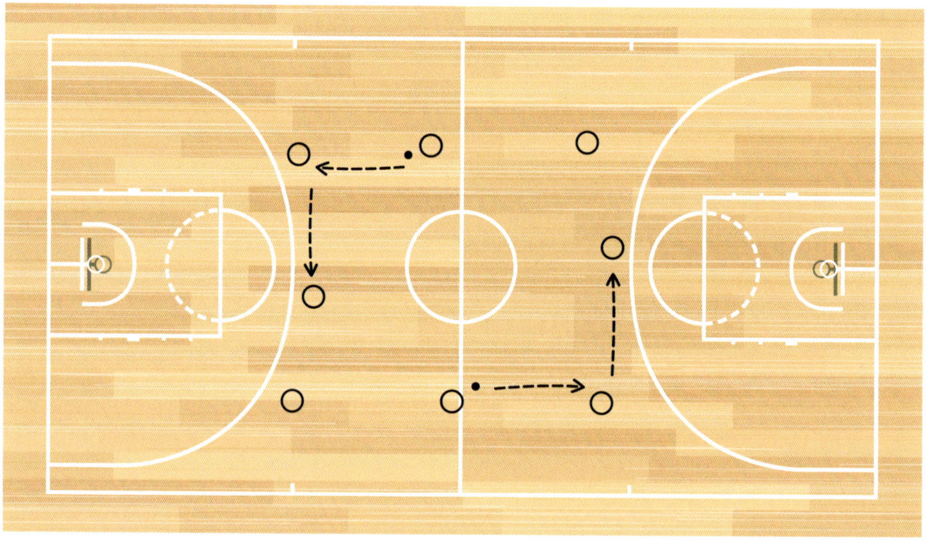

Organisation

Acht Spieler bilden ein Quadrat; sie stehen auf den vier Ecken sowie auf den vier Seitenmitten; pro Quadrat sind zwei Bälle im Spiel. Die Bälle sind am Anfang auf gegenüberliegenden Positionen.

Ablauf

Die beiden Bälle werden auf Zeichen des Trainers gleichzeitig nach rechts gespielt. Wichtig ist, dass der Ball grundsätzlich nach rechts gespielt und danach sofort nach links geschaut wird; man muss jederzeit anspielbereit sein.

Variationen

- Die Bälle werden im Uhrzeigersinn (auf ein optisches Zeichen hin), also nach links, gepasst.
- Die Größe des Quadrats verändern (mit Hütchen markieren).
- Es wird mit Passvarianten gespielt, z. B. Über-Kopf-Pass, Handballpass etc.
- Die Seitenmitten laufen nach dem Abspiel auf die gegenüberliegende Position.

- **Wichtig:** Nach rechts abspielen, laufen, der Blick geht nach links, fangen und wieder nach rechts abspielen usw.
- Jetzt laufen die Ecken nach dem Abspiel auf die gegenüberliegende Position.
- Kombination von beiden Teilübungen.

5.2.3 Give and Go (2)

Skizze

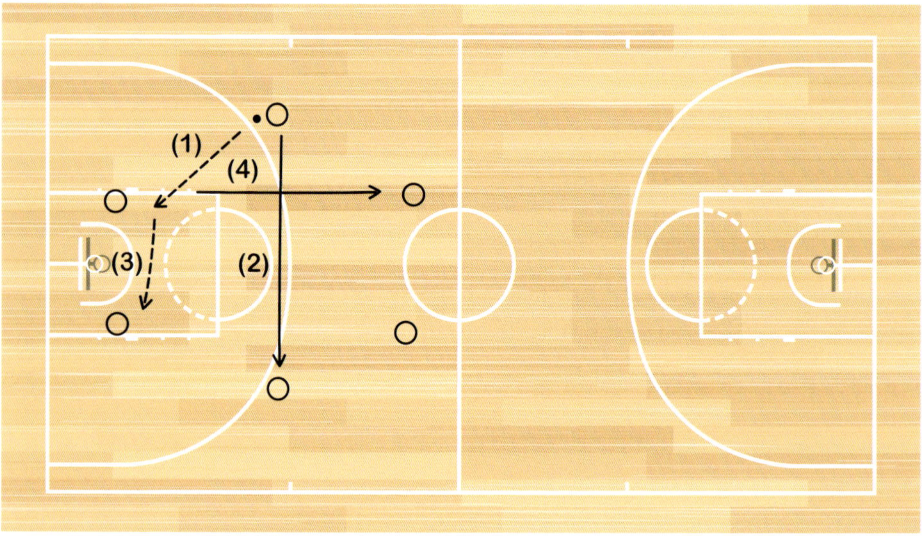

Organisation

Für die Übungsform werden eine oder mehrere Gruppen zu jeweils sechs Spielern benötigt. Diese verteilen sich auf sechs verschiedene Positionen, die die Form eines Sechsecks widerspiegeln. Gespielt wird – je nach Gruppenanzahl – in einer Hälfte des Basketballfeldes oder auf dem Gesamtfeld.

Ablauf

Ziel dieser Übung ist, den Ball der Reihe nach von Position zu Position zu passen. Position 1 passt zu Position 2, Position 2 passt zu Position 3 usw., bis Position 6 wieder zu Position 1 passt. Die Übung beginnt wieder von vorne.

Aber: Wenn ein Spieler den Ball gepasst hast (1, 3), läuft er auf die gegenüberliegende Position (2, 4) und wartet, angespielt zu werden. Nachdem er den Ball gepasst bekommen hat, spielt er den Ball erneut eine Position weiter und läuft wieder auf seine ursprüngliche gegenüberliegende Position. So bewegt sich jeder Spieler während der Spielform zwischen zwei festen Positionen.

Variationen

- Bei Signal erfolgt ein Richtungswechsel der Passreihenfolge.
- Die Positionen der Spieler werden getauscht.
- Spielform variieren mit acht oder 10 Spielern (siehe auch Kap. 5.2.2). Allerdings ist die Übung dadurch weniger anstrengend, da weniger Bewegung stattfindet.

5.2.4 Zahlenpassen (vgl. Braun, 1992)

Skizze

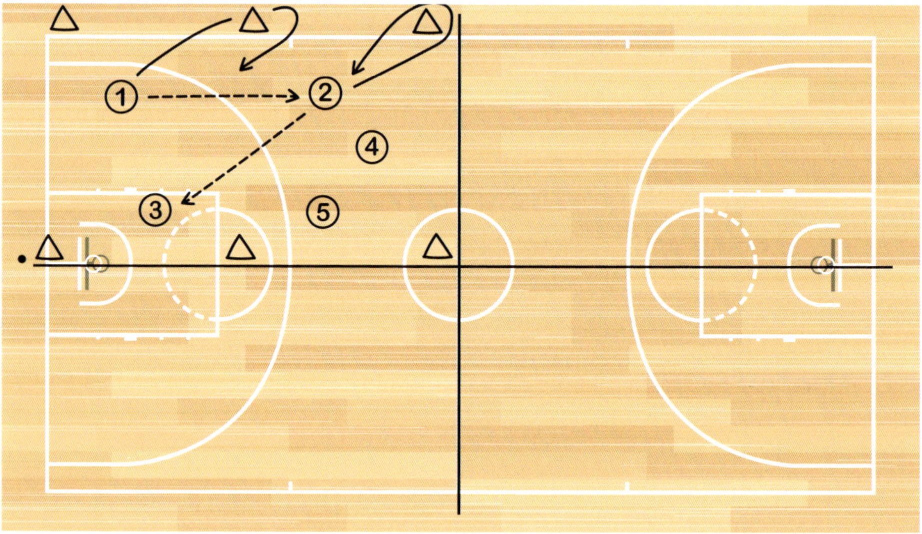

Organisation

Die Halle wird in mehrere Rechtecke aufgeteilt, die alle mit vier oder sechs Hütchen bzw. Floormarkern begrenzt werden. Die Spieler werden ebenfalls in mehrere Gruppen aufgeteilt; jedes Gruppenmitglied erhält eine Zahl von 1 bis x (je nach Größe der Gruppe).

Ablauf

Die Aufgabe ist, sich in der Reihenfolge der Zahlen den Ball zuzuspielen, also 1 – 2 – 3 – ... – x – 1 usw. Zusätzlich gilt: Wer den Ball abgespielt hat, umläuft eines der Hütchen bzw. der Floormarker.

Variationen

- Zusatzaufgabe am Hütchen, z. B. Strecksprung, Bodenklatsch etc.
- Umlaufen von zwei Hütchen.
- Umgekehrte Passreihenfolge.
- Die Passart variieren, z. B. indirekte Pässe, Über-Kopf-Pässe, Unterhandpässe, Wechsel der Wurfhand etc.
- Der Trainer ruft eine Zahl: Dieser Spieler prellt zu einem Korb und schließt mit Korbleger ab. Ersatzbälle bereitlegen!

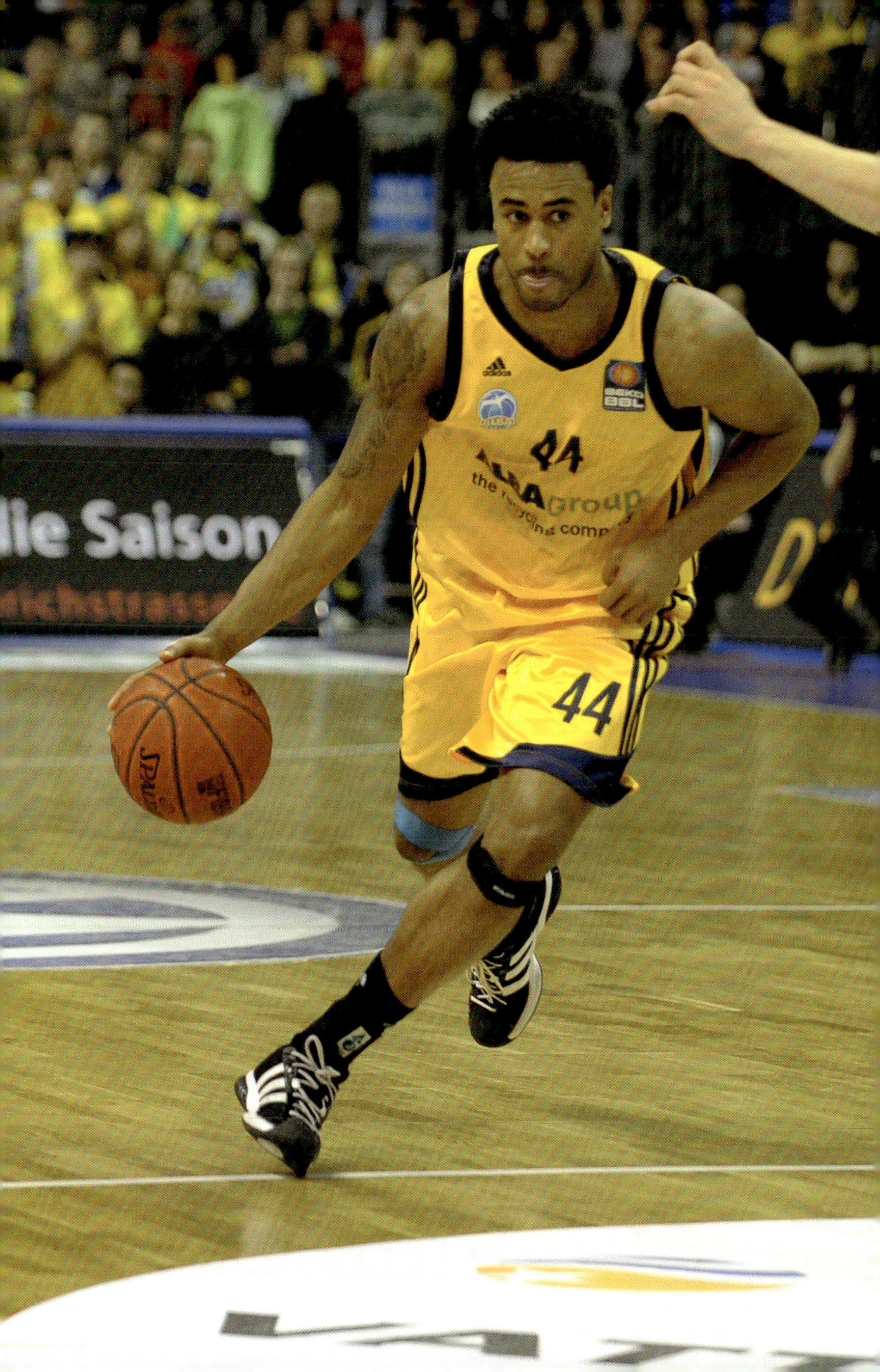

die Saison

5.2.5 Achterlauf

Skizze

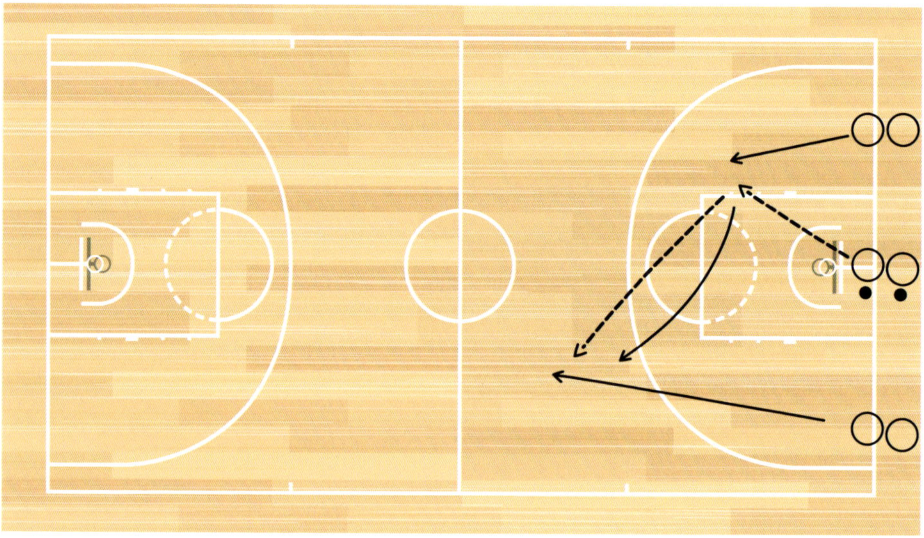

Organisation

An der Grundlinie teilen sich die Spieler auf drei Positionen auf. Die Durchführung der Übung erfolgt im Dreierteam (zwei Außenspieler plus ein Innenspieler). Jeder Spieler, der sich in der mittleren Reihe befindet, hat einen Ball.

Ablauf

Die Übung startet mit den vordersten drei Spielern in ihrer Position. Der Spieler unter dem Korb beginnt die Übung, indem er einen Außenspieler seiner Wahl anspielt. Anschließend hinterläuft er diesen Spieler und bleibt anspielbar. Der Außenspieler mit Ball spielt daraufhin den zweiten Außenspieler an und hinterläuft diesen. Vollendet wird der Fast Break mit einem Korbleger auf der anderen Seite des Spielfeldes.

Variationen

- Die Passvorgabe ändern. Beginnend mit fünf Pässen, bis hin zu maximal drei Pässen.
- Die Pässe variieren mit Brustpässen, Bodenpässen und Behind-the-Back-Pässen.
- Als Gruppe müssen 20 Korbleger hintereinander getroffen werden, erst dann ist die Übung beendet.
- Anstatt den Außenspieler, welcher angespielt wird, zu hinterlaufen, wird derjenige hinterlaufen, zu dem nicht gepasst wird.
- Abschluss mit Sprungwurf.

5.2.6 Vier Teams, vier Farben

Skizze

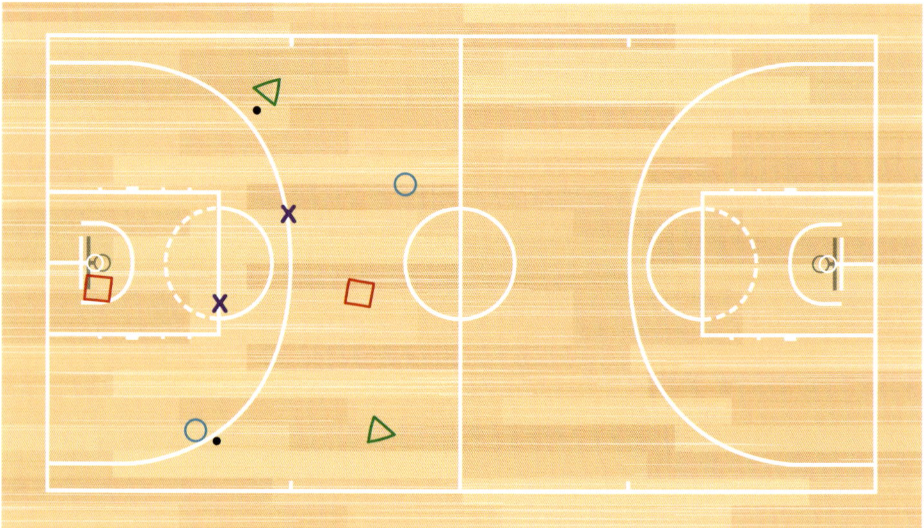

Organisation

Es werden Markierungshemden oder Parteibänder in vier Farben benötigt. Die Spieler werden in vier Teams mit verschiedenen Farben (= vier verschiedene Formen) aufgeteilt. Die vier Teams stellen sich in einem quadratischen Spielfeld (Halbfeld) auf (je nach Spieleranzahl kann diese Größe variieren). Es gibt zwei Bälle pro Spielfeld.

Ablauf

Eins der vier Teams ist das „Gegnerteam". Die drei Teams, welche sich die beiden Bälle zuspielen, müssen dies in einer vom Trainer vorab festgelegten Reihenfolge tun; so ist beispielsweise der Ball immer von Rot zu Blau zu Grün zu passen.

Dies erfordert für die Spieler konstante Orientierung (Wahrnehmung!). Sie müssen sich nicht nur merken, zu wem sie spielen sollen, sondern müssen auch durchgehend Informationen peripherer Art wahrnehmen, um einen freien Mitspieler der jeweiligen Farbe zu finden.

Die Spieler ohne Ball müssen sich dagegen so bewegen, dass sie als Team die Pässe der drei Gegnerteams stören oder verhindern. Schaffen die drei Teams 10 Pässe (Anzahl nach Vorgabe des Trainers), wechseln die Teams, und ein neues Gegnerteam versucht, die Pässe abzuwehren.

Unterläuft den drei angreifenden Teams ein Fehler (die Abwehrmannschaft fängt den Ball ab bzw. er fällt zu Boden oder geht ins Aus), werden die Pässe von vorne, sprich von null an, wieder gezählt.

Variationen

- Verschiedene Passvorgaben:
    - Ausschließlich indirekte/direkte Pässe spielen.
    - Nur mit der schwächeren Wurfarmseite passen.
- Verschiedene Passreihenfolge:
    - Von Blau zu Gelb zu Rot.
    - Von Blau zu Blau zu Gelb zu Rot.
- Variation der Anzahl der Bälle im Spielfeld.
- Die verteidigende Mannschaft („Gegnerteam“) spielt in Überzahl.

5.2.7 Befreiungsdribbling

Skizze

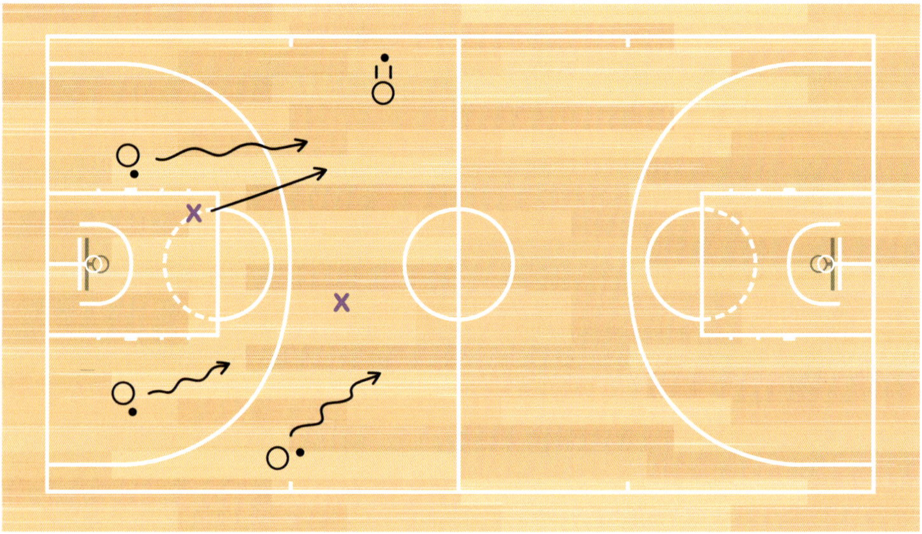

Organisation

Mehrere Fänger sind farblich markiert (Markierungshemden). Bei größeren Gruppen wird auf zwei getrennten Feldern (z. B. auf beiden Spielfeldhälften) gespielt.

Ablauf

Alle Spieler prellen in einem gekennzeichneten Feld (z. B. Halbfeld). 2-4 Spieler agieren als Fänger (eventuell zunächst ohne, dann mit Ball). Wer von einem Fänger abgeschlagen wird, bleibt stehen und zeigt dies durch Hochhalten des Balls an. Die Befreiung erfolgt, indem ein Mitspieler dem abgeschlagenen Spieler seinen Ball durch die Beine prellt.

Variationen

Die Befreiungsaktion erfolgt

- ... durch Freischlagen des Mitspielers (mit der Hand, mit dem Ball).
- ... indem der Ball durch die Beine gerollt und auf der anderen Seite aufgenommen wird.
- ... durch Balltausch (direkt/indirekt).
- ... indem ein Mitspieler dem Gefangenen durch die Beine kriecht.

5.2.8 Parteiball 5 gegen 2 mit zwei Bällen

Skizze

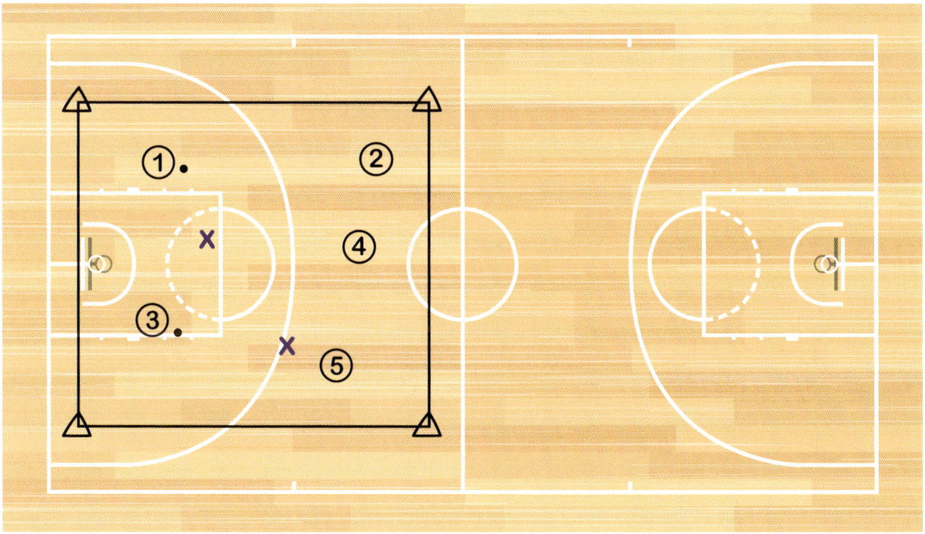

Organisation

Ein Fünferteam mit zwei Bällen spielt Parteiball gegen zwei Balljäger, die farblich markiert sind. Das Spiel wird in einem Viereck von 9 x 9 Metern durchgeführt. Bei anderen Spielerzahlen kann die Spielfeldgröße variieren.

Ablauf

Das ballbesitzende Team spielt beide Bälle zeitgleich und versucht, so viele gelungene Pässe wie möglich zu realisieren. Die beiden Balljäger versuchen, Bälle abzufangen. Wird ein Ball abgefangen, wird dieser sofort auf dem Boden abgelegt; die Angreifer holen den Ball und bringen ihn wieder ins Spiel.

Ziel: So viele Pässe wie möglich auszuführen, wobei ein Vergleich verschiedener Teams erfolgt.

Variationen

- **„Umgekehrte" Form**: Zeitmessung für eine vorgegebene Anzahl an Pässen (z. B. 20); abgefangene Pässe zählen nicht. Welches Team schafft das in der kürzesten Zeit?
- Abgefangene Bälle werden abgezogen, die Anzahl der Pässe wird um eins reduziert.

5.2.9 Chinese Wall

Skizze

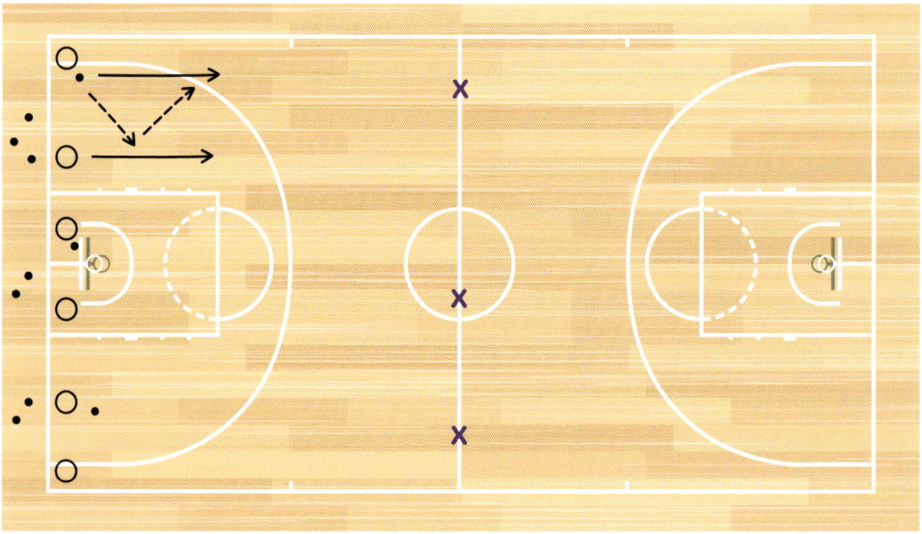

Organisation

Die Spieler gehen in Zweierteams zusammen und sammeln sich an einer Grundlinie. Jedes Zweierteam hat einen Ball. Hinter der Grundlinie liegen weitere Bälle bereit. An der Mittellinie stehen mehrere Fänger (farblich markieren).

Ablauf

Die Zweierteams versuchen, per Passspiel ihren Ball hinter die andere Grundlinie zu transportieren und dort abzulegen. Gelingt dies, laufen sie außerhalb des Spielfeldes zurück und holen einen neuen Ball.

Die Aufgabe der Fänger besteht darin, den Balltransport der Teams durch Abfangen der Bälle zu unterbinden. Verliert eine Mannschaft ihren Ball, muss sie umdrehen und einen neuen Ball holen. Ziel ist, in vorgegebener Zeit möglichst viele Bälle „durch die Mauer der Fänger hindurchzutransportieren".

Variationen

- Hat ein Team einen Ball abgelegt, läuft es im Spielfeld zurück; wird dort einer abgeschlagen, müssen beide wieder hinter die Ablegelinie zurück.

- Wird der Spieler ohne Ball von einem Fänger berührt, schaltet der Ballbesitzer sofort auf Prellen um und transportiert den Ball auf diese Weise auf die andere Seite.
- „Wer hat Angst vor XY?" Analog zur Spielform: „Wer hat Angst vor dem schwarzen Mann?", wird das Spiel mit Prellen gespielt.

5.2.10 Freiwürfe

Skizze

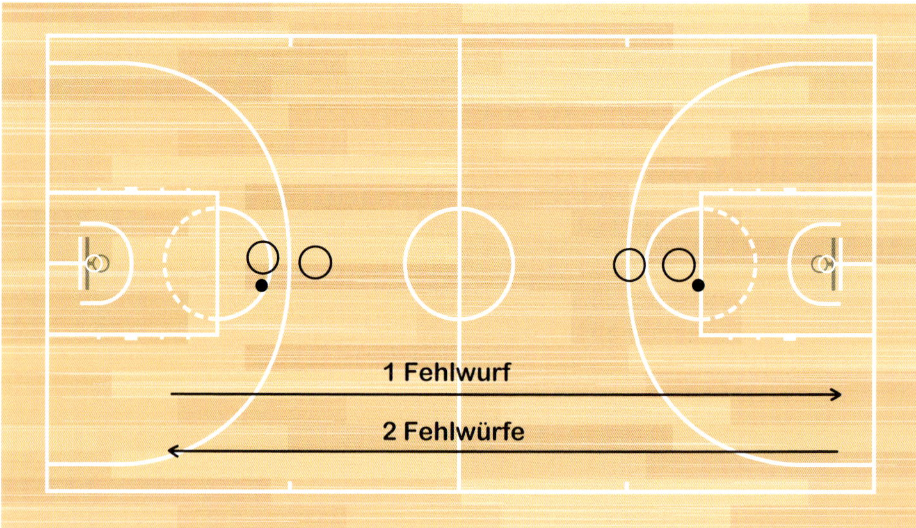

Organisation

Die Übungsform wird an beiden Körben eines Basketballfeldes ausgeführt. Gegebenenfalls wird die Übung an Querspielfeldern realisiert, um alle Spieler zu integrieren. Die Spieler verteilen sich gleichmäßig an den Körben und stellen sich hintereinander an der Freiwurflinie auf. Benötigt werden zwei Bälle.

Ablauf

Ziel ist es, insgesamt 10 Freiwürfe zu werfen. Geworfen werden immer zwei Freiwürfe nacheinander, bevor der Werfer den Korb wechselt. Insgesamt ergeben sich daraus fünf Durchgänge, die wie folgt ablaufen:

- A wirft zwei Freiwürfe; trifft er beide, darf er sich direkt am anderen Korb anstellen, um erneut zwei Freiwürfe zu werfen.
- Trifft A lediglich einen seiner beiden Freiwürfe, so muss er als Zusatzaufgabe einen Liniensprint laufen.
- Trifft er keinen, so muss er zwei Liniensprints laufen, bevor er sich am gegenüberliegenden Korb wieder anstellt.

Bevor er den Korb wechselt bzw. die Liniensprints ausführt, stellt sich der Spieler direkt unter den Korb und holt den Rebound der nächsten beiden Freiwürfe.

Liniensprint = von der Grundlinie zur anderen Grundlinie eines Basketballfeldes und wieder zurück.

Variationen

- **Werfen unter Druckbedingungen**: Bevor der Korb gewechselt wird, läuft jeder zwei Liniensprints. Strafen entfallen.
- Bei jedem Wurf muss der Korb gewechselt werden. Wird dieser verworfen, erfolgt ein einfacher Liniensprint von Grundlinie zu Grundlinie und wieder zurück.

5.2.11 Spiel zweimal 1 gegen 1 auf einen Korb

Skizze

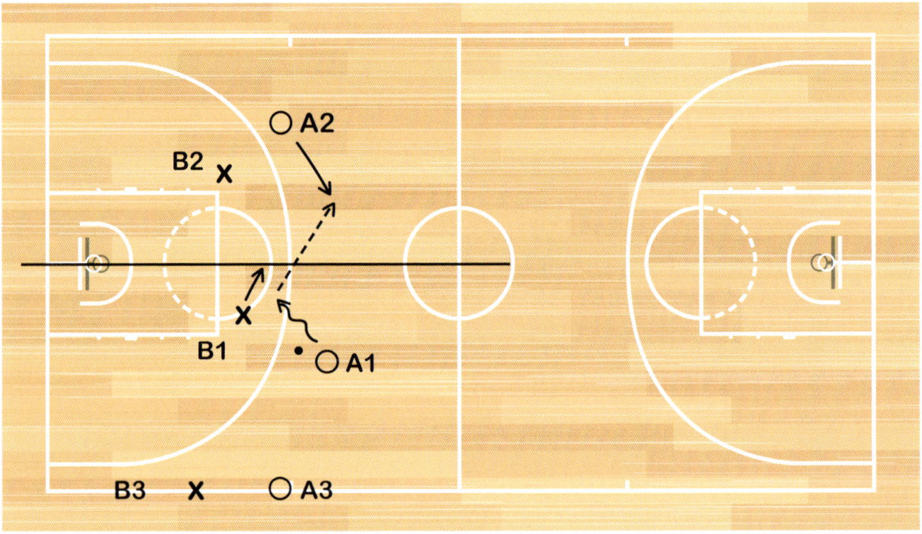

Organisation

Das Spielfeld an einem Korb wird in zwei Längshälften geteilt (gedachte Korb-Korb-Linie). In jeder Hälfte befindet sich ein Zweierteam, das jeweils aus einem Angreifer und einem Verteidiger besteht. Ein zweites Zweierteam hält sich als Back-up an der Seitenlinie bereit.

Ablauf

Die Wettkampfform beginnt in einer Längshälfte mit einem Spiel 1 gegen 1 (A_1 gegen B_1). Der Angreifer in der zweiten Hälfte beobachtet das Spielgeschehen und bietet sich immer wieder an. Kann A_1 die Situation nicht lösen, spielt er zu A_2, der versucht, auf seiner Seite die Spielsituation erfolgreich abzuschließen. Nach einem Pass in die andere Spielfeldhälfte verlassen A_1 und B_1 das Feld und werden durch A_3 und B_3 ersetzt.

Variationen

- Die Spielzeit pro Halbfeld wird begrenzt. Nach Zeitablauf muss in die andere Hälfte gepasst werden.
- Ein Angreifer erhält zwei oder drei Chancen, das heißt, nach Pass in die andere Hälfte holt A_1 sich einen weiteren Ball (einen Ballkasten an die Mittellinie stellen) und beginnt mit Touch von vorne. Zwischenzeitlich wirft A_2 auf den Korb.
- **Wettkampf:** Welcher Angreifer erzielt in einer vorgegebenen Zeit (z. B. drei Minuten) die meisten Körbe?

5.2.12 Spiel 2 gegen 2 auf einen Korb mit neutralen Angreifern

Skizze

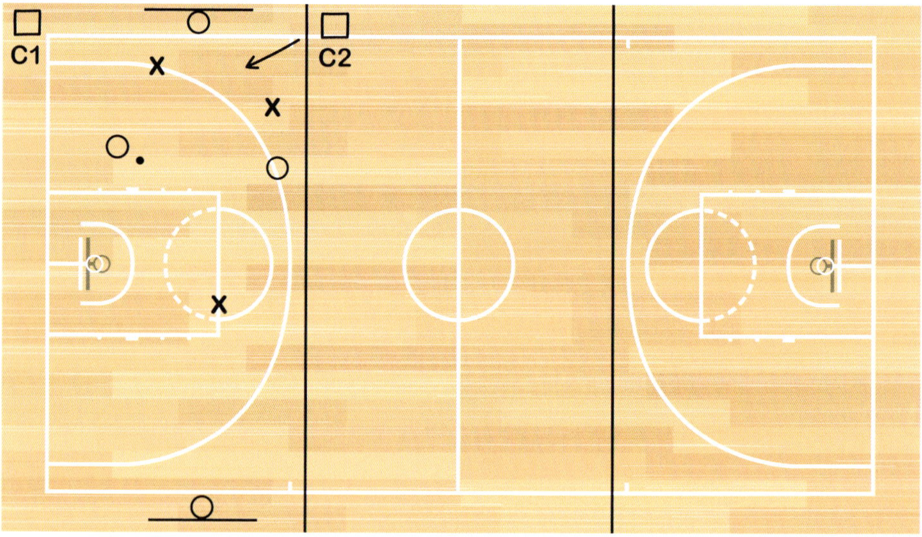

Organisation

Das Basketballfeld wird in drei Querspielfelder aufgeteilt.

(**Wichtig:** Jedes Querspielfeld braucht mindestens einen Korb).

Pro Querspielfeld spielt Team A 2 gegen 2 gegen Team B. In den Ecken des Spielfeldes befinden sich zwei neutrale Angreifer (C_1, C_2).

Ablauf

Mit Touch eröffnet A_1 das Spiel. Team A versucht, gegen B klare Korbwurfgelegenheiten herauszuspielen und gegebenenfalls abzuschließen. Gelingt dies kaum oder braucht Team A zu lange, bietet sich C_1 und/oder C_2 an und fordert den Ball. Erhält er ihn, wird mit Korbleger oder Sprungwurf abgeschlossen.

Variationen

- Zeitvorgabe für den Angriff. Ist diese Zeit abgelaufen, muss C_1 oder C_2 ins Spiel gebracht werden.
- C_1 und C_2 fungieren als Zuspieler, das heißt, der Passgeber des Teams läuft sich nach dem Pass sofort frei und erhält den Ball für einen Wurf zurück.
- C_1 und C_2 tauschen ständig die Positionen, das heißt, die Angreifer müssen ihre Laufwege permanent wahrnehmen.

5.3 Spielformen zur Aufmerksamkeit

5.3.1 Dribbling Coach-Spieler

Skizze

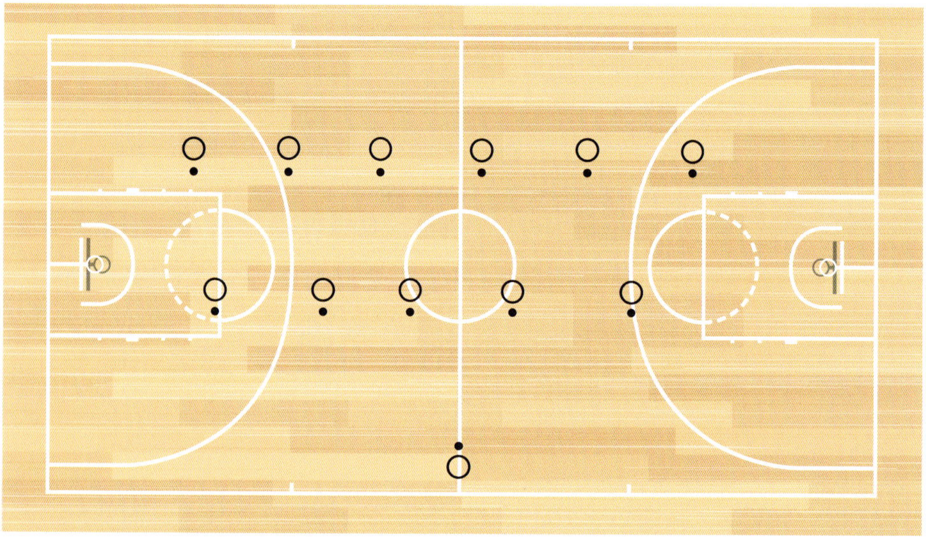

Organisation

Der Coach stellt sich mittig an einer der Seitenlinien des Basketballfeldes. Die Spieler verteilen sich mit ausreichend Abstand im Spielfeld, sodass Spieler und Trainer sich gegenseitig anschauen. Außerdem braucht jeder Beteiligte einen eigenen Ball.

Ablauf

Der Trainer gibt eine bestimmte Form des Dribblings vor. Aufgabe der Spieler ist, diese spiegelverkehrt und synchron zu imitieren.

Wichtig: Einfacher Einstieg, danach vom Einfachen zum Komplexen.

Variationen

- Die Schwierigkeit anpassen, z. B. durch Tempoerhöhung, Bewegungskomplexität, zwei Bälle.
- Ein Spieler gibt anstelle des Trainers die Dribblings vor. Alle zwei Minuten wird durch ein Zeichen gewechselt, Ideen der Spieler sind gefragt.

5.3.2 Dribbling Spieler-Spieler

Skizze

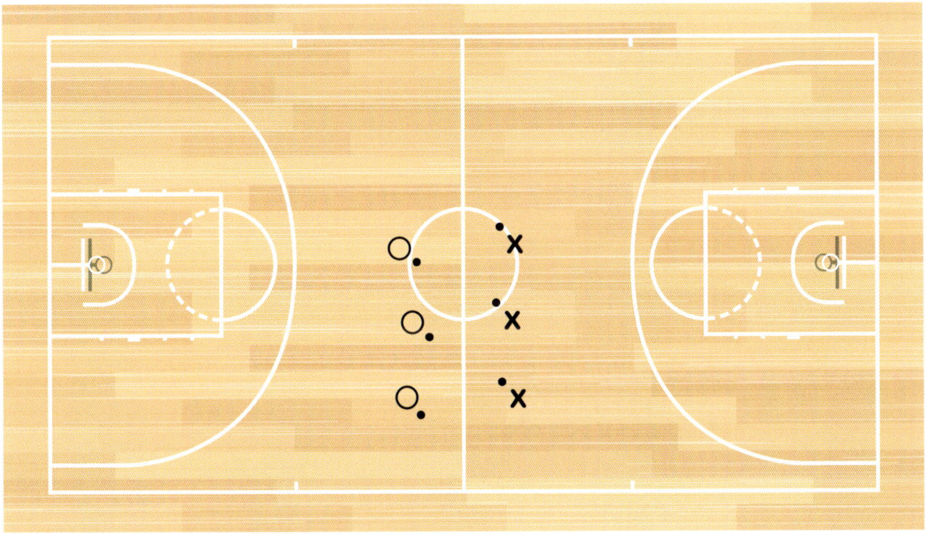

Organisation

Die Spieler gehen paarweise zusammen, jeder hat einen Ball. Die Zweiergruppen stehen sich im Abstand von 2-3 Metern gegenüber.

Ablauf

Spieler A führt verschiedene Übungen zum Prellen am Ort aus, z. B. sich hinsetzen – aufstehen, Kniestand – aufstehen, Rückenlage – aufstehen usw. Spieler B imitiert seinen Partner möglichst zeitgleich. Wechsel nach einer bestimmten Zeit, z. B. 30 Sekunden.

Hier sind ausdrücklich auch Ideen der Spieler gefordert.

Variationen

- Der Wechsel erfolgt aufgrund eines optischen Zeichens des Trainers, z. B. eine Hand hochhalten, ein Markierungshemd fallen lassen, sich hinsetzen usw.
- Der Wechsel erfolgt auf Zeichen von Spieler A, z. B. einen Ball hochhalten.
- Ausführung in der Dreiergruppe, das heißt, A demonstriert, B und C imitieren.
- **Ausführung in der Dreiergruppe:** Jetzt wechseln sich B und C im Demonstrieren ab und A imitiert. Dabei muss er immer beide beobachten, um sehr schnell auf den Wechsel reagieren zu können.

5.3.3 Reifenball (Knobloch et al., 2020)

Skizze

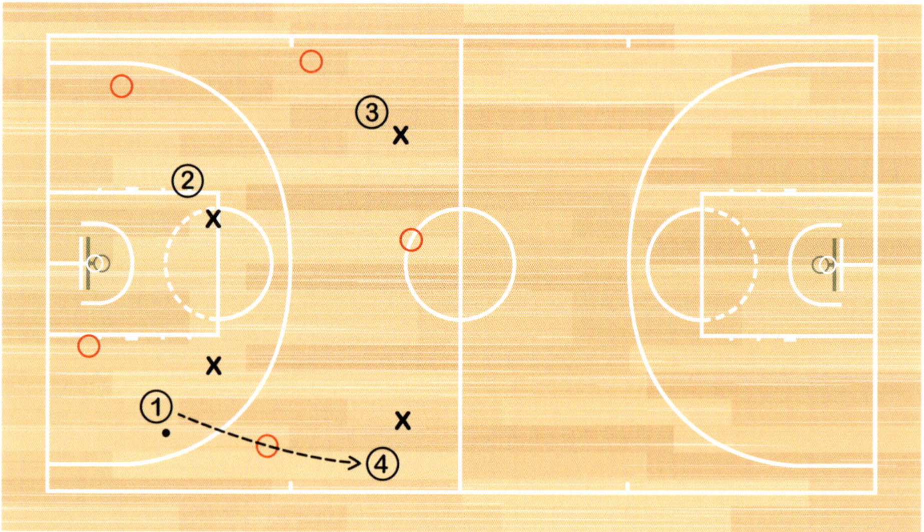

Organisation

In einer Hälfte des Basketballspielfeldes agieren zwei Teams à 4-5 Spieler gegeneinander. Die Spielform kann auf mehreren Feldern gleichzeitig realisiert werden. In jedem Spielfeld liegen zwei oder drei Reifen mehr als Spieler (Beispiel: Viererteams erfordern sechs oder mehr Reifen).

Ablauf

Team A hat den Ball und beginnt das Spiel. Das jeweils ballbesitzende Team kann einen Punkt erzielen, indem ein Spieler einen Bodenpass durch einen Reifen spielt und einer der Mitspieler diesen Pass fängt.

Wichtig: Ein Reifen kann nicht ins Spiel einbezogen werden, wenn ein Verteidiger einen Fuß im oder auf dem Reifen hat.

Nach einem Punktgewinn wird der Ball an der Stelle, an der er gefangen wurde, auf den Boden gelegt. Team B spielt weiter. Anschließend muss mindestens ein Pass gespielt werden, danach kann wieder an jedem Reifen einen Punkt erzielt werden.

Jede Mannschaft kann an jedem Reifen Punkte erzielen.

Variationen

- Ein Team kann mehrere Punkte hintereinander erzielen; das andere Team muss den Ball erobern.
- Der nächste Punkt darf nicht im selben Reifen erfolgen.
- In Turnierform spielen; kurze Spielzeiten einplanen.

5.3.4 Jeder gegen jeden

Skizze

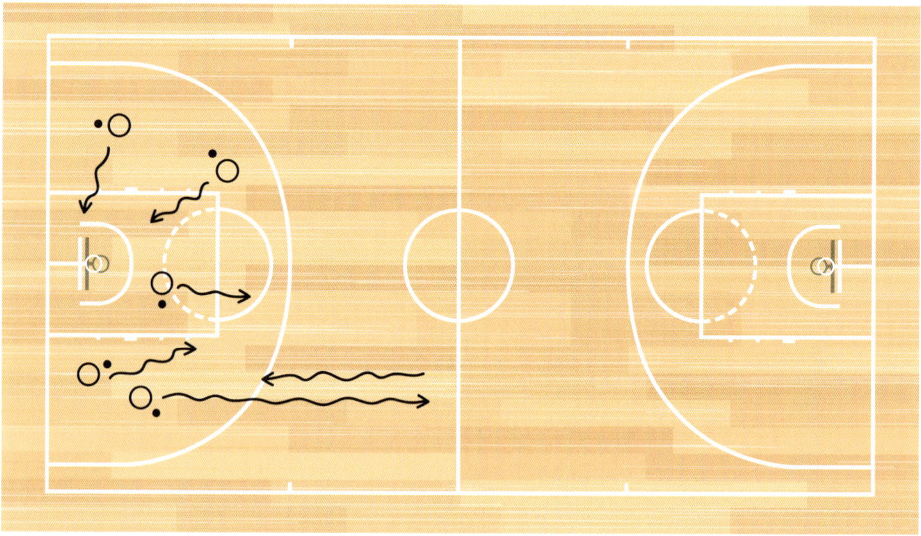

Organisation

Jeder Spieler hat einen Ball, bei größeren Gruppen wird die Übung parallel in beiden Hälften eines Basketfeldes durchgeführt. Eine Gruppe befindet sich jeweils innerhalb der Drei-Punkte-Linie.

Ablauf

Jeder Spieler prellt kreuz und quer im vorgegebenen Feld. Ziel ist, möglichst viele Spieler an der Schulter (Oberschenkel, Fuß) zu berühren und selbst nicht berührt zu werden. Wer berührt wird, prellt bis zur Mittellinie, dreht dort um und kommt wieder zurück.

Aus Sicherheitsgründen sollten die Spieler vorwärts den Wurfkreis verlassen und dann mit höherem Tempo weiterprellen.

Variationen

- Wer berührt wird, prellt rückwärts bis zur Mittellinie und im Hopserlauf zum Spielfeld zurück.
- Wer berührt wird, prellt in Schlangenlinien bis zur Mittellinie und im Steigerungslauf zurück.

- Wer kurz bevor er berührt wird, den Ball hochhält (sich hinsetzt, in den Liegestütz geht, ...), kann nicht abgeschlagen werden.
- Wer berührt wird, prellt mit der schwachen Hand bis zur Mittellinie und zurück.

5.3.5 Basketball mit Spielfeldwechsel (in Anlehnung an Knobloch et al., 2020)

Skizze

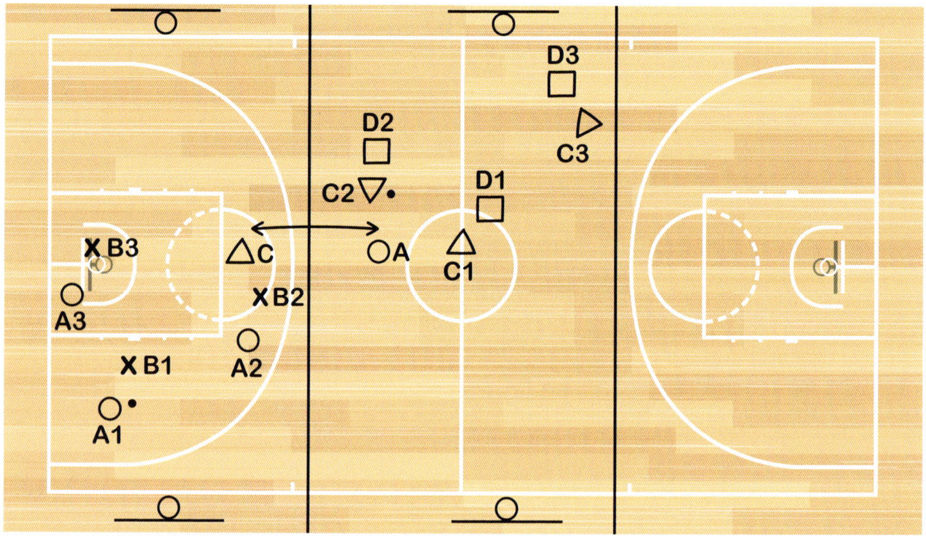

Organisation

In der Halle werden zwei Querfelder markiert.

Wichtig: Pro Spielfeld sind je zwei Körbe notwendig.

Auf Feld 1 spielt Team A gegen B, auf Feld 2 spielt Team C gegen D (es wird 2 gegen 2 oder 3 gegen 3 gespielt).

Ablauf

Auf beiden Feldern wird Basketball gespielt. Auf Signal des Coaches werden folgende Aktionen durchgeführt:

- **Pfiff:** Die Mannschaften B und D wechseln die Felder und müssen sich sofort neu orientieren.
- **Zuruf:** A und C wechseln die Felder.

Selbstverständlich sind auch andere, z. B. optische Signale, möglich.

Hinweis: Muss die ballbesitzende Mannschaft das Feld wechseln, wird der Ball abgelegt, und das Spiel läuft anschließend an dieser Stelle weiter.

Variationen

- Nur der Spieler, der einen Korb erzielt hat, wechselt das Feld und spielt dort im Team derselben Farbe (Markierungshemden) weiter; ein anderer Spieler wechselt dafür auf die andere Seite.
- Der Coach baut bewusst „falsche" Kommandos ein, um die Aufmerksamkeit der Spieler noch mehr zu fokussieren.

5.3.6 Dribbelkönig

Skizze

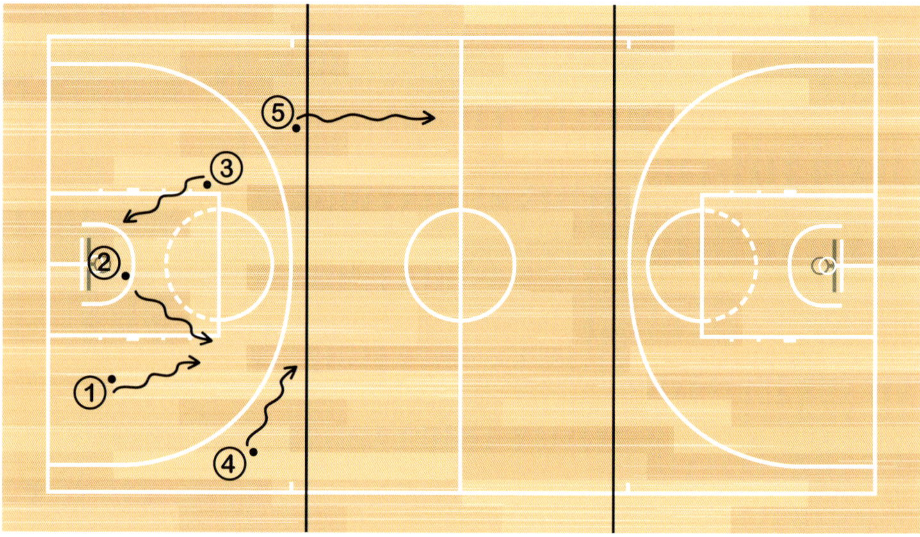

Organisation

Eine Hallenhälfte oder das gesamt Basketballspielfeld wird in drei gleich große Spielfelder (Rechtecke) unterteilt (Hütchen, Floormarker oder Ähnliches). Alle Spieler befinden sich in Feld 1 und haben einen Ball.

Ablauf

Nach dem Prinzip „jeder gegen jeden" versuchen alle Spieler, den jeweils anderen ihren Ball zu „stehlen". Wer seinen Ball verliert, holt diesen zurück und prellt in Feld 2 weiter. Gleiches gilt für einen Wechsel in Feld 3. Wer in Feld 1 übrig bleibt, ist der Dribbelkönig.

Variationen

- Wem es gelingt, in Feld 2 oder 3 einen Ball herauszuspielen, darf wieder ein Feld zurück, also zum Beispiel von 2 nach 1.
- Die Spieler gehen jetzt in Zweierteams zusammen; jedes Zweierteam hat einen Ball. Ebenfalls werden zwei oder drei Fänger bestimmt. Wird ein Ballbesitzer von einem Fänger berührt, muss dieses Team ein Feld weiterwechseln.
- Statt der Fänger versuchen die Nicht-Ballbesitzer der Teams, andere Spieler zu berühren.

5.3.7 Bleibe in der Spur

Skizze

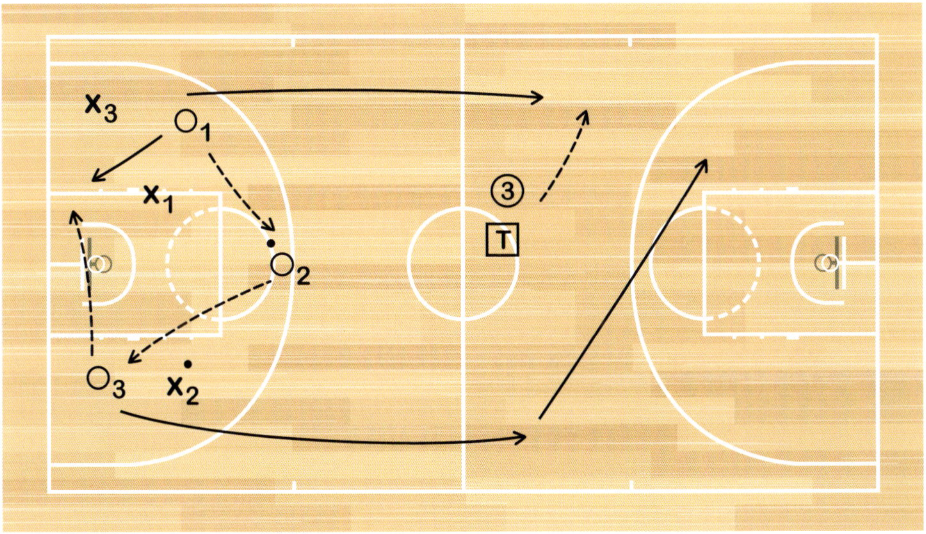

Organisation

Es werden zwei gleich große Teams gebildet und durchnummeriert (jeder Spieler eines Teams erhält eine Zahl, für beide Teams werden dieselben Zahlen verwendet). Jedes Team hat einen Ball und spielt sich diesen innerhalb der Drei-Punkte-Linie zu.

Ablauf

Während die Teams sich den Ball zupassen, ruft der Trainer eine Zahl. Beide Spieler, die diese Zahl haben, laufen in Richtung des gegenüberliegenden Korbs. Sollte im Moment des Zurufs einer oder gar beide den Ball haben, spielen sie noch ab. Der Trainer (Standpunkt: Mittellinie) spielt einem der beiden einen weiteren (dritten) Ball zu, anschließend Spiel 1 gegen 1 auf den zweiten Korb.

Variationen

- Wechsel der Passreihenfolge auf Zuruf oder optisches Zeichen.
- Die beiden aufgerufenen Spieler spielen zusammen 2 gegen 1 auf den zweiten Korb. Dies erfordert einen zusätzlichen Verteidiger in der anderen Hälfte.
- Einschränkung des Korridors für das Spiel 2 gegen 1 auf den anderen Korb.

5.3.8 So schnell wie der Ball

Skizze

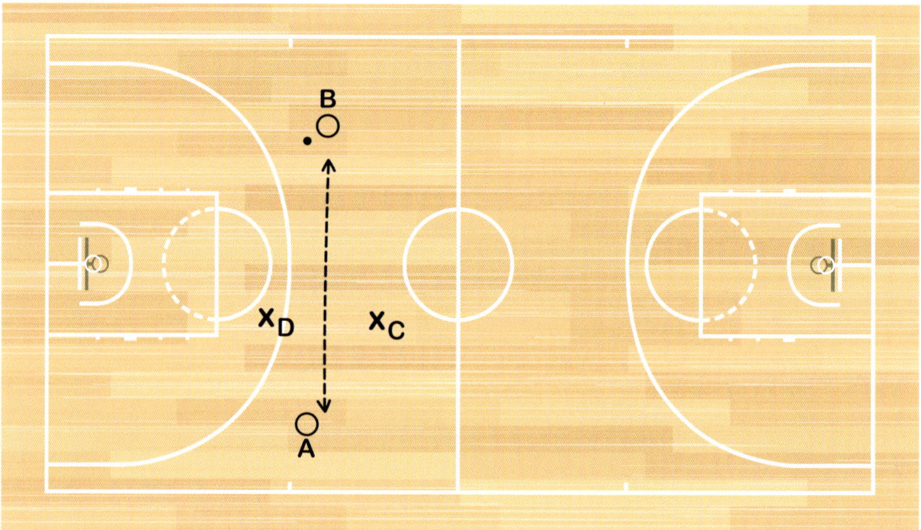

Organisation

Die Spieler werden in Dreier-(Vierer-)Teams eingeteilt. Jedes Team erhält einen Ball. Zwei Spieler (A, B) stehen sich im Abstand von 6-8 Metern gegenüber, der/die anderen (C, eventuell D) stehen seitlich.

Ablauf

A und B passen sich den Ball in unterschiedlicher Geschwindigkeit zu, Spieler C versucht, sich auf Ballhöhe zu bewegen (Laufbewegungen oder abwehrspezifische Bewegungen). Hält ein Spieler den Ball hoch, sprintet C sofort zu diesem und berührt den Ball.

Variationen

- Weitere Aufgaben, die Spieler C zu Aufmerksamkeit zwingen (z. B. A oder B prellen kurzfristig, dann macht C Strecksprünge).
- Hin und wieder lassen A oder B den Ball abtropfen, C reagiert und erläuft den Ball.
- Deuten A oder B durch eindeutigen Blick einen Pass zu C an, fordert dieser sofort den Ball durch Entgegenlaufen und spielt einen Doppelpass.

5.3.9 Rapid Defense

Skizze

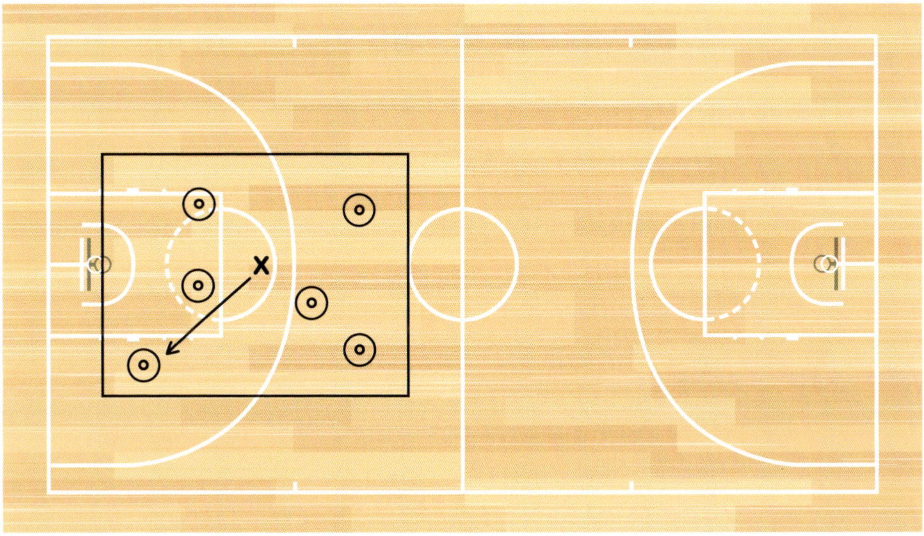

Organisation

In einem Rechteck (z. B. 6 x 6 Meter) werden 6-8 Fitlights positioniert. Ein Verteidiger steht in der Mitte des Feldes und bewegt sich locker auf der Stelle (Laufen, spezifische Defensebewegungen). Er versucht, alle Fitlights im Blick zu behalten.

Ablauf

Bei Aufblinken einer Lampe sprintet der Spieler dorthin, berührt das Fitlight mit einer Hand und bewegt sich zur Ausgangsposition zurück. Dann beginnt alles von vorne.

Variationen

- Alle Aktionen werden mit Ball ausgeführt (Prellen).
- Zwei Spieler wechseln sich ab, das heißt, der zweite Spieler bleibt jeweils auf der Ausgangsposition.
- Der zweite Spieler bewegt sich jeweils eine kurze Strecke mit und imitiert eine Sicherung.
- Verbindung mit Gegenstoß, das heißt, ein Fitlight hat eine andere Farbe; leuchtet es auf, läuft der Spieler einen Gegenstoß, erhält einen Pass und schließt auf der gegenüberliegenden Seite ab.

5.3.10 Dreier-Shoot-out

Skizze

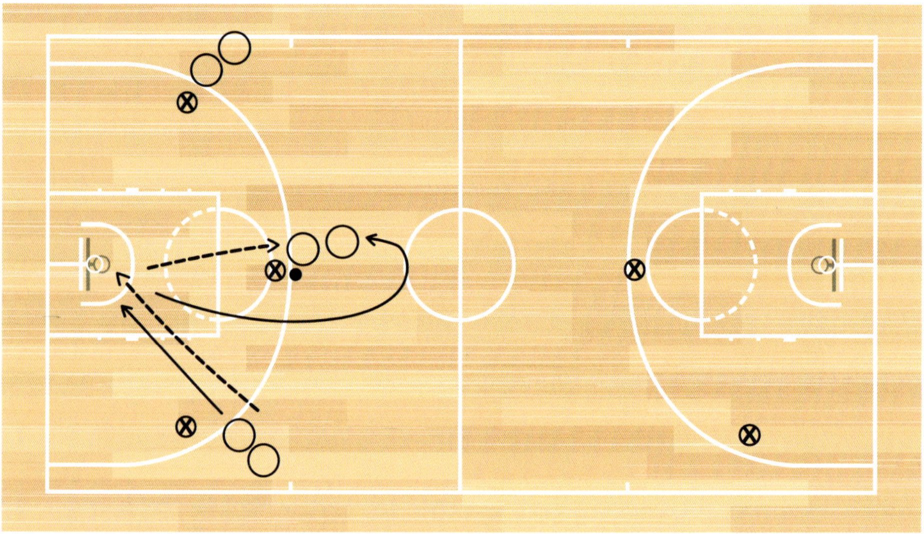

Organisation

Die Spieler verteilen sich auf beide Körbe (Querfelder empfohlen). An jedem Korb sind drei Positionen mit einem Hütchen gekennzeichnet, wobei sich diese alle auf Höhe der Drei-Punkte-Linie befinden. Die Spieler bilden Teilgruppen an den Hütchen.

Ablauf

Die Spieler werfen auf Höhe des Hütchens auf den Korb, holen ihren eigenen Rebound, passen diesen im Uhrzeigersinn weiter. Nun stellen sie sich eine Position weiter an und warten, bis sie den nächsten Pass gespielt bekommen. Dasselbe beginnt von vorne. Ziel der Übung ist es, als Team 20 Treffer zu erzielen.

Variationen

- **Die Schwierigkeit anpassen**: Die Entfernung zwischen Korb und Hütchen verringern. Die Position innerhalb der Drei-Punkte-Zone wählen.
- Die Passrichtung und die Laufrichtung ändern
- Beide (alle) Gruppen spielen gegeneinander. Wer als Erstes 20 Treffer erzielt, gewinnt.

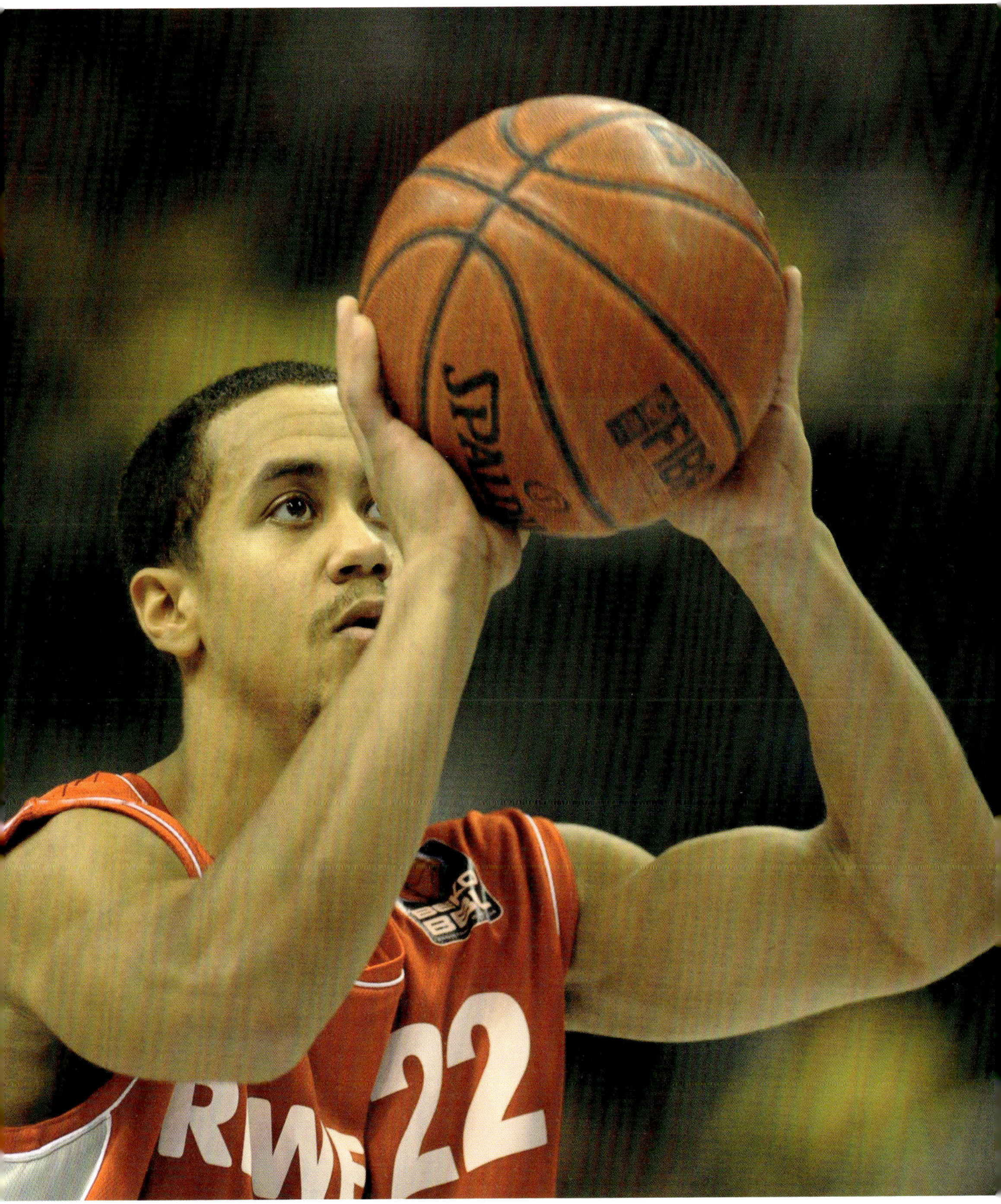
RWE 22

5.3.11 Drei gewinnt

Skizze

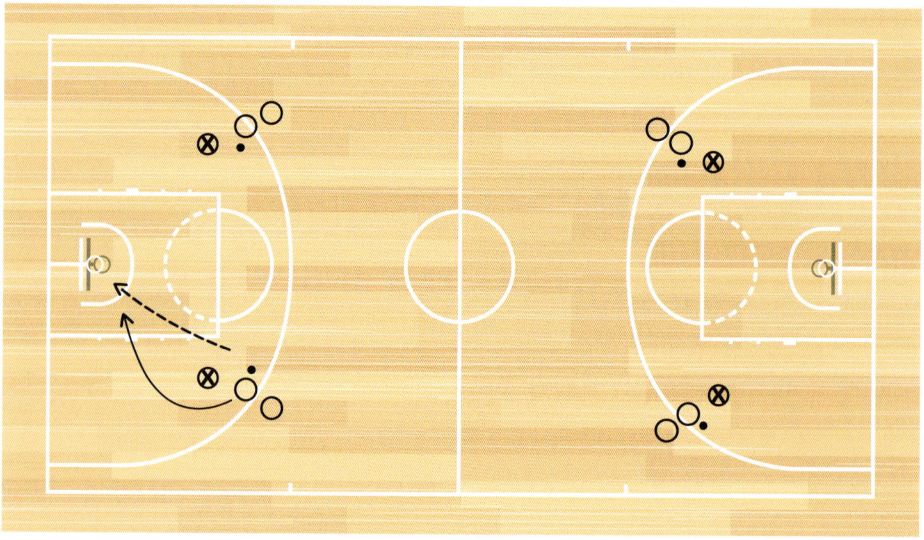

Organisation

Zwei Gruppen verteilen sich auf die beiden Körbe eines Basketballfeldes. An jedem Korb sind zwei Positionen mit einem Hütchen gekennzeichnet, die gleich weit entfernt vom Korb stehen. Jede Gruppe wird noch einmal in zwei Teams aufgeteilt, welche sich auf die beiden Positionen verteilen. Der vorderste Spieler jedes Teams hat einen Ball.

Ablauf

Die Teams, die auf den gleichen Korb werfen, spielen gegeneinander. Die Spieler werfen auf Höhe des Hütchens auf den Korb. Gewonnen hat das Team, welches als Erstes drei Punkte erreicht.

Achtung: Für jeden getroffenen Wurf bekommt das Team nur einen Punkt.

Zählweise: Team 1 trifft. Nun steht es 1:0. Team 2 verwirft und Team 1 trifft erneut. Der Punktestand beträgt 2:0. Allerdings trifft jetzt Team 2. Dadurch wird ein Punkt abgezogen. Es steht also 1:0. Team 2 trifft erneut. Es steht wieder 0:0.

Nachdem ein Spieler geworfen hat, holt er für seinen nächsten Mitspieler den Rebound und stellt sich hinter seinem Team wieder an. Auf Startsignal geht es los.

Variationen

- **Die Schwierigkeit anpassen:** Die Entfernung zwischen Korb und Hütchen verringern. Die Position innerhalb der Drei-Punkte-Zone wählen.
- Gewinner und Verlierer spielen gegeneinander.

5.4 Spielformen zur Spielintelligenz

5.4.1 Überzahlspiel 1 gegen 1 plus 1 (vgl. Getrost & Wichmann, 1996)

Skizze

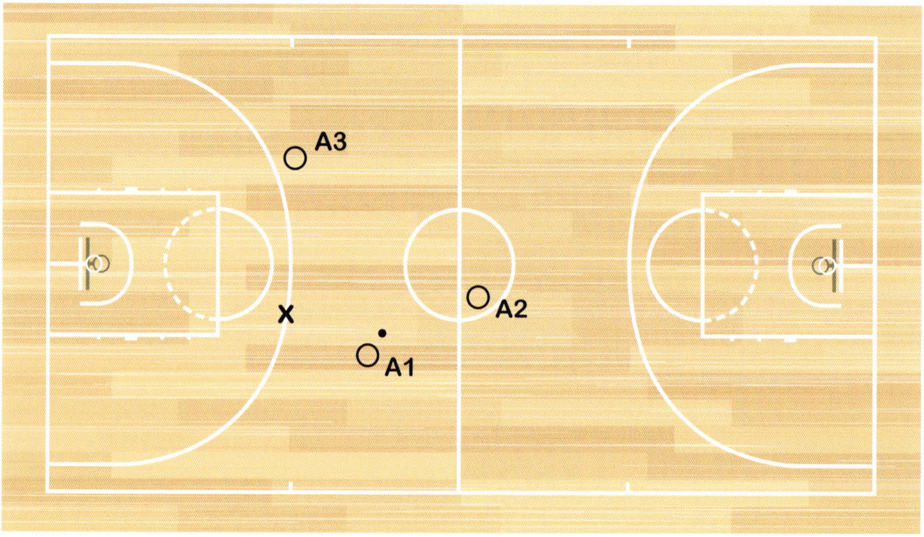

Organisation

Pro Korb agieren vier Spieler, davon zwei Angreifer und ein Verteidiger (X). Einer der Angreifer (A_3, farblich besonders markieren) ist ausschließlich Zuspieler. Die beiden anderen Angreifer (A_1, A_2) wechseln sich im Angriffsspiel ab.

Ablauf

Angreifer A_1 eröffnet das Spiel mit einem Touch. Anschließend versucht er, im Spiel 1 gegen 1 die beste Lösung für einen Korbwurf zu finden. Hierbei kann er Angreifer A_3 miteinbeziehen, indem er diesen anspielt und sich so ohne Ball in eine gute Ausgangsposition bringen kann. Nach Abschluss des Angriffs startet A_2 denselben Ablauf, A_1 stellt sich für seinen nächsten Durchgang auf.

Variationen

- Variation der Spielsektoren bzw. Angriffspositionen.
- Wettkampf zwischen A_1 und A_2.
- Wechsel Angriff-Verteidigung nach Basketballregeln, das heißt, X und A_1 spielen eine vorgegebene Anzahl an Angriffen im Wechsel.
- **Erweiterung zum Spiel 1 gegen 1 plus 1 plus 1:** Jetzt erfolgt die Wettkampfform unter Hinzunahme von zwei neutralen Spielern, die sich rechts und links von der Zone befinden.

5.4.2 Überzahlspiel 2 gegen 2 plus 1 (vgl. Getrost & Wichmann, 1996)

Skizze

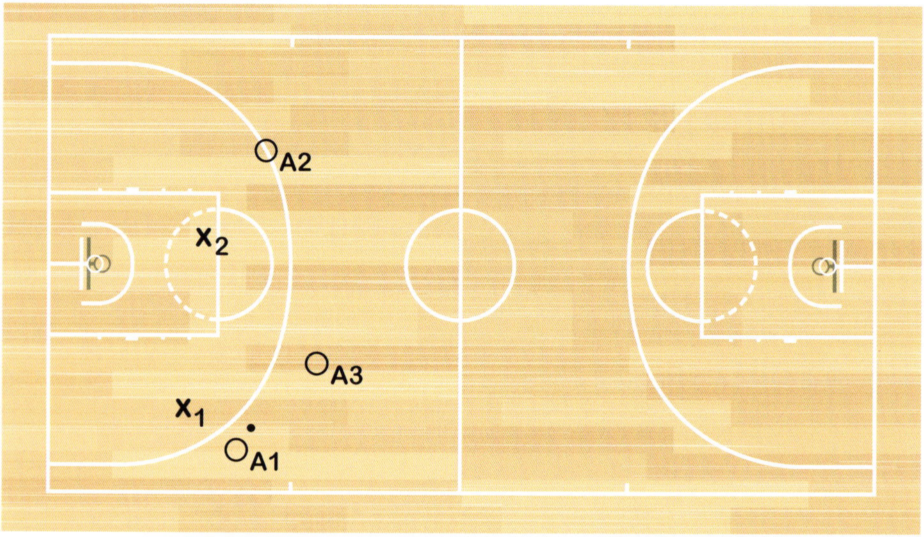

Organisation

Pro Korb agieren fünf Spieler, davon drei Angreifer (A_1, A_2, A_3) und zwei Verteidiger (X_1, X_2). Einer der Angreifer (A_3, farblich besonders markieren) ist ausschließlich Zuspieler. Die beiden anderen Angreifer werden von den beiden Verteidigern in einer Mann-Mann-Verteidigung bewacht.

Es empfiehlt sich, eine zweite Angreifergruppe pro Korb einzusetzen, um die Zeit optimal zu nutzen.

Ablauf

Das Spiel wird durch Touch eröffnet. Die Angreifer A_1 und A_2 versuchen, durch Freilaufen (In and Out), Passspiel und einfache gruppentaktische Mittel immer wieder in gute 1-gegen-1-Situationen zu kommen und diese intelligent, das heißt, mit der besten Aktion, zu lösen. Pässe zum Angreifer A_3 ergeben hierfür immer wieder Zeit und Raum.

Intelligente Lösungen sollten immer wieder reflektiert werden.

Variationen

- Variation der Spielsektoren und Angriffspositionen.
- Vorgabe der Anzahl der Angriffsaktionen, z. B. fünf, acht, ... und berechnen einer Spieleffektivität.
- Wechsel Angriff-Verteidigung nach Basketballregeln.

5.4.3 Überzahlspiel 3 gegen 3 plus 1 (vgl. Getrost & Wichmann, 1996)

Skizze

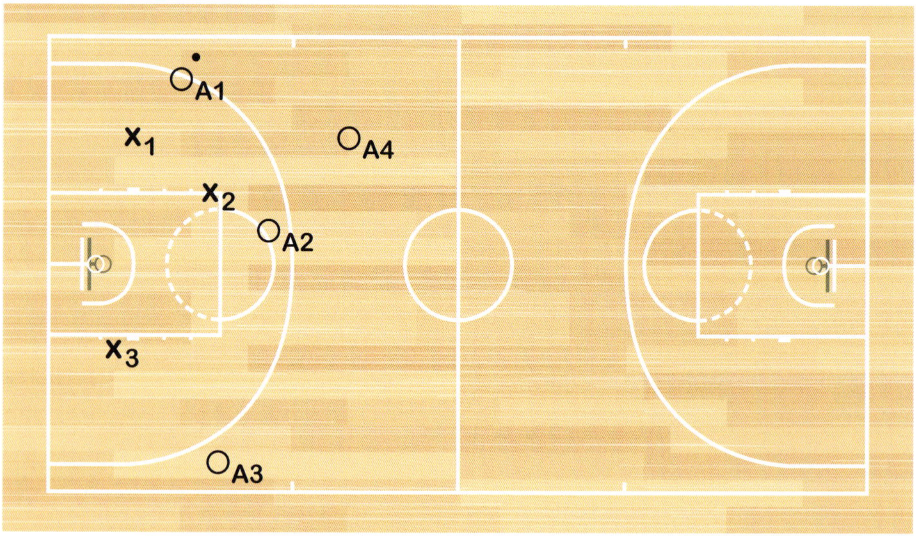

Organisation

Pro Korb agieren sieben Spieler, davon vier Angreifer (A_1, A_2, A_3, A_4) und drei Verteidiger (X_1, X_2, X_3). Einer der Angreifer (A4, farblich besonders markieren) ist ausschließlich Zuspieler (plus 1). Die drei anderen Angreifer werden von den Verteidigern in einer Man-to-Man-Defense bewacht.

Ablauf

Die Angreifer 1, 2 und 3 versuchen, durch Freilaufen (In and Out) und Passspiel immer wieder in gute 1-gegen-1-Situationen zu kommen und diese intelligent, das heißt, mit der besten Aktion, zu lösen. Pässe zum Angreifer A_4 ergeben hierfür immer wieder Zeit und Raum.

Intelligente Lösungen immer wieder reflektieren!

Variationen

- Variation der Spielsektoren und Angriffspositionen.
- Vorgabe der Anzahl der Angriffsaktionen, z. B. fünf, acht, ... und berechnen einer Spieleffektivität.
- Wechsel Angriff-Verteidigung nach Basketballregeln.

5.4.4 Basketball 3 gegen 3 auf einen Korb

Skizze

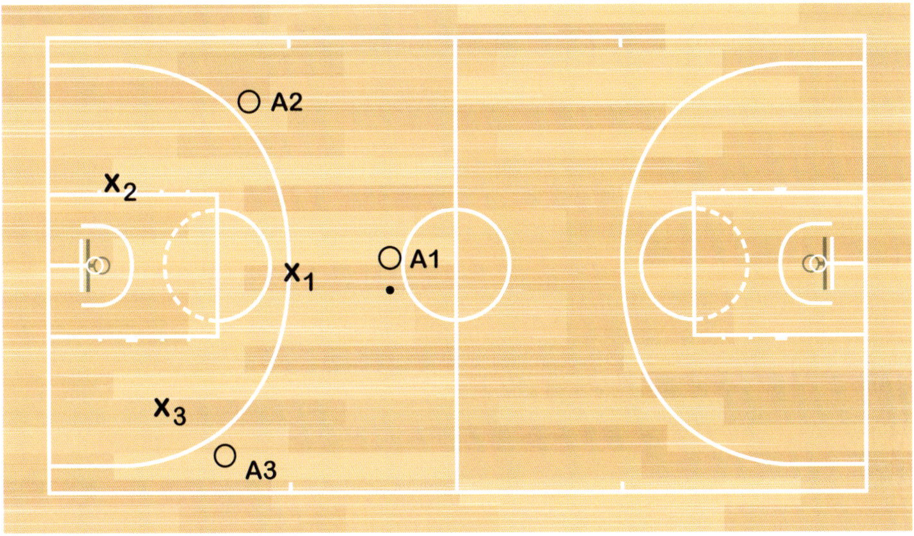

Organisation

Pro Korb agieren sechs Spieler, davon drei Angreifer (A_1, A_2, A_3) und drei Verteidiger (X_1, X_2, X_3). Die Verteidiger agieren in einer Mann-Mann-Verteidigung. Je nach Organisation kann eine zweite Angreifergruppe integriert werden.

Ablauf

Das Spiel wird mit Touch eröffnet. Die Angreifer 1, 2 und 3 versuchen, durch Freilaufen (In and Out, Cut Bewegungen), Passspiel und gruppentaktische Angriffsmittel immer wieder in gute 1-gegen-1-Situationen zu kommen und diese intelligent, das heißt, mit der besten Aktion, zu lösen.

Nach Abschluss startet die zweite Angreifergruppe mit demselben Ablauf.

Intelligente Lösungen immer wieder reflektieren!

Variationen

- Die Spielfeldzonen begrenzen und variieren.
- Die zur Verfügung stehende Zeit begrenzen (Erhöhung des Zeitdrucks!).
- Nach Abschluss werden die Verteidiger zu Angreifern und umgekehrt.

5.4.5 Basketball 4 gegen 4 auf einen Korb

Skizze

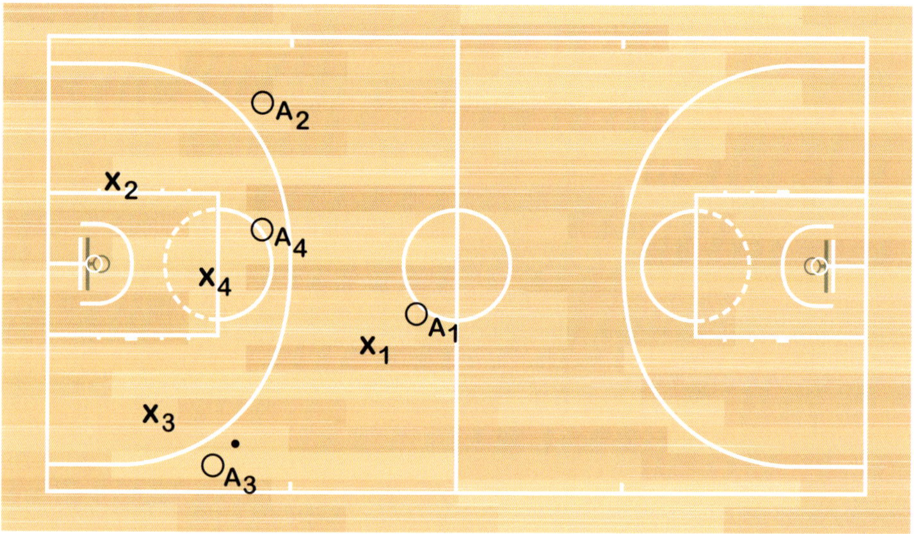

Organisation

Pro Korb agieren acht Spieler, davon vier Angreifer (A_1, A_2, A_3, A_4) und vier Verteidiger (X_1, X_2, X_3, X_4). Die Verteidiger agieren in einer Mann-Mann-Verteidigung. Je nach Organisationsform (siehe Varianten) kann eine zweite Angreifergruppe integriert werden.

Ablauf

Das Spiel wird mit Touch eröffnet. Die Angreifer 1, 2 und 3 versuchen, durch Freilaufen (In and Out), Passspiel und gruppentaktische Angriffsmittel immer wieder in gute 1-gegen-1-Situationen zu kommen und diese intelligent, das heißt, mit der besten Aktion, zu lösen.

Nach Abschluss startet die zweite Angreifergruppe mit demselben Ablauf.

Intelligente Lösungen immer wieder reflektieren.

Variationen

- Ein erfolgreicher Abschluss ergibt einen Bonusangriff.
- Die zur Verfügung stehende Zeit begrenzen (Erhöhung des Zeitdrucks!).
- Nach Abschluss werden die Verteidiger zu Angreifern und umgekehrt.

5.4.6 Transition Game 2 gegen 1

Skizze

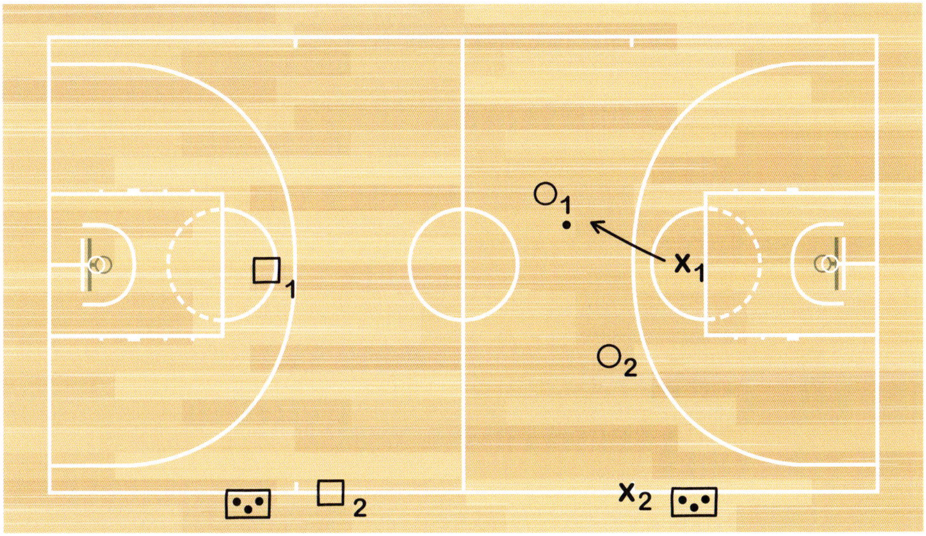

Organisation

Auf einer Spielfeldseite (längs) sind zwei Ballkästen etwa auf Höhe der Freiwurflinie deponiert. Für dieses Transition Game werden drei Teams à zwei Spieler benötigt.

Ablauf

Team A (in Rot) greift gegen einen Spieler der Mannschaft B (in Gelb) an, der zweite Spieler von B befindet sich außerhalb des Spielfeldes, und zwar neben dem ersten Ballkasten. Sofort nach Abschluss des Angriffs bringt B_2 einen Ball von außen ins Spiel, und Team B versucht, so schnell wie möglich gegen einen Spieler von C (in Blau) eine Überzahl herauszuspielen. Danach spielt C gegen A.

Variationen

- Ein erfolgreicher Abschluss gibt einen Bonusfreiwurf.
- Ein erfolgreicher Abschluss gibt einen zweiten Bonusangriff von der Mittellinie.
- Zeitvorgabe pro Angriff.
- Wettkampfform A gegen B gegen C.

5.4.7 Transition Game 3 gegen 2

Skizze

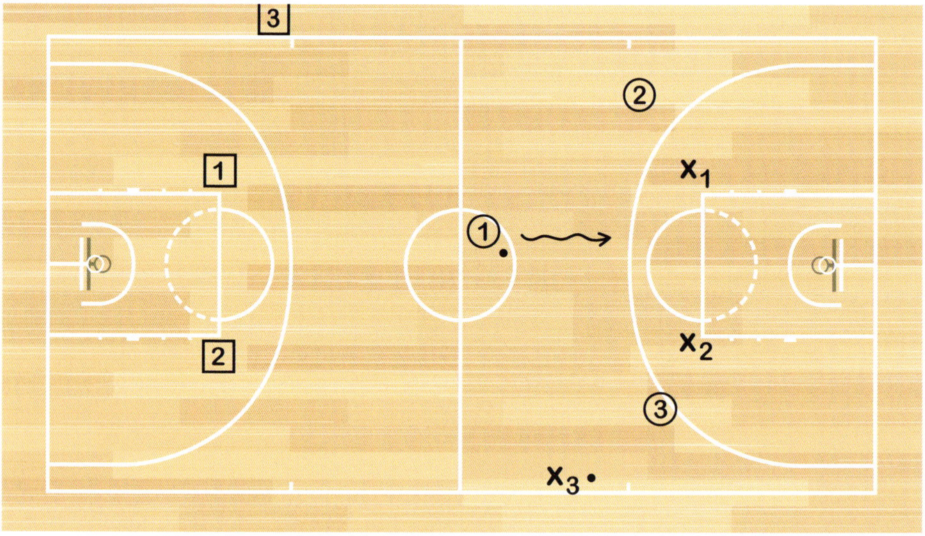

Organisation

In dieser Spielform agieren drei Teams (A, B, C) im Wechsel gegeneinander. Team A startet zu dritt an der Mittellinie, Team B hat zwei Verteidiger im Feld, der dritte Verteidiger wartet an der Seitenlinie mit einem weiteren Ball. Team C nimmt dieselbe Aufstellung wie B am gegenüberliegenden Korb ein.

Ablauf

Team A spielt zunächst 3 gegen 2 gegen B auf einen Korb. Anschließend greift B gegen C auf den anderen Korb an. In der dritten Phase spielt Team C gegen A.

Anschließend beginnt der Ablauf wieder von vorne.

Variationen

- Ein erfolgreicher Abschluss gibt einen Bonusfreiwurf.
- Ein erfolgreicher Abschluss gibt einen zweiten Bonusangriff von der Mittellinie.
- Zeitvorgabe pro Angriff.
- Wettkampfform A gegen B gegen C.

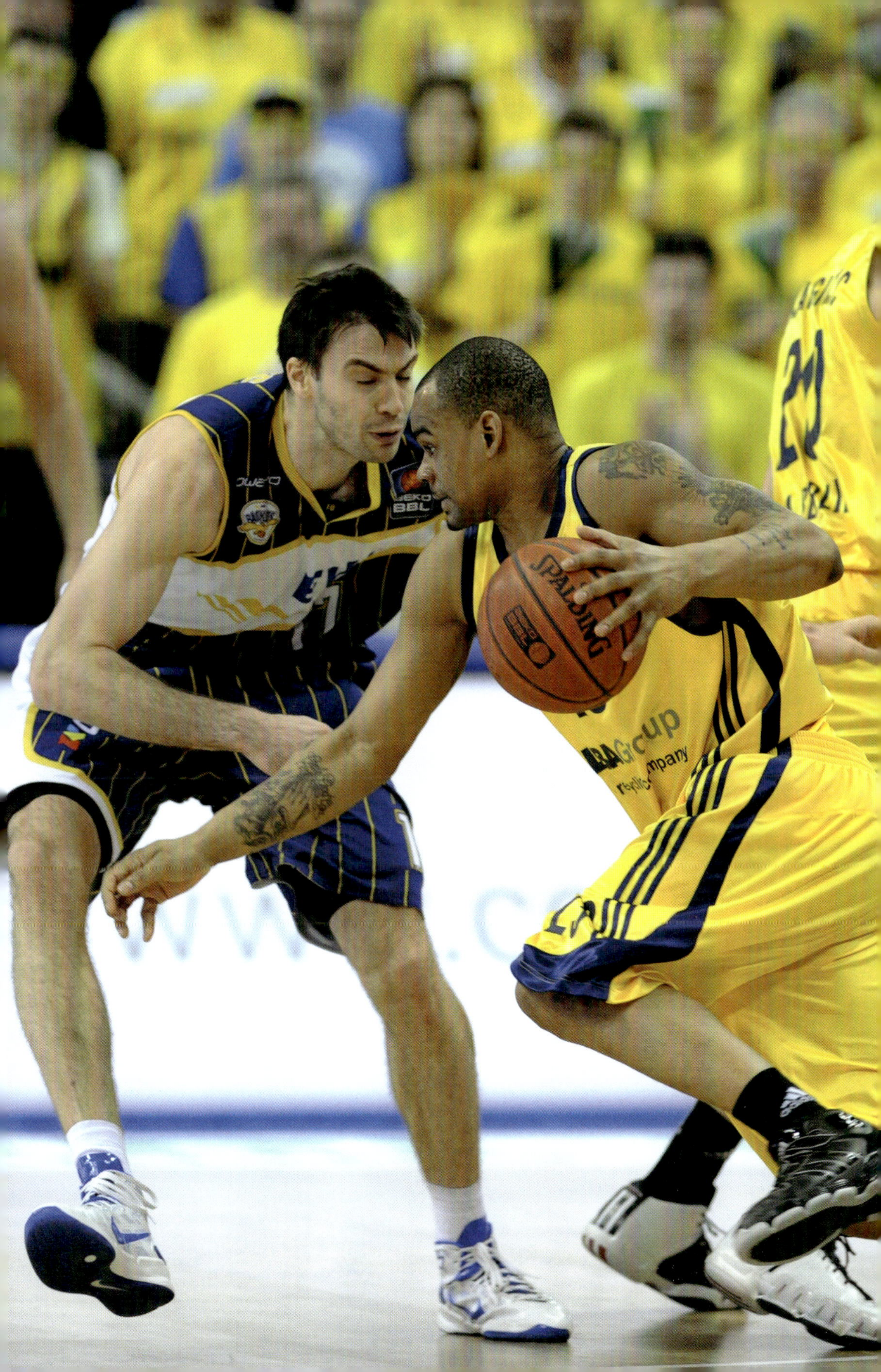

5.4.8 3 gegen 2 plus 1

Skizze

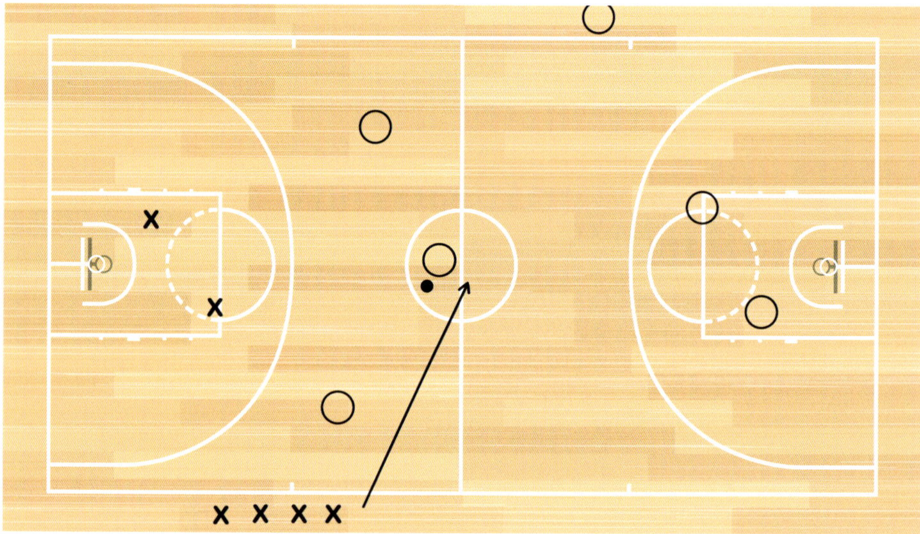

Organisation

Benötigt werden zwei Mannschaften mit jeweils (mindestens) sechs Spielern. Diese verteilen sich, wie in der Skizze dargestellt, wobei jedes Team zwei Spieler für die Verteidigung und drei für den bevorstehenden Angriff stellt.

Ablauf

Das Spiel startet hinter der Mittellinie. Auf Signal beginnt der 3-gegen-2-Angriff. Ist der Ball über der Mittellinie, darf ein zusätzlicher außenstehender Verteidiger als dritter Defender von außen ins Spielfeld laufen. Allerdings muss dieser zuerst den Mittelkreis berühren, bevor er zu Hilfe eilt.

Wenn der Angriff abgeschlossen ist, greifen die drei Verteidiger auf den gegenüberliegenden Korb an. Dieser wird erneut von zwei neuen Verteidigern beschützt. Die Angreifer, die einen Angriff abgeschlossen haben, stellen sich außen an. Gespielt wird so lange, bis eine Mannschaft zusammen sieben Punkte bzw. Körbe erzielt hat.

Bei Korberfolg muss hinter der Grundlinie eingeworfen werden. Bei einem Defensiv-Rebound kann direkt angegriffen werden. Holt ein Angreifer den Offensiv-Rebound, wird so lange gespielt, bis die Verteidiger an den Ball gelangen.

Variationen

- Die Dribblings begrenzen. Startend mit null Dribblings. Nach jedem abgeschlossenen Spiel kommt ein Dribbling hinzu.
- Das Spiel kann wahlweise auch mit 2 gegen 1 plus 1 oder 4 gegen 3 plus 1 gespielt werden.
- Die anfängliche Verteidigungsposition kann vorgegeben werden. Horizontale oder vertikale Aufstellung.

5.4.9 Transition Game 3 gegen 3 gegen 3

Skizze

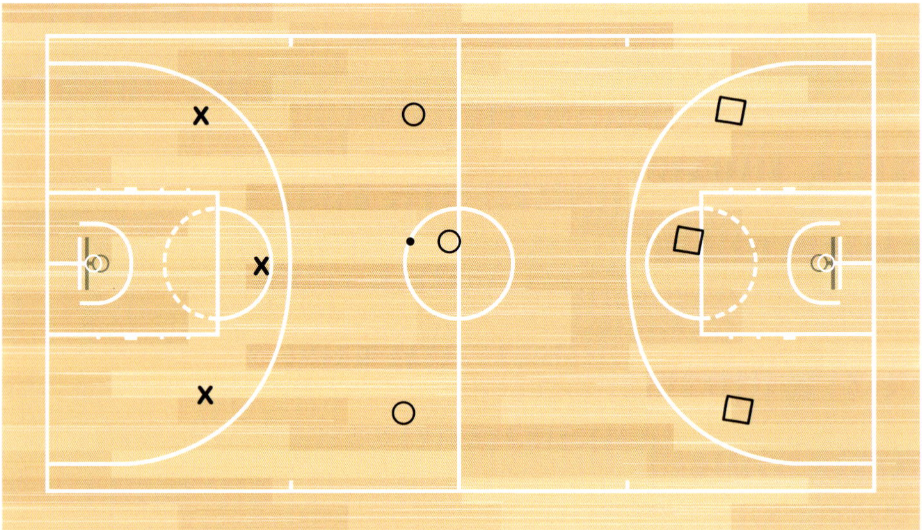

Organisation

Es werden drei Mannschaften zu jeweils drei Spielern gebildet. Gespielt wird 3 gegen 3 von Korb zu Korb. Zwei der drei Mannschaften verteilen sich auf beide Körbe eines Spielfeldes. Die dritte Mannschaft positioniert sich auf Höhe der Mittellinie.

Ablauf

Die dritte Mannschaft startet mit Ballbesitz und greift auf einen der beiden Körbe an. Der Angriff ist beendet, wenn ein Korb erzielt wurde oder die verteidigende Mannschaft in Ballbesitz kommt. Nach abgeschlossenem Angriff greift die verteidigende Mannschaft auf den gegenüberliegenden Korb an. Hier wartet die letzte Mannschaft, welche die Verteidigungsposition einnimmt. Es wird wieder 3 gegen 3 gespielt.

Gewonnen hat die Mannschaft, welche zuerst fünf Punkte erzielt (ein Dreierkorb zählt zwei Punkte, ein Zweierkorb zählt einen Punkt).

Variationen

- „Make it, take it"-Variante: Trifft das angreifende Team, bleibt dieses in Ballbesitz und greift auf den nächsten Korb an.
- Das Team, welches den Rebound holt, greift auf den nächsten Korb an.
- Spiel in Variante 4 gegen 4 gegen 4.

5.4.10 High-Speed-Angriff 3 gegen 2

Skizze

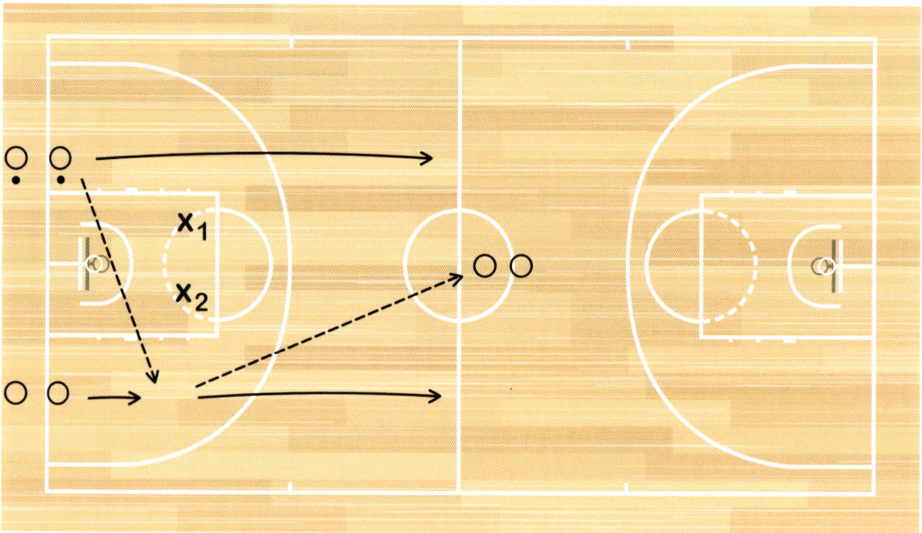

Organisation

Zwei Angreifer (Guards) stehen an der Mittellinie (in der Mitte, Blick zum Korb). Hinter der Baseline befinden sich mehrere Spieler auf der linken und auf der rechten Seite (siehe Skizze).

Alle Spieler auf der linken Seite haben einen Ball. Jeweils ein linker und ein rechter Spieler bilden ein Team. Zwei Verteidiger befinden sich an der Zonenlinie (der Aktionsraum wird durch Floormarker gekennzeichnet).

Ablauf

Spieler 1 links passt in den Lauf von 1 rechts und sprintet anschließend an die Mittellinie. Rechts 1 passt zum ersten Spieler an der Mittellinie und läuft ebenfalls bis zur Mittellinie durch.

Jetzt spielen die drei Angreifer (links 1, rechts 1, Guard) mit schnellen Pässen gegen die beiden Abwehrspieler, um eine Korbwurfgelegenheit herauszuspielen.

Nach Abschluss werden links 1 und rechts 1 Verteidiger, die bisherigen Verteidiger rücken nach außen, und der Guard geht auf seine Position zurück.

Variationen

- Die Verteidiger stehen hintereinander.
- Die Verteidiger agieren in Gleichzahl.
- Die Angreifer müssen aus einer gruppentaktischen Handlung heraus (z. B. Kreuzen) spielintelligent handeln.
- Bei erfolglosem Abschluss müssen die Angreifer einen zweiten Versuch ausführen; hierfür sprinten sie zur Mittellinie zurück und holen einen zweiten Ball.

5.5 Methodische Hinweise zur Spielkreativität

Methodische Hinweise zum taktischen Spielkreativitätstraining finden sich hier. Diese können in verschiedenen Spielformen oder auch Basistaktiken eingesetzt werden.

Deliberate Play: In den Spielformen kann unangeleitetes Agieren zum Ausprobieren unterschiedlichster Lösungsvariationen führen.

One-Dimension-Games: Spielformen können durch eine hohe Zahl von immer wiederkehrenden, ähnlichen Situationskonstellationen einzelne sportspielübergreifende Basistaktiken schulen.

Diversifikation: Der Einsatz von verschiedenen motorischen Fertigkeiten in Spielformen kann die Ausbildung von originellen Lösungsvariationen unterstützen.

Deliberate Coaching: In den Spielformen sind keine Instruktionen einzusetzen, die den Aufmerksamkeitsfokus der Agierenden verringern.

Deliberate Motivation: Für die Spielformen sind hoffnungsbasierte Instruktionen einzusetzen, die die Generierung von ungewöhnlichen Lösungen erhöhen.

Deliberate Practice: In späteren Phasen des Lernprozesses können die Spielformen basketballspezifisch ausgerichtet werden, sodass ein zielgerichtetes Überlernen von basketballspezifischen Lösungsvariationen erfolgen kann.

5.6 Spielformen zum Arbeitsgedächtnis

5.6.1 Rechen-Basketball

Skizze

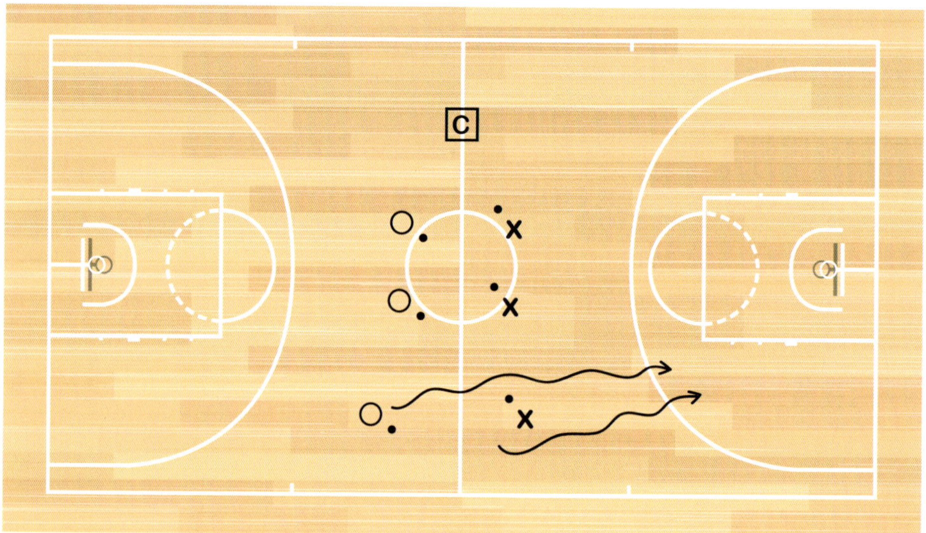

Organisation

Die Spieler stellen sich paarweise an der Mittellinie (Gesicht zueinander) mit jeweils zwei Schritten Abstand zur Mittellinie auf.

Ablauf

Der Coach gibt eine (einfache) mathematische Rechenaufgabe vor (z. B. (3+7)/2 oder schwieriger). Ist das Ergebnis eine gerade Zahl, so fängt Spieler A Spieler B. Ist die Zahl ungerade, fängt B A. Kann der Spieler, der gefangen wird, die Grundlinie erreichen, bevor der andere Spieler ihn berührt, bekommt er einen Punkt. Wird er allerdings gefangen, bekommt der Fänger einen Punkt.

Variationen

- Verschiedene mathematische Aufgaben, die immer wieder das Arbeitsgedächtnis vor neue Aufgaben stellen.
- Verschiedene Ausgangsstellungen an der Mittellinie: Die Spieler liegen auf dem Boden, haben jeweils einen Ball und müssen prellend über die Grundlinie laufen (auch mit der schwachen Hand prellen); weitere Positionen: Liegestützstellung, Hocke, ...
- Alle Spieler prellen und die Fangaktion erfolgt mit Ball.

5.6.2 Wandball, komplex

Skizze

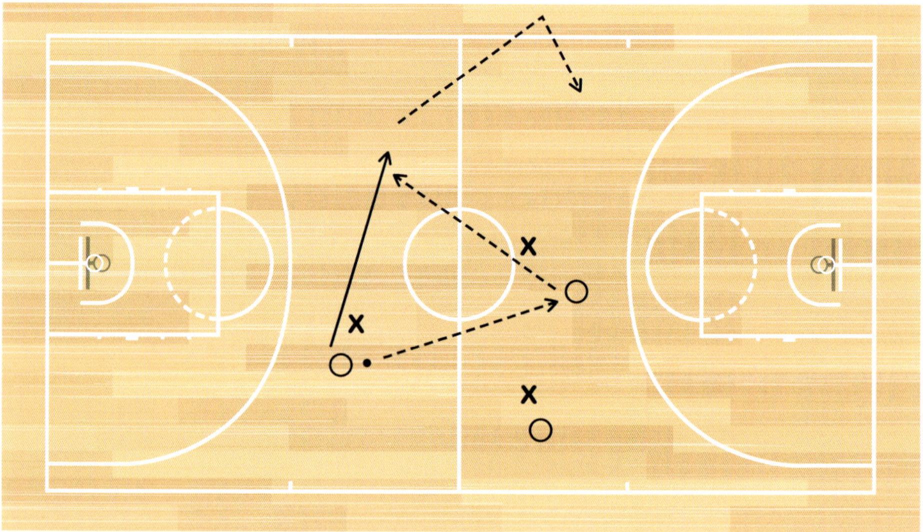

Organisation

Zwei Teams spielen in kleinen Feldern gegeneinander. Die Spielfeldgröße orientiert sich an der Spielerzahl. Die beiden Querseiten des Spielfeldes (Hallenwände) sind die Tore. Zur Aktivierung des Arbeitsgedächtnisses werden stets Zusatzaufgaben gestellt.

Ablauf

Ein Punkt (Korb) kann erzielt werden, indem ein Spieler den Ball als Bodenpass an die Wand spielt und der zurückprallende Ball anschließend von einem Mitspieler gefangen wird. Fängt ein Verteidiger den zurückkommenden Ball, so ist es kein Punkt (Tor).

Weitere Regeln:

- Ein Bodenpass an die Wand darf erst gespielt werden, wenn vorher innerhalb des eigenen Teams sieben Pässe gespielt wurden.
- Es wird ohne Dribbling gespielt.

Variationen

- Ein Punkt kann erst erzielt werden, wenn jeder Spieler des eigenen Teams den Ball hatte.
- Ein Punkt kann erst erzielt werden, wenn innerhalb des Teams drei indirekte Pässe gespielt worden sind.
- Ein Punkt kann erst erzielt werden, wenn ein Team bei jedem Angriff von einer Zahl X in Dreierschritten laut rückwärts bis 0 gezählt hat (15 – 12 – 9 – ....).

5.6.3 Fast Break Game

Skizze

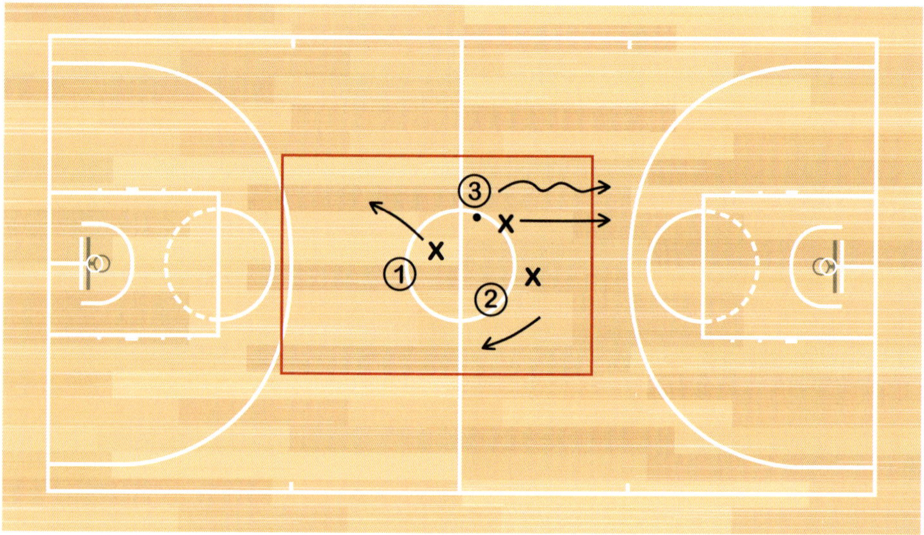

Organisation

In der Mitte des Basketballfeldes wird ein Rechteck von 6 x 10 Metern markiert (Hütchen oder Floormarker verwenden). In diesem Feld spielen zwei (kleinere) Teams (z. B. 3 gegen 3) Ablegeball gegeneinander. Sobald ein Team den Ball erfolgreich hinter der Grundlinie des anderen Teams abgelegt hat, startet dieses zum Fast Break.

Ablauf

Das Spiel wird durch Jump oder Schiedsrichterball eröffnet. Das ballbesitzende Team versucht, nach einer vorgegebenen Anzahl an Pässen im roten Feld, den Ball hinter der gegnerischen Baseline abzulegen. Gelingt dies, erhalten sie einen Punkt. B startet aber sofort zum Fast Break zum anderen Korb.

Hierbei gilt folgende taktische Regel: Wird der Ball in der rechten Hälfte abgelegt, muss der Schnellangriff über die linke Seite gelaufen werden und umgekehrt. Die Übung erfolgt zunächst ohne Verteidigung.

Variationen

- Der Fast Break wird über die gleiche Seite gelaufen, also Ballablage links, Gegenstoß links.
- Der Fast Break wird auf beiden Seiten gelaufen, und ein Spieler der ballablegenden Mannschaft verteidigt.

5.6.4 Zehnerpass

Skizze

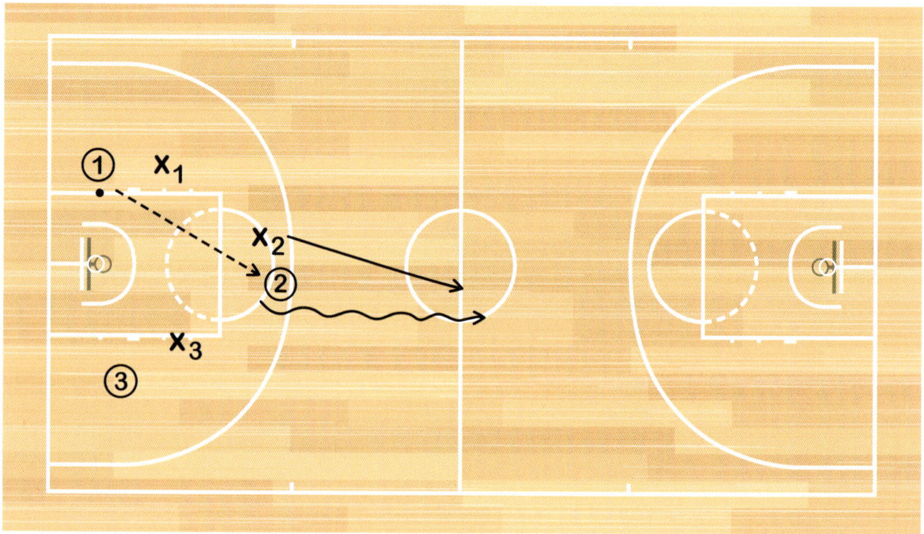

Organisation

Zwei Teams spielen innerhalb der Drei-Punkte-Linie gegeneinander Parteiball. Ziel ist, dass das ballbesitzende Team 10 Pässe spielt und anschließend spieltaktische Aufgaben löst.

Ablauf

Anspiel durch Auslosung. Team A versucht, 10 Pässe zu spielen (eventuell laut mitzählen). Nach dem zehnten Pass läuft der Ballbesitzer sofort einen Prellgegenstoß bis zur Mittellinie, der nächste Verteidiger folgt ihm und versucht, ihn abzudrängen.

Variationen

- **Fast Break in Überzahl:** Ballbesitzer nach dem zehnten Pass und Passgeber (Nummer. 9) laufen einen Gegenstoß, ein Verteidiger bekämpft.
- **Die Fast-Break-Gruppe erweitern:** Zunächst kommt der Passgeber, anschließend der Passgeber vor dem Passgeber dazu.
- Gleichzahlsituationen schaffen.

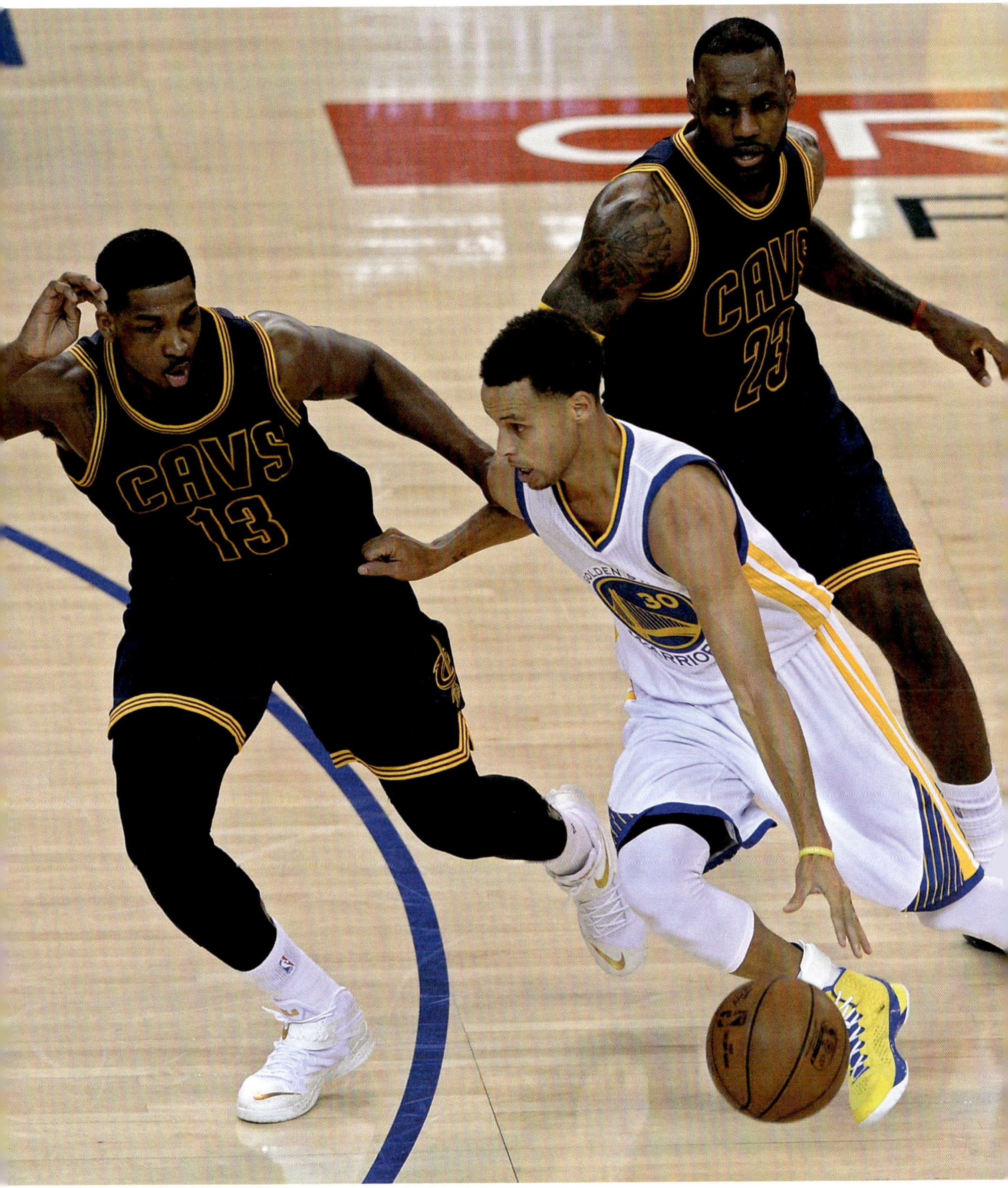
CAVS
13
CAVS
23
30

5.6.5 1 gegen 1 plus Linienspieler

Skizze

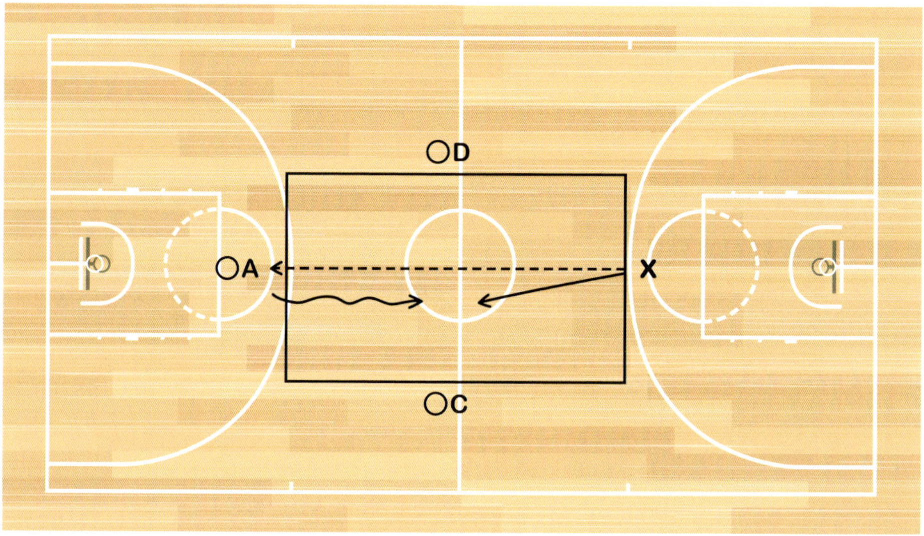

Organisation

Es wird ein 10 x 10 Meter großes Spielfeld markiert. An jeder Seite steht ein Spieler, zwei der sich gegenüberstehenden Spieler sind die „Linienspieler" (C und D), die anderen beiden ein Angreifer (A) und ein Verteidiger (X). Ziel des Angreifers ist, den Ball über die Linie des Verteidigers zu dribbeln, während dieser versucht, dies zu verhindern.

Ablauf

Spieler A spielt den Ball zu Spieler B und wird sofort zum Verteidiger. Spieler B fängt den Ball und versucht, über die Grundlinie von A zu gelangen. B hat zum Erreichen des Ziels zwei Optionen: entweder im 1 gegen 1 gegen den Verteidiger die Strecke zu absolvieren oder die Linienspieler (C, D) an den beiden Seiten miteinzubeziehen. Diese dürfen sich allerdings nur auf ihrer jeweiligen Linie bewegen.

Hinweise

- Kontraproduktive Instruktion: „Du darfst den Ball nicht verlieren!"
- Gute Instruktion: „Dein Ziel ist es, deinen Gegenspieler alleine oder mithilfe der Wandspieler auszuspielen, um Punkte zu erzielen!"
- Dribbelfehler müssen verhindert werden, dementsprechend ist es sinnvoll, die Linienspieler, so oft es geht, in das Spiel miteinzubeziehen.

Variationen

- Die Pässe zu den Linienspielern werden limitiert.
- Die Ballkontakte der Linienspieler werden limitiert (zwei Kontakte oder direkter Pass).
- Es gibt nur einen Linienspieler.
- Es muss mindestens ein Linienspieler angespielt werden.

5.6.6 Fangspiel „Zwei gegen den Rest"

Skizze

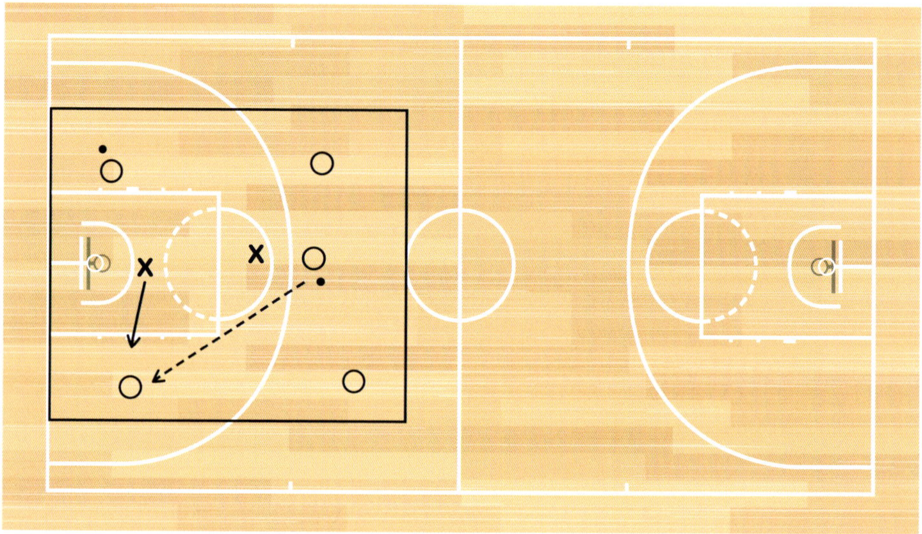

Organisation

Es wird ein 10 x 10 Meter großes Spielfeld markiert. Es werden zwei Fänger bestimmt. Alle anderen Spieler verteilen sich frei im Feld und erhalten vom Coach als Gruppe zwei Bälle.

Ablauf

Die beiden Fänger versuchen, innerhalb einer Minute so viele Spieler wie möglich zu fangen. Die Gejagten können sich den Fängern entziehen, wenn sie im Besitz eines der beiden Bälle sind. Spieler, die gefangen wurden, stellen sich mit gegrätschten Beinen auf. Sie können befreit werden, indem ein Mitspieler durch ihre Beine dribbelt oder krabbelt. Dadurch, dass die Gejagten sowohl auf die Fänger als auch auf die Spieler achten müssen, die ihnen gegebenenfalls einen Ball zuwerfen können, wird eine große Aufmerksamkeitsspanne erreicht.

Variationen

- Das Spiel endet erst, wenn alle Spieler gefangen wurden.
- Mehrere Fänger bestimmen.
- Die Spielfeldgröße variieren.
- Befreit werden kann man nur, indem ein Ball durch die gegrätschten Beine gerollt wird.

5.6.7 Passen mit mehreren Bällen

Skizze

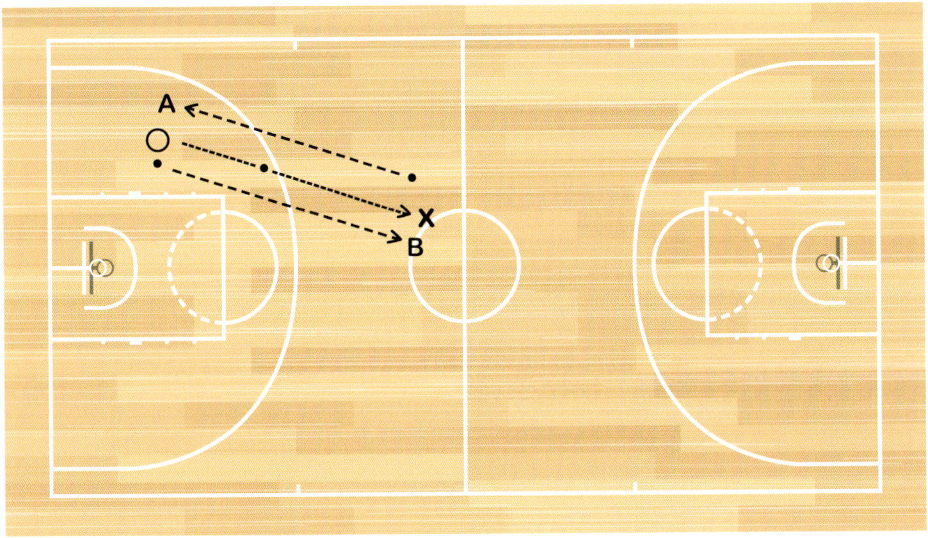

Organisation

Eine beliebig große Gruppe verteilt sich auf einem beliebigen Spielfeld. Es stehen sich jeweils zwei Spieler (A und B) gegenüber. Der Spielraum von A und B wird durch Linien oder Floormarker eingegrenzt. Jeder Spieler hat einen Ball zu Verfügung.

Ablauf

Die beiden Spieler passen sich die Bälle je nach Aufgabenstellung (direkt, indirekt, Über-Kopf etc.) zu. Währenddessen wird zusätzlich ein dritter Ball mit den Füßen hin- und hergepasst. Zur Erleichterung kann ein Signalwort für das Zuspiel mit dem Fuß verabredet und das Tempo für Passen und Fangen reduziert werden.

Variationen

- **Wurfvariationen:** einhändig, beidhändig, direkt, indirekt, Brusthöhe, Über-Kopf usw. ...
- Fangvariationen mit der Hand einbauen.
- Stoppvariationen mit dem Fuß berücksichtigen.
- Bilaterale Ausführung, das heißt, gezielter Wechsel von dominanter und nicht dominanter Körperseite.

5.6.8 Farbenkarate

Skizze

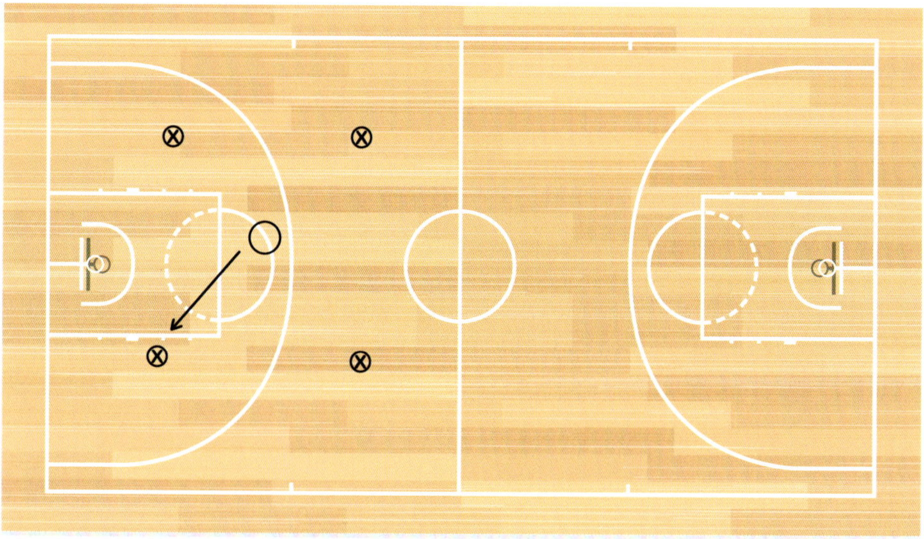

Organisation

Es werden vier Fitlights (eingestellte Farben: vier unterschiedliche Farben) benötigt. Die Fitlights liegen auf dem Boden oder auch erhöht, der Größe und dem Level des Spielers angemessen weit entfernt voneinander. Der Spieler befindet sich zwischen den Fitlights.

Ablauf

Alle Fitlights leuchten zu Beginn, der Spieler wischt die Fitlights in einer vorgegebenen Farbreihenfolge nacheinander und möglichst schnell aus.

Variationen

- Den unterschiedlichen Farben werden bestimmte Körperteile zugewiesen, mit denen das Fitlight ausgewischt wird. Rot = rechte Hand. Gelb = linke Hand. Blau = rechter Fuß. Grün = linker Fuß.

5.6.9 Nimm zwei Seiten

Skizze

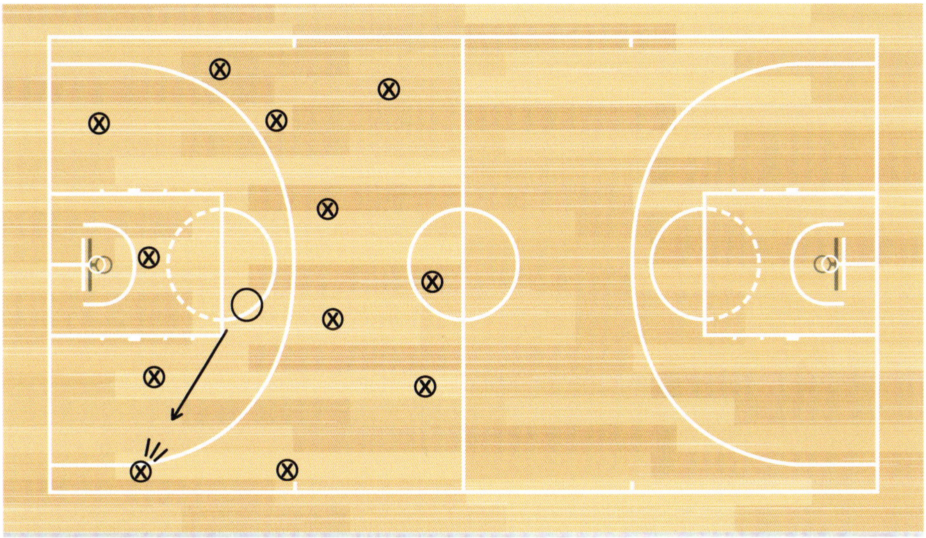

Organisation

12 Fitlights (eingestellte Farben: je zwei Fitlights pro Farbe) liegen auf dem Boden oder auch erhöht, der Größe und dem Level des Spielers angemessen weit entfernt voneinander. Der Spieler befindet sich zwischen den Fitlights.

Ablauf

Alle 12 Lichter gehen zusammen an. Der Spieler soll mit dem Fuß oder mit der Hand immer die gleichen Farben nacheinander auswischen. Dabei darf die „Einstiegsfarbe" selbst gewählt werden.

Variationen

- Ein Fitlight soll mit dem linken, das gleichfarbige Fitlight mit dem rechten Körperteil ausgewischt werden.
- Die gleichfarbigen Fitlights sollen gleichzeitig ausgewischt werden. Fitlights müssen dann eng im Kreis um den Spieler liegen.

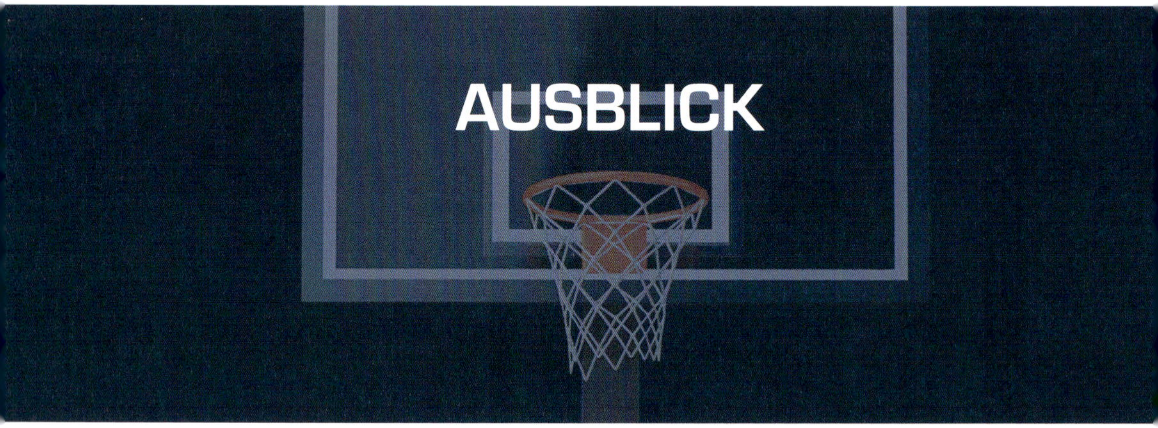

AUSBLICK

Zurzeit gilt das Prädikat *Kreativspieler* für Basketballer als hohe Auszeichnung und steigert ihren Marktwert enorm, da diese Spezies nach wie vor selten vorzukommen scheint. Beispielsweise haben die Spieler auf Rückraum links und rechts im Basketball die Aufgabe, durch kluges und vor allem spielintelligentes, aber auch überraschend kreatives Entscheidungsverhalten, das Angriffsspiel einer Mannschaft variabel zu gestalten, während die Spieler auf Rückraum Mitte mit kreativen Lösungen Abschlussmöglichkeiten ihrer Mitspieler vorbereiten sollen.

In der deutschen Basketball-Bundesliga werden immer wieder Ranglisten mit dem Ziel erstellt, die besten deutschen Nachwuchsspieler auszuwählen und auszuzeichnen. Dennoch überrascht, dass nur ungefähr 35 Prozent dieser „früheren" Toptalente es schaffen, einen Stammplatz in einem der 18 Bundesligavereine zu bekommen und somit den Durchbruch in den Profibereich schaffen.

Ein Grund könnte sein, dass die Auswahl mehr nach körperlichen und technischen Faktoren geschieht und weniger nach kognitiven Faktoren wie Aufmerksamkeit, Spielintelligenz und Kreativität.

Strukturiert nach dem integrativen Rahmenmodell zum Entscheidungshandeln (vgl. Abb. 1), wurden nach den einführenden theoretischen Ausführungen zu den einzelnen Kognitionen (Antizipation, Wahrnehmung, Aufmerksamkeit, Spielintelligenz, Spielkreativität, Arbeitsgedächtnis) Diagnostiktools und zahleiche Spiel-, Wettkampf- und Übungsformen präsentiert, die sich in der Praxis bewährt haben.

Das beschriebene Rahmenmodell kann Trainern und Übungsleitern helfen, systematisch und fokussiert, Training zu planen und durchzuführen, Schwerpunkte zu setzen oder erkannte Defizite zu bearbeiten.

Dabei können die beschriebenen Kognitionen in jedem Altersbereich, also im Kinder-, Jugend- oder Erwachsenentraining, sowie auf allen Leistungsstufen (vom Einsteiger bis zum Profi) berücksichtigt und gezielt gefördert werden. Dies ist als fortlaufender Prozess zu verstehen, der auch in Trainingsblöcke von Vereinen und Verbänden integrierbar ist.

Auf der Basis konkreter Trainingsmaßnahmen und praxisnaher Übungsformen können alle Facetten der Kognitionen gewinnbringend im Training geschult werden. Eine stärkere Beachtung von Kognitionen im Trainings- und Schulungsprozess ist nicht nur im Leistungssport, sondern auch im Kinder- und Jugendsport ist dringend geboten.

Die Praxis hat das Potenzial des Trainings basketballspezifischer Kognitionen unserer Meinung nach noch nicht erkannt und setzt bereits gewonnene Erkenntnisse zu wenig ein. Wir haben hier noch ein gewisses Wissensdefizit. Dabei kann heute prophezeit werden, dass Kognitionen in 5-10 Jahren zentraler Bestandteil der Talentdiagnostik, von Auswahlverfahren, bei Trainingssteuerung und Trainingsinhalten vom Nachwuchs- bis in den Profibereich sind.

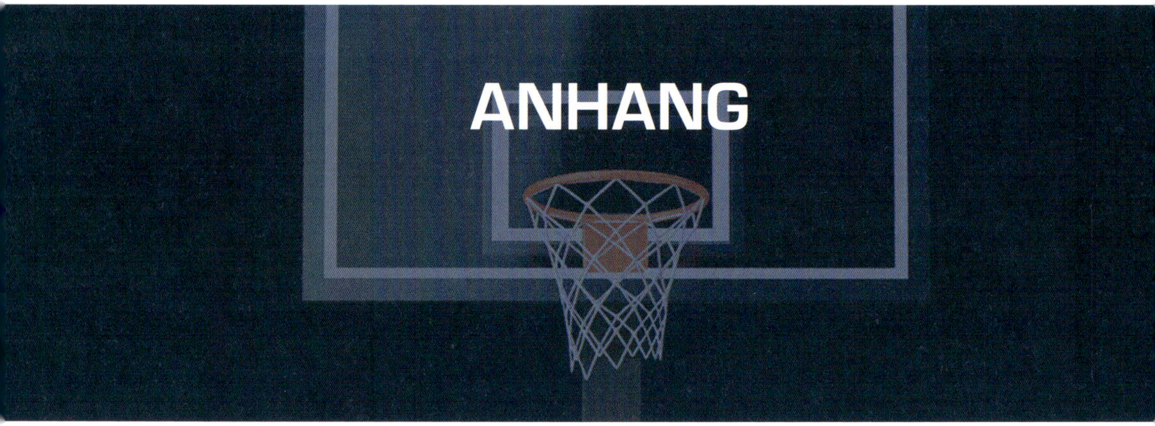

ANHANG

Literatur

Abernethy, B., Maxwell, J. P., Masters, R. S. W., van der Kamp, J., & Jackson, R. C. (2007). Attentional processes in skill learning and expert performance. In G. Tenenbaum & R. C. Eklund (Eds.), *Handbook of sport psychology* (3rd ed.) (pp. 245-263). New Jersey: Wiley & Sons.

Abernethy, B., & Russell, D. G. (1987). Expert-novice differences in an applied selective attention task. *Journal of Sport Psychology, 9*(4), 326-345.

Afrouzeh, M., Musa, R. M., Suppiah, P. K., & Abdullah, M. R. (2020). Effect of modified equipment on the acquisition of motor task performance among children of low and high working memory capacity: A basketball-based experimental study. *Journal of Physical Education and Sport, 20*(5), 2519-2525.

Aglioti, S. M., Cesari, P., Romani, M., & Urgesi, C. (2008). Action anticipation and motor resonance in elite basketball players. *Nature Neuroscience, 11*(9), 1109.

Allard, F., Graham, S., & Paarsalu, M. E. (1980). Perception in sport: Basketball. *Journal of Sport and Exercise Psychology, 2*(1), 14-21.

Alvarez, G. A., & Franconeri, S. L. (2005). How many objects can you track? Evidence for a flexible tracking resource. *Journal of Vision, 5*(8), 641.

Alvarez, J. A., & Emory, E. (2006). Executive function and the frontal lobes: A meta-analytic review. *Neuropsychology Review, 16*(1), 17-42.

Al-Yaaribi, A., Kavussanu, M., & Ring, C. (2018). The effects of prosocial and antisocial behaviors on emotion, attention, and performance during a competitive basketball task. *Journal of Sport and Exercise Psychology, 40*(6), 303-311.

Amelang, M., & Bartussek, D. (Hrsg.). (2001). *Differenzielle Psychologie und Persönlichkeitsforschung.* Stuttgart: Kohlhammer.

Augste, C. (2006). *Techniktraining und konditionelle Belastungen. Eine Untersuchung zum Wurftraining mit Jugendlichen im Basketball.* Köln: Sportverlag Strauß.

Baddeley, A. D. (2007). *Working memory, thought, and action.* Oxford: Oxford. University Press.

Basevitch, I., Boiangin, N., Sáenz-Moncaleano, C., & Tenenbaum, G. (2020). Perceptual-cognitive processes in basketball – individual and team aspects. In *Basketball Sports Medicine and Science* (pp. 995-1004). Heidelberg: Springer, Berlin.

Beck, D. M., & Lavie, N. (2005). Look here but ignore what you see: Effects of distractors at fixation. *Journal of Experimental Psychology: Human Perception and Performance, 31*(3), 592-607.

Beilock, S. L., Bertenthal, B. I., McCoy, A. M., & Carr, T. H. (2004). Haste does not always make waste: Expertise, direction of attention, and speed versus accuracy in performing sensormotor skills. *Psychonomic Bulletin & Review, 11*(2), 373-379.

Beilock, S. L., Carr, T. H., MacMahon, C., & Starkes, J. L. (2002). When paying attention becomes counterproductive: Impact of divided versus skill-focused attention of novice and experienced performance of sensorimotor skills. *Journal of Experimental Psychology: Applied, 8*(1), 6-16.

Benedek, M., Jauk, E., Sommer, M., Arendasy, M., & Neubauer, A. C. (2014). Intelligence, creativity and cognitive control: The common and differential involvement of executive functions in intelligence and creativity. *Intelligence, 46*, 73-83.

Bishop, D. T., Wright, M. J., Jackson, R. C., & Abernethy, B. (2013). Neural bases for anticipation skill in soccer: An fMRI study. *Journal of Sport & Exercise Psychology, 35*(1), 98-109.

Bourbousson, J., Poizat, G., Saury, J., & Sève, C. (2010). Team coordination in basketball: Description of the cognitive connections among teammates. *Journal of Applied Sport Psychology, 22*(2), 150-166.

Bourbousson, J., Poizat, G., Saury, J., & Sève, C. (2012). Temporal aspects of team cognition: A case study on concerns sharing within basketball. *Journal of Applied Sport Psychology, 24*(2), 224-241.

Braun, R. (1992). *Koordinative Fähigkeiten im Sportspiel. Rebound, 2,* 26-30.

Brenton, J., & Müller, S. (2018). Is visual-perceptual or motor expertise critical for expert anticipation in sport? *Applied Cognitive Psychology, 32*(6), 739-746.

Broadbent, D. E. (1958). *Perception and communication*. London: Pergamon Press.

Bruce, V., Green, P., & Georgeson, M. (1996). *Visual perception. Physiology, psychology and ecology* (3rd ed.). Hove: Psychology Press.

Canli, U., & Koçak, Ç. V. (2018). The relationship of shooting skill with functional movement performance and attention level of basketball players. *Journal of Education and Training Studies, 6*(n12a), 49-54.

Cauraugh, J. H., & Janelle, C. M. (2002). Visual search and cue utilisation in racket sports. In K. Davids, G. J. P. Savelsbergh, S. J. Bennett & J. van der Kamp (Eds.), *Interceptive actions in sport* (pp. 64-89). London: Routledge.

Cavanagh, P., & Alvarez, G. A. (2005). Tracking multiple targets with multifocal attention. *Trends in Cognitive Sciences, 9*(7), 349-354.

Cohen, M. A., Nakayama, K., Konkle, T., Stantić, M., & Alvarez, G. A. (2015). Visual awareness is limited by the representational architecture of the visual system. *Journal of Cognitive Neuroscience, 27(11)*, 2240-2252.

Conti, C., Di Fronso, S., Pivetti, M., Robazza, C., Podlog, L., & Bertollo, M. (2019). Wellcome back! Professional basketball players perceptions of psychosocial and behavioral factors influencing a return to pre-injury levels. *Frontiers in Psychology, 10*, 222.

Conway, A. R. A., Jarrold, C., Kane, M. J., Miyake, A., & Towse, J. N. (2007). *Variation in working memory.* New York: Oxford University Press.

Conway, A. R., Kane, M. J., Bunting, M. F., Hambrick, D. Z., Wilhelm, O., & Engle, R. W. (2005). Working memory span tasks: A methodological review and user's guide. *Psychonomic Bulletin & Review, 12*(5), 769-786.

Côté, J., Baker, J., & Abernethy, B. (2007). Practice and play in the development of sport expertise. In G. Tenenbaum & R. C. Eklund (Eds.*), Handbook of sport psychology* (pp. 184-202). Hoboken, NJ.: Wiley.

Coull, J. T. (1998). Neural correlates of attention and arousal: Insights from electrophysiology, functional neuroimaging and psychopharmacology. *Progress in Neurobiology, 55(4)*, 343-361.

Cowan, N. (1995) *Attention and memory: An integrated framework.* New York: Oxford University Press.

Cowan, N. (2001). The magical number 4 in short-term memory: A reconsideration of mental storage capacity. *Behavioral and Brain Sciences 24*, 87-185. https://doi.org/10.1017/S0140525X01003922

Cowan, N. (2005). *Working memory capacity.* Hove, East Sussex, UK: Psychology Press.

Crone, E. A., Wendelken, C., Donohue, S., van Leijenhorst, L., & Bunge, S. A. (2006). Neurocognitive development of the ability to manipulate information in working memory. *Proceedings of the National Academy of Sciences, 103*(24), 9315-9320.

Debanne, T., & Laffaye, G. (2015). Motivational cues predict the defensive system in team Basketball: A model based on regulatory focus theory. *Scandinavian Journal of Medicine & Science in Sports, 25*(4), 558-567.

De Sa Fardilha, F., & Allen, J. (2019). Defining, assessing, and developing creativity in sport: A systematic narrative review (forthcoming/available online). *International Review of Sport and Exercise Psychology, 13*(1), 104-127.

Diamond, A. (2013). Executive functions. *Annual Review of Psychology, 64*, 135-168.

Dietrich, K. (1984). Vermitteln Spielreihen die Spielfähigkeit? *sportpädagogik, 8*(1), 19-21.

Döbler, H. (1964). Die Systematik der Spiele als Grundlage einer vergleichenden sportpädaqoqischen Betrachtunq. *Theorie und Praxis der Körperkultur, 13*, 217-231.

Ekblom, B. (1986). Applied physiology of soccer. *Sports Medicine, 3*(1), 50-60.

Engle, R. W. (2002). Working memory capacity as executive attention. Current directions. *Psychological Science, 11*(1), 19-23.

Ericsson, K. A., Krampe, R. T., & Tesch-Römer, C. (1993). The role of deliberative practice in the acquisition of expert performance. *Psychological Review, 100*(3), 363-406.

Eriksen, C. W., & St. James, J. D. (1986). Visual attention within and around the field of focal attention: A zoom lens model. *Perception & Psychophysics, 40*(4), 225-240. https://doi.org/10.3758/BF03211502

Farrow, D., & Abernethy, B. (2002). Can anticipatory skills be learned through implicit video-based perceptual training? *Journal of Sports Science, 20*(6), 471-485.

Farrow, D., & Abernethy, B. (2007). Wahrnehmung von Expertinnen und Experten im Sport: Einige Kernfragen und -probleme. In N. Hagemann, M. Tietjens, & B. Strauß (Hrsg.), *Psychologie der sportlichen Höchstleistung* (S. 71-92). Göttingen: Hogrefe.

Fink, A., Bay, J. U., Koschutnig, K., Prettenthaler, K., Rominger, C., Benedek, M., ... & Memmert, D. (2019). Brain and soccer: Functional patterns of brain activity during the generation of creative moves in real soccer decision making situations. *Human Brain Mapping, 40*(3), 755-764. [3.14]

Fink, A., Rominger, C., Benedek, M., Perchtold, C. M., Papousek, I., Weiss, E. M., ... & Memmert, D. (2018). EEG alpha activity during imagining creative moves in soccer decision-making situations. *Neuropsychologia, 114*, 118-124.

Friedman, N. P., Miyake, A., Corley, R. P., Young, S. E., DeFries, J. C., & Hewitt, J. K. (2006). Not all executive functions are related to intelligence. *Psychological Science, 17*(2), 172-179.

Friedrich, W. (2005). *Optimales Sportwissen.* Balingen, Spitta Verlag GmbH & Co. KG.

Friehs, M. A., Güldenpenning, I., Frings, C., & Weigelt, M. (2020). Electrify your game! Anodal tDCS increases the resistance to head fakes in basketball. *Journal of Cognitive Enhancement, 4*(1), 62-70.

Fujii, K., Shinya, M., Yamashita, D., Kouzaki, M., & Oda, S. (2014). Anticipation by basketball defenders: An explanation based on the three-dimensional inverted pendulum model. *European Journal of Sport Science, 14*(6), 538-546. https://doi.org/10.1080/17461391.2013.876104

Furley, P., & Memmert, D. (2005). Provozieren vor instruieren! Zur Aufmerksamkeitsfokussierung im Sportspiel. *Sportpraxis, 46*(6), 22-24.

Furley, P., & Memmert, D. (2009). Aufmerksamkeitstraining im Sportspiel. *Leistungssport, 39*(3), 33-36.

Furley, P., & Memmert, D. (2010). The role of working memory in sports. *International Review of Sport and Exercise Psychology, 3*(2), 171-194.

Furley, P., & Memmert, D. (2012). Working memory capacity as controlled attention in tactical decision making. *Journal of Sport and Exercise Psychology, 34*(3), 322-344.

Furley, P., & Memmert, D. (2013). "Whom should I pass to?" The more options the more attentional guidance from working. *PLOS ONE 8*: e62278. https://doi.org/10.1371/journal.pone.0062278

Furley, P., & Memmert, D. (2015). Creativity and working memory capacity in sports: Working memory capacity is not a limiting factor in creative decision making amongst skilled performers. *Frontiers in Psychology.* https://doi.org/10.3389/fpsyg.2015.00115

Furley, P., Memmert, D., & Heller, C. (2010). The dark side of visual awareness in sport – inattentional blindness in a real-world basketball task. *Attention, Perception & Psychophysics, 72*(5), 1327-1337.

Furley, P., Memmert, D., & Schmid, S. (2013). Perceptual load in sport and the heuristic value of the perceptual load paradigm in examining expertise-related perceptual-cognitive adaptations. *Cognitive Processing, 14*(1), 31-42.

Furley, P., Schul, K., & Memmert, D. (2017). Das Experten-Novizen-Paradigma und die Vertrauenskrise in der Psychologie. *Zeitschrift für Sportpsychologie, 23(4)*, 131-140. https://doi.org/10.1026/1612-5010/a000174.

Furley, P., & Wood, G. (2016). Working memory, attentional control, and expertise in sports: A review of current literature and directions for future research. *Journal of Applied Research in Memory and Cognition, 5*(4), 415-425.

Getrost, V., & Wichmann, K. (1996). Überzahl-Spielreihe. In G. Hagedorn, D. Niedlich, & G. J. Schmict (Hrsg.), *Das Basketball- Handbuch* (S. 314–317). Berlin: Rowohlt.

Gratton, G., Coles, M. G. H., & Donchin, E. (1992). Optimizinq the use of information: Strategic control of activation of responses. *Journal of Experimental Psychology: General, 121*(4), 480-506.

Gray, R. (2004). Attending to the execution of a complex sensorimotor skill: Expertise differences, choking, and slumps. *Journal of Experimental Psychology: Applied, 10*(1), 42-54.

Gray, R. (2011). Links between attention, performance pressure, and movement in skilled motor action. *Current Directions in Psychological Science, 20*(5), 301-306

Greco, P., Memmert, D., & Morales, J. C. P. (2010). The effect of deliberate play on tactical performance in basketball. *Perceptual & Motor Skills, 110*(3), 849-856.

Guilford, J. P. (1967). *The nature of human intelligence.* New York: McGraw-Hill.

Güldenpenning, I., Alhaj Ahmad Alaboud, M., Kunde, W., & Weigelt, M. (2018). The impact of global and local context information on the processing of deceptive actions in game sports: Both higher head-fake frequencies and head-fake repetitions reduce the size of the head-fake effect in basketball. *German Journal of Exercise and Sport Research, 48*(3), 366-375.

Güldenpenning, I., Braun, J. F., Machlitt, D., & Schack, T. (2015). Masked priming of complex movements: Perceptual and motor processes in unconscious action perception. *Psychological Research, 79*(5), 801-812.

Güldenpenning, I., Kunde, W., & Weigelt, M. (2017). How to trick your opponent: A review article on deceptive actions in interactive sports. *Frontier in Psychology, 8*, 917.

Güldenpenning, I., Kunde, W., & Weigelt, M. (2020). Cognitive load reduces interference by head fakes in basketball. *Acta Psychologica, 203*, 103013.

Güldenpenning, I., Schütz, C., Weigelt, M., & Kunde, W. (2020). Is the head-fake effect in basketball robust against practice? Analyses of trial-by-trial adaptations, frequency distributions, and mixture effects to evaluate effects of practice. *Psychological Research, 84*(2), 823-833.

Güldenpenning, I., Steinke, A., Koester, D., & Schack, T. (2013). Athletes and novices are differently capable to recognize feint and non-feint actions. *Experimental Brain Research, 230*(3), 333-343.

Güldenpenning, I., Weigelt, M., & Kunde, W. (2019). Processing head fakes in basketball: Are there ironic effects of instructions on the head-fake effect in basketball? *Human Movement Science, 67*, 102499.

Güldenpenning, I., Weigelt, M., Memmert, D., & Klatt, S. (2020). Processing deceptive information in sports: Individual differences for responding to head fakes depends on the attentional capability of the observer. *Psychology of Sport and Exercise, 51*, 101764.

Hagemann, N., & Memmert, D. (2006). Coaching anticipatory skill in badminton: Laboratory- versus field-based perceptual training? *Journal of Human Movements Studies, 50*(6), 381-398.

Hambrick, D. Z., Burgoyne, A. P., & Oswald, F. L. (2019). Domain-general models of expertise: The role of cognitive ability. In P. Ward, J. M. Schraagen, J. Gore, & E. Roth (Eds.), Oxford handbook of expertise: Research and application. Oxford: Oxford UP.

Hambrick, D. Z., & Meinz, E. J. (2011). Limits on the predictive power of domain-specific experience and knowledge in skilled performance. *Current Directions in Psychological Science, 20*(5), 275-279.

Harle, S. K., & Vickers, J. N. (2001). Training quiet eye improves accuracy in the basketball free throw. *The Sport Psychologist, 15*(3), 289-305.

Harris, D., Wilson, M. R., & Vine, S. J. (2018). A systematic review of commercial cognitive training devices: Implications for use in sport. *Frontiers in Psychology, 9*, 709.

Heilmann, F., Memmert, D., Weinberg, H., & Lautenbach, F. (2022). The relationship between executive functions and sports experience, relative age effect, as well as physical maturity in youth soccer players of different ages. *International Journal of Sport and Exercise Psychology*, 1-19

Heckel, J. (2021). Anforderungs- und Belastungsprofile im Sportspiel. Eine Analyse positionsspezifischer Unterschiede im U18-Leistungsbasketball und deren Bedeutung für die Trainingsgestaltung. Logos Verlag.

Herzog, H. D. (1986). Zur Theoriearbeit im taktischen Training der Sportspiele. *Wissenschaftliche Zeitschrift der DHfK Leipzig, 27*, 73-84.

Hohmann, A., & Pietzonka, M. (2017). *Techniktraining zur Entwicklung der Spielfähigkeit im Fußball, Handball und Basketball. Schriftenreihe des Bundesinstituts für Sportwissenschaft.* Köln: Sportverlag Strauß.

Höner, O. (2005). *Entscheidungshandeln im Sportspiel Fußball: Eine Analyse im Lichte der Rubikon-Theorie.* Schorndorf: Hofmann.

Hüttermann, S., Helsen, W. F., Put, K., & Memmert, D. (2018). Does visual attention impact on decision making in complex dynamic events? *Journal of Sport and Exercise Psychology, 40*(3), 163-166.

Hüttermann, S., & Memmert, D. (2017). The attention window: A narrative review of limitations and opportunities influencing the focus of attention. *Research Quarterly for Exercise and Sport, 88*(2), 169-183.

Hüttermann, S., & Memmert, D. (2018). Effects of lab- and field-based attentional training on athletes' attention-window. *Psychology of Sport & Exercise, 38*, 17-27.

Hüttermann, S., Memmert, D., Simons, D. J., & Bock, O. (2013). Fixation strategy influences the ability to focus attention on two spatially separate objects. *PLOS ONE, 8*(6), e65673.

Hüttermann, S., Nerb, J., & Memmert, D. (2019). Individual differences in attentional capability are linked to creative decision making. *Journal of Applied Social Psychology, 49*(3), 159-167.

Hüttermann, S., Noël, B., & Memmert, D. (2018). Eye tracking in high-performance sports: Evaluation of its application in expert athletes. *International Journal of Computer Science in Sport, 17*(2), 182-203.

Hüttermann, S., Simons, D., & Memmert, D. (2014). The size and shape of the attentional "spotlight" varies with differences in sports expertise. *Journal of Experimental Psychology: Applied, 20*(2), 147-157.

Intriligator, J., & Cavanagh, P. (2001). The spatial resolution of visual attention. *Cognitive Psychology, 43*(3), 171-216.

Jackson, P., & Delehanty, H. (1995). *Sacred hoops. Spiritual lessons of a hardwood warrior.* New York: Hyperion.

Jackson, R. C. & Farrow, D. (2005). Implicit perceptual training: How, when and why? *Human Movement Science, 24*(3), 308-325.

Jackson, R. C., Warren, S., & Abernethy, B. (2006). Anticipation skill and susceptibility to deceptive movements. *Acta Psychology, 123*(3), 355-371.

Kane, M. J., Hambrick, D. Z., Tuholski, S. W., Wilhelm, O., Payne, T. W., & Engle, R. W. (2004). The generality of working memory capacity: A latent-variable approach to verbal and visuospatial memory span and reasoning. *Journal of Experimental Psychology: General, 133*(2), 189-217.

Kelly, M. E., Loughrey, D., Lawlor, B. A., Robertson, I. H., Walsh, C., & Brennan, S. (2014). The impact of cognitive training and mental stimulation on cognitive and everyday functioning of healthy older adults: A systematic review and meta-analysis. *Ageing Research Reviews, 15*, 28-43.

Kempe, M., & Memmert, D. (2018). "Good, better, creative": The influence of creativity on goal scoring in elite soccer. *Journal of Sports Sciences, 36*(3), 1-5.

Klingberg, T. (2010). Training and plasticity of working memory. *Trends in Cognitive Sciences, 14*(7), 317-324.

Knobloch, I., Pieper, M., & Uhrmeister, J. (2020). *Ballschule Basketball*. Schorndorf: Hofmann.

Knudsen, E. (2007). Fundamental components of attention. *Annual Review of Neuroscience,* 30, 57-78.

König, S. (1997). Zur Vermittlung von Spielfähigkeit in der Schule. *sportunterricht, 46*(11), 476-486.

König, S., & Memmert, D. (2012). Allgemeine und spezielle Spielfähigkeit – pädagogische und didaktische Überlegungen. In S. König, D. Memmert & K. Moosmann (Hrsg.), *Das große Limpert-Buch der Sportspiele* (S. 12-20). Wiebelsheim: Limpert.

König, S., & Memmert, D. (2019). Taktik und Taktiktraining im Sport – Anwendungsbereiche, Diagnostik, Trainingsformen, Organisation, Methoden, Anpassungen. In M. Fröhlich & A. Güllich (Hrsg.), *Sportmotorik, Bewegung und Training.* Berlin: Springer.

Konzag, I., & Konzag, G. (1980). Anforderungen an die kognitiven Funktionen in der psychischen Regulation sportlicher Spielhandlungen. *Theorie und Praxis der Körperkultur, 29*(1), 20-31.

Kredel, R., Vater, C., Klostermann, A., & Hossner, E. (2017). Eye-tracking technology and the dynamics of natural gaze behavior in sports: A systematic review of 40 years of research. *Frontiers in Psychology, 8*, 1-15.

Kröger, C., & Miethling, W. D. (2020). Biographische Entwicklungen von Sportspielern – eine explorative Interviewstudie mit aktuellen Spitzenspielern im Fußball und Basketball. *German Journal of Exercise and Sport Research, 50*(1), 534-543.

Kröger, Ch., & Roth, K. (1999). *Ballschule. Ein ABC für Spielanfänger.* Schorndorf: Hofmann.

Kuhlmann, D. (1998). Wie führt man Spiele ein? In Bielefelder Sportpädagogen (Hrsg.), *Methoden im Sportunterricht* (S. 135-148). Schorndorf: Hofmann.

LaBerge, D. (1983). Spatial extent of attention to letters and words. *Journal of Experimental Psychology: Human Perception and Performance, 9*(3), 371-379.

Lampit, A., Hallock, H., & Valenzuela, M. (2014). Computerized cognitive training in cognitively healthy older adults: A systematic review and meta-analysis of effect modifiers. *PLOS Medicine, 11*(11), e1001756.

Latinjak, A. T., Torregrossa, M., Comoutos, N., Hernando-Gimeno, C., & Ramis, Y. (2019). Goal-directed self-talk used to self-regulate in male basketball competitions. *Journal of Sports Sciences, 37*(12), 1429-1433.

Laurent, E., Ward, P., Williams, M. A., & Ripoll, H. (2006). Expertise in basketball modifies perceptual discrimination abilities, underlying cognitive processes, and visual behaviours. *Visual Cognition, 13*(2), 247-271.

Lavazza, A. (2019). Transcranial electrical stimulation for human enhancement and the risk of inequality: Prohibition or compensation? *Bioethics, 33*(1), 122-131.

Li, Y., & Feng, T. (2020). The effects of sport expertise and shot results on basketball players' action anticipation. *PlOS ONE, 15*(1), e0227521.

Loffing, F., Cañal-Bruland, R., & Hagemann, N. (2014). Antizipationstraining im Sport. In K. Zentgraf & J. Munzert (Hrsg.), *Kognitives Training im Sport* (S. 137-161). Göttingen: Hogrefe Verlag.

Loffing, F., Hagemann, N., & Farrow, D. (2017). Perceptual-cognitive training: The next piece of the puzzle. In J. Baker, S. Cobley, J. Schorer, & N. Wattie (Eds.), *Routledge handbook of talent identification and development in sport* (pp. 207-220). London: Routledge.

Lohmann, B. (2017). *Taktische Angriffsmaßnahmen zur Vertiefung der Spielfähigkeit im Basketball.* GRIN Verlag.

Luciana, M., Conklin, H. M., Hooper, C. J., & Yarger, R. S. (2005). The development of nonverbal working memory and executive control processes in adolescents. *Child Development, 76*(3), 697-712.

Luis del Campo, V., Hernández Escudero, S., Morenas Martín, J., & Esteves, P. T. (2021). Influence of augmented probabilistic information on defensive motor behaviors of 1 vs. 1 basketball play. *Perceptual and Motor Skills, 128*(5), 00315125211022915.

Mack, A., & Rock, I. (1998). *Inattentional blindness.* Cambridge: MIT Press.

Macnamara, B. N., Hambrick, D. Z., & Oswald, F. L. (2014). Deliberate practice and performance in music, games, sports, education, and professions: A meta-analysis. *Psychological Science, 25*(8), 1608-1618.

Magill, R. A. (1998). Knowledge is more than we can talk about: Implicit learning in motor skill acquisition. *Research Quarterly for Exercise and Sport, 69*(2), 104-110.

Mann, D. T., Williams, A. M., Ward, P., & Janelle, C. M. (2007). Perceptual-cognitive expertise in sport: A meta-analysis. *Journal of Sport & Exercise Psychology. 29*(4), 457-478.

Marr, D. (1982). *Vision: A computational investigation into the human representation and processing of visual information.* San Francisco: Freeman.

Masters, R. S. W., van der Kamp, J., & Jackson, R. C. (2007). Imperceptibly off-center goalkeepers influence penalty-kick direction in soccer. *Psychological Science, 18*(3), 222-223.

Maxwell, J. P., Masters, R. S., & Eves, F. F. (2003). The role of working memory in motor learning and performance. *Consciousness and Cognition, 12*(3), 376-402.

Memmert, D. (2004a). *Kognitionen im Sportspiel.* Köln: Sport & Buch Strauß.

Memmert, D. (2004b). Ein Forschungsprogramm zur Validierung sportspielübergreifender Basistaktiken. *Sportwissenschaft, 34*(3), 341-354.

Memmert, D. (2005). „Ich sehe was, was du nicht siehst!" – Das Phänomen Inattentional Blindness im Sport. *Leistungssport, 5*, 11-15.

Memmert, D. (2006a). The effects of eye movements, age, and expertise on inattentional blindness. *Consciousness and Cognition*, *15*(3), 620-627.

Memmert, D. (2006b). Wann soll man spezialisieren? – Kreativität als Indikator auf der 1. und 2. Stufe des MSIL. In K. Weber, D. Augustin, P. Maier & K. Roth (Hrsg.), *Wissenschaftlicher Transfer für die Praxis: Ausbildung – Training – Wettkampf* (S. 59-64). Köln: Sport & Buch Strauß.

Memmert, D. (2007). Can creativity be improved by an attention-broadening training program? An exploratory study focusing on team sports. *Creativity Research Journal, 19*(2), 281-292.

Memmert, D. (2009). Pay attention! A review of attentional expertise in sport. *International Review of Sport & Exercise Psychology, 2*(2), 119-138.

Memmert, D. (2010a). Creativity, expertise, and attention: Exploring their development and their relationships. *Journal of Sport Science, 29*(1), 93-104.

Memmert, D. (2010b). Testing of tactical performance in youth elite soccer. *Journal of Sports Science & Medicine, 9*(2), 199-205.

Memmert, D. (2012). Kreativität im Sportspiel. *Sportwissenschaft 42*(1), 38-49.

Memmert, D. (2013). Leistungsfaktoren im Sportspiel. In A. Güllich & M. Krüger (Hrsg.), *Sport – Das Lehrbuch für das Sportstudium* (S. 561-562). Berlin: Springer Verlag.

Memmert, D. (2015a). *Teaching tactical creativity in team and racket sports: Research and practice.* Abingdon: Routledge.

Memmert, D. (2015b). Visual attention in sports. In J. Fawcett, E. F. Risko, & A. Kingstone (Eds.), *The handbook of attention* (pp. 643-662). Cambridge: MIT Press.

Memmert, D. (2017a). Tactical creativity in sport. In J. Kaufman, V. P. Glăveanu, & J. Baer (Eds.), *The Cambridge handbook of creativity across domains* (pp. 479-491). Cambridge: Cambridge University Press. https://doi.org/10.1017/9781316274385.026

Memmert D. (2017b). Sports and creativity. In M. A. Runco & S. R. Pritzker (Eds.), *Encyclopedia of creativity*, (2nd ed.), (pp. 373-378). San Diego: Academic Press.

Memmert, D., & Breihofer, P. (2006). *Doppelstunde Basketball.* Schorndorf: Hofmann.

Memmert, D., & Furley, P. (2007). "I spy with my little eye!": Breadth of attention, inattentional blindness, and tactical decision making in team sports. *Journal of Sport & Exercise Psychology, 29*(3), 365-347.

Memmert, D., & Furley, P. (2012). Aufmerksamkeit. In M. Krüger & A. Güllich (Hrsg.), *Bachelor-Kurs Sport. Ein Lehrbuch für das Studium der Sportwissenschaft (S. 567-568).* Berlin: Springer-Verlag.

Memmert, D., & König, S. (2012). Zur Vermittlung einer allgemeinen Spielfähigkeit im Sportspiel. In S. König, D. Memmert & K. Moosmann (Hrsg.), *Das große Buch der Sportspiele* (S. 18-37). Wiebelsheim: Limpert Verlag.

Memmert, D., & König, S. (2022). Handballspiele werden im Kopf entschieden (Teil 1). *SportPraxis, 63*(1), 16-20.

Memmert, D., & Leitner, S. (2021). Tennisspiele werden im Kopf entschieden (Teil 1). *SportPraxis, 62*(5), 26-30.

Memmert, D., & Roth, K. (2003). Individualtaktische Leistungsdiagnostik im Sportspiel. *Spektrum der Sportwissenschaft, 15*(1), 44-70.

Memmert, D., & Roth, K. (2007). The effects of non-specific and specific concepts on tactical creativity in team ball sports. *Journal of Sports Sciences*, *25*(12), 1423-1432.

Memmert, D., Baker, J., & Bertsch, C. (2010). Play and practice in the development of sport-specific creativity in team ball sports. *High Ability Studies, 21*(1), 3-18.

Memmert, D., Hagemann, H., Althoetmar, R. Geppert, S., & Seiler, D. (2009). Conditions of practice in perceptual skill learning. *Research Quarterly for Exercise & Sport, 80*(1), 32-43.

Memmert, D., Hüttermann, S., & Kreitz, C. (2019). Wahrnehmung und Aufmerksamkeit. In J. Schüler, M. Wegner & H. Plessner (Hrsg.*), Lehrbuch Sportpsychologie – Theoretische Grundlagen und Anwendung (S. 13-41)*. Berlin: Springer.

Memmert, D., Hüttermann, S., & Orliczek, J. (2013). Decide like Lionel Messi! The impact of regulatory focus on divergent thinking in sports. *Journal of Applied Social Psychology, 43*(10), 2163-2167.

Memmert, D., Thumfart, M., & Uhing, M. (2014). *Optimales Taktiktraining im Kinder-, Jugend- und Leistungs-Basketball.* Balingen: Spitta Verlag.

Mirsky, A. F., Anthony, B. J., Duncan, C. C, Ahearn, M. B., & Kellam, S. G. (1991). Analysis of the elements of attention: A neuropsychological approach. *Neuropsychological Review, 2*(2), 109-145.

Moran, A. P. (1996). *The psychology of concentration in sport performers: A cognitive analysis*. Hove: Psychology Press.

Most, S. B., Scholl, B. J., Clifford, E. R., & Simons, D. J. (2005). What you see is what you set: Sustained inattentional blindness and the capture of awareness. *Psychological Review, 112*(1), 217-242.

Neisser, U. (2014). *Cognitive psychology.* Classic edition London: Psychology Press.

Noël, B., van der Kamp, J., Masters, R., & Memmert, D. (2016). Scan direction influences explicit but not implicit perception of a goalkeeper's position. *Attention, Perception & Psychophysics, 78*(8), 2494-2499, https://doi.org/10.3758/s13414-016-1196-2

Noël, B., van der Kamp, J., & Memmert, D. (2015). Implicit goalkeeper influences on goal side selection in representative penalty kicking tasks. *PLOS ONE, 10*, e01354423.

Noël, B., van der Kamp, J., Weigelt, M., & Memmert, D. (2015). Asymmetries in spatial perception are more prevalent under explicit than implicit attention. *Consciousness and Cognition, 34,* 10-15.

North, J. S., Ward, P., Ericsson, A., & Williams, A. M. (2011). Mechanisms underlying skilled anticipation and recognition in a dynamic and temporally constrained domain. *Memory, 19*(2), 155-168.

Olivier, N. (1996). *Techniktraining unter konditioneller Belastung.* Schorndorf: Hofmann.

Orth, D., van der Kamp, J., Memmert, D., & Savelsbergh, G. J. P. (2017). Creative motor actions as emerging from movement variability. *Frontiers in Psychology, 8, Article* 1903. https://doi.org/10.3389/fpsyg.2017.01903.

Oudejans, R. R., Koedijker, J. M., Bleijendaal, I., & Bakker, F. C. (2005). The education of attention in aiming at a far target: Training visual control in basketball jump shooting. *International Journal of Sport and Exercise Psychology, 3*(2), 197-221.

Owen, A. M., Hampshire, A., Grahn, J. A., Stenton, R., Dajani, S., Burns, A. S., ... & Ballard, C. G. (2010). Putting brain training to the test. *Nature, 465*(7299), 775.

Polzien, A., Güldenpenning, I., & Weigelt, M. (2021). A question of (perfect) timing: A preceding head turn increases the head-fake effect in basketball. *PLOS ONE, 16*(5) e0251117. https://doi.org/10.1371/journal.pone.0251117

Posner, M. I. (1980). Orienting of attention. *Quarterly Journal of Experimental Psychology, 32*(1), 3-25. https://doi.org/10.1080/00335558008248231

Posner, M. I., & Boies, S. J. (1971). Components of attention. *Psychological Review, 78*(5), 391-408.

Posner, M. I., & Peterson, S. E. (1990). The attention system of the human brain. *Annual Review of Neuroscience, 13,* 25-42.

Prinz, W. (1997). Perception and action planning. *European Journal of Cognitive Psychology, 9*(2), 129-154.

Raab, M. (2001). *SMART. Techniken des Taktiktrainings. Taktiken des Techniktrainings.* Köln: Strauß.

Rienhoff, R., Fischer, L., Strauss, B., Baker, J., & Schorer, J. (2015). Focus of attention influences quiet-eye behavior: An exploratory investigation of different skill levels in female basketball players. *Sport, Exercise, and Performance Psychology, 4*(1), 62.

Roca, A., Ford, P. R., & Memmert, D. (2020). Perceptual-cognitive processes underlying creative expert performance in soccer. *Psychological Research, 85,* 1-10.

Roca, A., Memmert, D., & Ford, P. R. (2018). Creative decision making and visual search behaviour in skilled soccer players. *PlOS ONE, 13*(7), e0199381.

Romeas, T., Guldner, A., & Faubert, J. (2016). 3D-multiple object tracking training task improves passing decision-making accuracy in soccer players. *Psychology of Sport and Exercise, 22,* 1-9.

Rominger, C., Koschutnig, K., Memmert, D., Papousek, I., Perchtold-Stefan, C. M., Benedek, M., ... & Fink, A. (2021). Brain activation during the observation of real soccer game situations predicts creative goal scoring. *Social Cognitive and Affective Neuroscience, 16*(7), 707-715.

Rominger, C., Memmert, D., Papousek, I., Perchtold-Stefan, C. M., Weiss, E. M., Benedek, M., Schwerdtfeger, A., & Fink, A. (2020). Female and male soccer players recruite different cognitive processes when generating creative soccer moves. *Psychology Sport and Exercise, 50*, [101748]. https://doi.org/10.1016/j.psychsport.2020.101748

Rösch, D., Deutsch, Q., & Höner, O. (2021). Scoutingdaten im Nachwuchs-Basketball: Zusammenhang mit dem Erfolg im Erwachsenenalter. *Leistungssport, 51*(1), 45-49.

Rösch, D., Schultz, F., & Höner, O. (2021). Decision-making skills in youth basketball players: Diagnostic and external validation of a video-based assessment. *International Journal of Environmental Research and Public Health, 18*(5), 1-17, Article 2331. https://doi.org/10.3390/ijerph18052331

Roth, K. (1989). *Taktik im Sportspiel: Zum Erklärungswert der Theorie generalisierter motorischer Programme für die Regulation komplexer Bewegungshandlungen*. Schorndorf: Hofmann.

Roth, K. (2005). Taktiktraining. In A. Hohmann, M. Kolb & K. Roth (Hrsg.), *Handbuch Sportspiel* (S. 342-349). Schorndorf: Hofmann.

Roth, K., Damm, T., Pieper, M., & Roth, C. (2014). *Ballschule in der Primarstufe. 26 komplette Unterrichtseinheiten für die Klassen 1 bis 4*. Schorndorf: Hofmann.

Roth, K., & Hossner, E. J. (1999). Die funktionalen Betrachtungsweisen. In K. Roth & K. Willimczik (Hrsg.), *Bewegungswissenschaft* (S. 127-225). Reinbek: Rowohlt.

Roth, K., & Kröger, C. (2011). *Ballschule. Ein ABC für Spielanfänger* (4. Aufl.). Schorndorf: Hofmann.

Roth, K., Kröger, Ch., & Memmert, D. (2002). *Ballschule Rückschlagspiele*. Schorndorf: Hofmann.

Roth, K., Memmert, D., & Schubert, R. (2006). *Ballschule Wurfspiele*. Schorndorf: Hofmann.

Roth, G., & Menzel, R. (2001). Neuronale Grundlagen kognitiver Leistungen. In J. Dudel, R. Menzel & R. F. Schmidt (Hrsg.), *Neurowissenschaft. Vom Molekül zur Kognition* (S. 543-563). Berlin: Springer.

Rowe, R., Horswill, M. S., Kronvall-Parkinson, M., Poulter, D. R., & McKenna, F. P. (2009). The effect of disguise on novice expert tennis players' anticipation ability. *Journal of Applied Sport Psychology, 21*(2), 178-185.

Ruikar, D. V., & Wankhade, V. R. (2013). Comparison of creativity and emotional intelligence between basketball and volleyball players. *International Journal of Physical Education, 6*(1), 43-45.

Santos, S. D., Memmert, D., Sampaio, J., & Leite, N. (2016). The spawns of creative behavior in team sports: A creativity developmental framework. *Frontiers in psychology, 7,* 1282.

Scharfen, E., & Memmert, D. (2019a). Measurement of cognitive functions in experts and elite-athletes: A meta-analytic review. *Applied Cognitive Psychology, 33*(5), 843-860. https://doi.org/10.1002/acp.3526

Scharfen, E., & Memmert, D. (2019b). The relationship between cognitive functions and sport-specific motor skills in elite youth soccer players. *Frontiers in Psychology – Movement Science & Sport Psychology, 10,* 817 https://doi.org/10.3389/fpsyg.2019.00817

Scharfen, H. E., & Memmert, D. (2021) Cognitive training in elite soccer players: Evidence of narrow, but not broad transfer to visual and executive function. *German Journal of Exercise and Sport Research, 51*(2), 135-145

Scharfen, H. E., & Memmert, D. (2021). Fundamental relationships of executive functions and physiological abilities with game intelligence, game time and injuries in elite soccer players. Applied Cognitive Psychology, 35(6), 1535-1546.

Schmidt, R. A., & Wrisberg, C. A. (2004). *Motor learning and performance. A problem-based learning approach* (3rd ed). Champaign: Human Kinetics.

Schnabel, G. (Hrsg.). (2008). *Trainingslehre – Trainingswissenschaft: Leistung – Training – Wettkampf.* Aachen: Meyer & Meyer Verlag.

Schul, K., Memmert, D., Weigelt, M., & Jansen, P. (2014). From the wrong point of view! Athletes' ability to identify structured playing patterns suffers from the misalignment of tactic boards during timeouts in professional basketball. *Perception, 43*(8), 811-817.

Sebanz, N., & Shiffrar, M. (2009). Detecting deception in a bluffing body: The role of expertise. *Psychonomic Bulletin & Review, 16*(1), 170-175.

Shao, Y. K., Mang, J., Li, P. L., Wang, J., Deng, T., & Xu, Z. X. (2015). Computer-based cognitive programs for improvement of memory, processing speed and executive function during age-related cognitive decline: A meta-analysis. *PlOS ONE, 10*(6), e0130831.

Simons, D. J., Boot, W. R., Charness, N., Gathercole, S. E., Chabris, C. F., Hambrick, D. Z., & Stine-Morrow, E. A. (2016). Do "brain-training" programs work? *Psychological Science in the Public Interest, 17*, 103-186.

Smeeton, N. J., & Williams, A. M. (2012). The role of movement exaggeration in the anticipation of deceptive soccer penalty kicks. *British Journal of Psychology. 103*, 539-555.

Smith, D. M. (2016). Neurophysiology of action anticipation in athletes: A systematic review. *Neuroscience & Biobehavioral Reviews, 60*, 115-120.

Spencer, M. R., & Gastin, P. B. (2001). Energy system contribution during 200-to 1500-m running in highly trained athletes. *Medicine & Science in Sport & Exercise, 33*(1), 157-162.

Stiehler, G., Konzag, I., & Döbler, H. (1988). *Sportspiele. Theorie und Methodik der Sportspiele. Basketball – Basketball – Basketball – Volleyball.* Berlin: Sportverlag.

Strykalenko, Y., Shalar, O., Huzar, V., Voloshinov, S., Yuskiv, S., Silvestrova, H., & Holenko, N. (2020). The correlation between intelligence and competitive activities of elite female Basketball players. *Journal of Physical Education & Sport, 20*(1), 63-70.

Styles, E. A. (2008). *The psychology of attention.* Hove and New York: Psychology Press.

Tenenbaum, G. (2003). Expert athletes: An integrated approach to decision making. In J. L. Starkes & K. A. Ericsson (Eds.), *Expert performance in sports* (pp. 191-218). Champaign, IL: Human Kinetics.

Toril, P., Reales, J. M., & Ballesteros, S. (2014). Video game training enhances cognition of older adults: A meta-analytic study. *Psychology and Aging, 29*, 706.

Van Zomeren, A. H., & Brouwer, W. H. (1994). *Clinical neuropsychology of attention.* New York: Oxford University Press.

Verburgh, L., Scherder, E. J., Van Lange, P. A., & Oosterlaan, J. (2016). Do elite and amateur soccer players outperform non-athletes on neurocognitive functioning? A study among 8-12 years old children. *PlOS ONE, 11*(12), e0165741. https://doi.org/10.1371/journal.pone.0165741

Vestberg, T., Gustafson, R., Maurex, L., Ingvar, M., & Petrovic, P. (2012). Executive functions predict the success of top-soccer players. *PlOS ONE, 7*(4), e34731. doi: 10.1371/journal.pone.0034731

Vickers, J. N. (1996). Control of visual attention during the basketball free throw. *The American Journal of Sports Medicine, 24*(6_suppl), S93-S97.

Vickers, J. N. (2007). *Perception, cognition and decision training: The quiet eye in action.* Champaign, IL. Human Kinetics Publishers.

Vine, S. J., & Wilson, M. R. (2011). The influence of quiet eye training and pressure on attention and visuo-motor control. *Acta Psychologica, 136*(3), 340-346.

Voss, M. W., Kramer, A. F., Basak, C., Prakash, R. S., & Roberts, B. (2010). Are expert athletes 'expert' in the cognitive laboratory? A metaanalytic review of cognition and sport expertise. *Applied Cognitive Psychology, 24*(6), 812-826.

Wegner, M., & Katzenberger, C. (1994). Die Spielkonzeption zur Lösung taktischer Problemsituationen: Wissenschaftliche Fundierung eines Trainingsprogramms zum Gegenstoßverhalten im Basketball. In R. Brack, A. Hohmann & H. Wieland (Hrsg.), *Trainingssteuerung* (S. 248-253). Stuttgart: Naglschmid.

Weigelt, M., Güldenpenning, I., & Steggemann-Weinrich, Y. (2020). The head-fake effect in basketball is based on the processing of head orientation, but not on gaze direction. *Psychology, 11*, 1493-1510.

Weigelt, M., & Memmert, D. (2012). Goal-side selection in soccer penalty kicking when viewing natural scenes. *Frontiers in Psychology, 3*, 312.

Weigelt, M., & Memmert, D. (2021). The mental rotation ability of expert basketball players: Identifying on-court plays. *Research Quarterly for Exercise and Sport, 92*, 137-145.

Weigelt, M., Memmert, D., & Schack, T. (2012). Kick it like Ballack: The effects of goalkeeping gestures on goal-side selection in experienced soccer players and soccer novices. *Journal of Cognitive Psychology, 24*, 942-956.

Williams, A. M., Davids, K., & Williams, J. G. (1999). *Visual perception and action in sport.* London: E & F. N Spon.

Williams, A. M., & Ericsson, K. A. (2005). Some considerations when applying the expert performance approach in sport. *Human Movement Science, 24*, 283-307.

Williams, A. M., Ford, P., Eccles, D. W., & Ward, P. (2010). Perceptual-cognitive expertise in sport and its acquisition: Implications for applied cognitive psychology. *Applied Cognitive Psychology, 25*(3) 432-442.

Williams, A. M., Hodges, N. J., North, J. S., & Barton, G. (2006). Perceiving patterns of play in dynamic sport tasks: Identifying the essential information underlying skilled performance. *Perception, 35*, 317-332.

Williams, A. M., & Jackson, R. C. (2019). Anticipation in sport: Fifty years on, what have we learned and what research still needs to be undertaken? *Psychology of Sport and Exercise, 42*, 16-24.

Williams, A. M., & Ward, P. (2003). Perceptual expertise: Development in sport. In J. L. Starkes & K. A. Ericsson (Eds.), *Expert performance in sports: Advances in research on sport expertise* (pp. 219-249). Champaign, IL: Human Kinetics.

Williams, A. M., Ward, P., & Chapman, C. (2003). Training perceptual skill in field hockey: Is there transfer from the laboratory to the field. *Research Quarterly for Exercise & Sport, 74,* 98-103.

Williams, A. M., Ward, P., Smeeton, N. J., & Allen, D. (2004). Developing anticipation skills in tennis using on-court instruction: Perception versus perception and action. *Journal of Applied Sport Psychology, 16,* 350-360.

Wu, Y., Zeng, Y., Zhang, L., Wang, S., Wang, D., Tan, X., ... & Zhang, J. (2013). The role of visual perception in action anticipation in basketball athletes. *Neuroscience, 237,* 29-41.

Wulf, G. (2007). *Attention and motor skill learning*. Champaign, IL: Human Kinetics.

Wulf, G., McConnel, N., Gärtner, M., & Schwarz, A. (2002). Feedback and attentional focus: Enhancing the learning of sport skills through external-focus feedback. *Journal of Motor Behavior, 34*(2), 171-182.

Wulf, G., & Prinz, W. (2001). Directing attention to movement effects enhances learning: A review. *Psychonomic Bulletin & Review, 8*(4), 648-660.

Wulf, G., Shea, C. H., & Park, J.-H. (2001). Attention in motor learning: Preferences for and advantages of an external focus. *Research Quarterly for Exercise and Sport, 72*(4), 335-344.

Zu den Autoren

Prof. Dr. Daniel Memmert ist geschäftsführender Institutsleiter und Professor am Institut für Trainingswissenschaft und Sportinformatik an der Deutschen Sporthochschule Köln. Von 2009 bis 2016 war er Institutsleiter am Institut für Kognitions- und Sportspielforschung an der Deutschen Sporthochschule Köln. Im Jahr 2003 promovierte er (Auszeichnung: dvs-Nachwuchspreis, Bronze) und habilitierte sich 2008 an der Elite-Universität Heidelberg (Auszeichnung: DOSB-Wissenschaftspreis, Bronze). 2014 war er Gastprofessor an der Universität Wien. Seine wissenschaftlichen Arbeitsschwerpunkte liegen in der Bewegungswissenschaft (Kognition und Motorik), in der Sportpsychologie (Aufmerksamkeit und Motivation) und in der Sportinformatik (Big Data, Mustererkennung und Simulation).

Laut einer öffentlich zugänglichen Datenbank der 100.000 weltweit führenden Wissenschaftler (https://data.mendeley.com/datasets/btchxktzyw/2) steht er im Bereich „Sportwissenschaft" in Deutschland an erster Stelle.

Er konnte bislang sechs DFG-Projekte im Bereich Informatik sowie fünf DFG-Projekte im Bereich Psychologie einwerben. Zudem hat er etliche Forschungsaufenthalte (u. a. USA, Kanada) absolviert, verschiedene Preise gewonnen (unter anderem DOSB-Wissenschaftspreis Bronze, Research Writing Award AAHPERD), zahlreiche weitere Drittmittelprojekte im Volumen von über fünf Millionen Euro eingeworben (unter anderem BISp), arbeitet in internationalen Editorial Boards (unter anderem PSE) und publiziert in internationalen Fachzeitschriften.

Von 2009 bis 2013 war er Geschäftsführer der asp (Arbeitsgemeinschaft für Sportpsychologie), von 2012 bis 2016 war er Herausgeber der *Zeitschrift für Sportwissenschaft* (verhaltenswissenschaftlicher Bereich), von 2016 bis 2018 war er Associate Editor (Psychologie) für die Zeitschrift *Research Quarterly for Exercise and Sport*, von 2017 bis 2021 war er Mit-Herausgeber der *Zeitschrift für Sportpsychologie* und ist seit 2009 stellv. Sprecher der dvs-Kommission „Sportspiele".

Er besitzt Trainerlizenzen in den Sportarten Basketball, Tennis, Snowboard sowie Ski alpin und ist Herausgeber und Autor von Lehrbüchern zum modernen Basketballtraining. Er kooperiert mit verschiedenen Basketballbundesligisten, der deutschen Basketballnationalmannschaft sowie DAX-Unternehmen und organisiert den ersten internationalen Weiterbildungs-Masterstudiengang „Spielanalyse". Man kann ihm auf Instagram folgen:

Prof. Dr. Stefan König ist Fachsprecher und Professor am Sportzentrum sowie Direktor des Forschungszentrums für Sekundarbildung der Pädagogischen Hochschule Weingarten. Von 1995 bis 2006 war er Akademischer Direktor und Leiter der Studiengänge am Institut für Sportwissenschaft der Universität Tübingen. Im Jahr 1991 promovierte er ebenfalls an der Universität Tübingen. Seine wissenschaftlichen Arbeitsschwerpunkte liegen in der Trainingswissenschaft (Effekte von Trainingsprozessen im Schul-, Breiten- und Gesundheitssport), in der Schulsportforschung (Wirkungen von Sportunterricht, Schulsportkonzepte, Sportlehrkräfteforschung), in der Sportspielforschung (Vermittlungskonzepte, Taktik, Führungsverhalten) sowie im Bereich der Forschungsmethodologie (Mixed Methods Research).

Er ist Herausgeber von fünf Buchreihen (Schulsportforschung, Angewandte Trainingsforschung, Sportstunde Grundschule, Weingartner Dialog über Forschung) sowie der Fachzeitschrift *SportPraxis*, Ad-hoc-Gutachter für eine ganze Reihe an internationalen und nationalen Fachjournals sowie Gutachter für die Kooperationsgemeinschaft gesetzlicher Krankenkassen und das BISp.

Seit 2015 ist er Mitglied des Wissenschaftsforums des WLSB, seit 2016 Vorstandsmitglied des Fakultätentages Sportwissenschaft, seit 2017 Mitglied im Editorial Board des *International Journal of Multimethod Research Approaches* und seit 2020 Vertreter in der Special Interest Group TGfU.

Er hat verschiedene Drittmittelprojekte eingeworben (unter anderem IBH, BISp) und arbeitet mit einer Vielzahl von Verbänden und Bildungseinrichtungen des Sports in Forschungsprojekten zusammen. Er besitzt Trainerlizenzen im Handball und Basketball.

Bildnachweis

Cover- und Umschlaggestaltung: Isabella Frangenberg

Gestaltung der Übungsgrafiken: Isabella Frangenberg, Anja Elsen

Satz: Zerosoft

Lektorat: Dr. Irmgard Jaeger

Covergrafiken und Kapitelaufmacher: © AdobeStock

© dpa – picture alliance: S. 11, 23, 43, 81, 85, 89, 95, 111, 117, 145, 157, 171

© Daniel Memmert: S. 27, 49, 64-65, 68, 70, 73, 76, 78

© AdobeStock: S. 66, alle Trainingsgrafiken ab S. 86

WEITERE TITEL DER REIHE

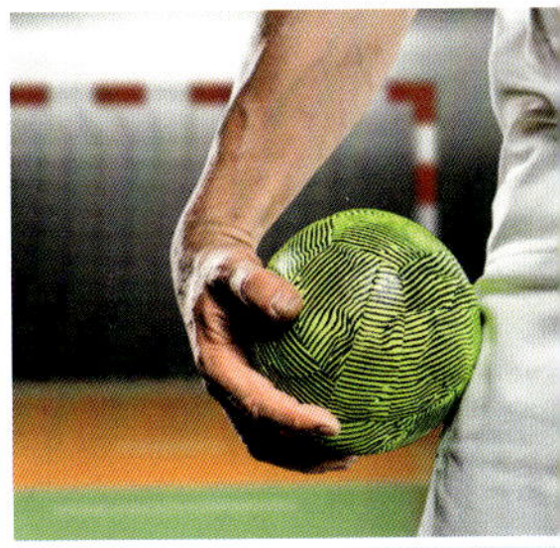

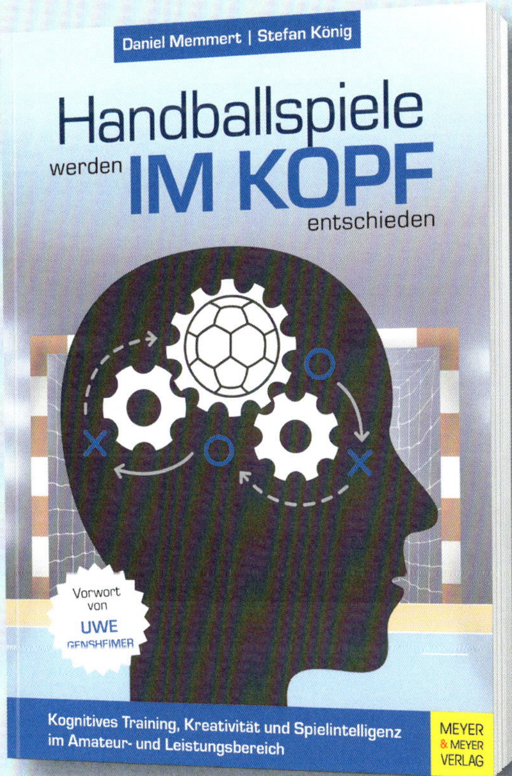

192 Seiten, in Farbe,
97 Abb. 8 Tab.,
Paperback,
16,5 x 24,0 cm

ISBN 978-3-8403-7768-6
€ [D] 20,00/[A] 20,60

MEYER & MEYER
Fachverlag GmbH
Von-Coels-Str. 390
52080 Aachen

Telefon	02 41 - 9 58 10 - 13
Fax	02 41 - 9 58 10 - 10
E-Mail	vertrieb@m-m-sports.com
E-Books	www.aachen-buecher.de

Unsere Bücher erhalten Sie online oder bei Ihrem Buchhändler.

MEYER & MEYER VERLAG

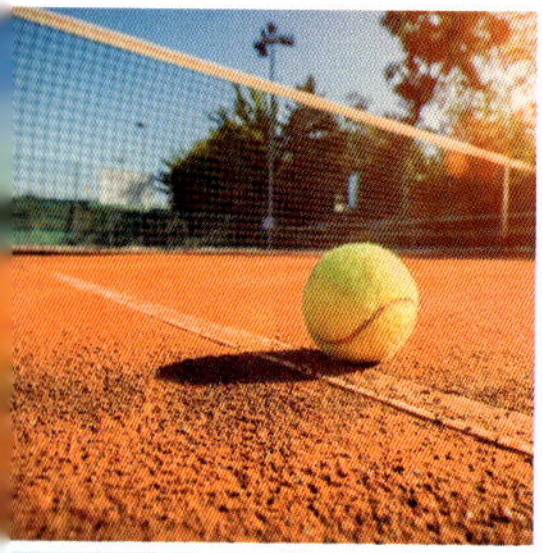

WEITERE TITEL

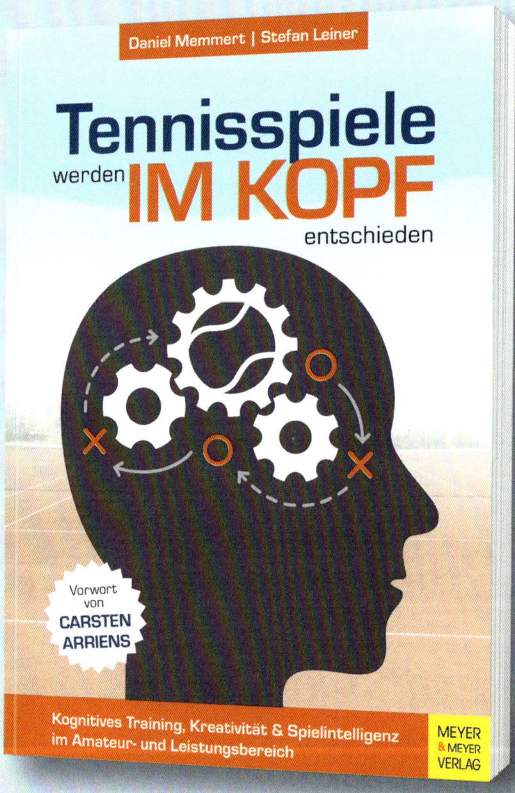

184 Seiten, in Farbe,
74 Abb. 8 Tab.,
Paperback,
16,5 x 24,0 cm

ISBN 978-3-8403-7689-4
€ [D] 20,00/[A] 20,60

DER REIHE

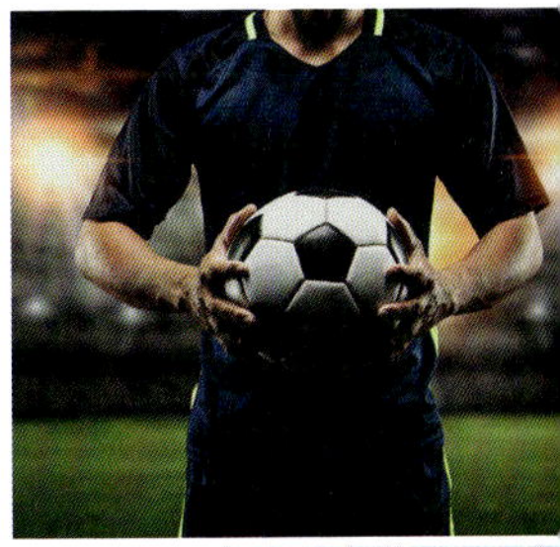

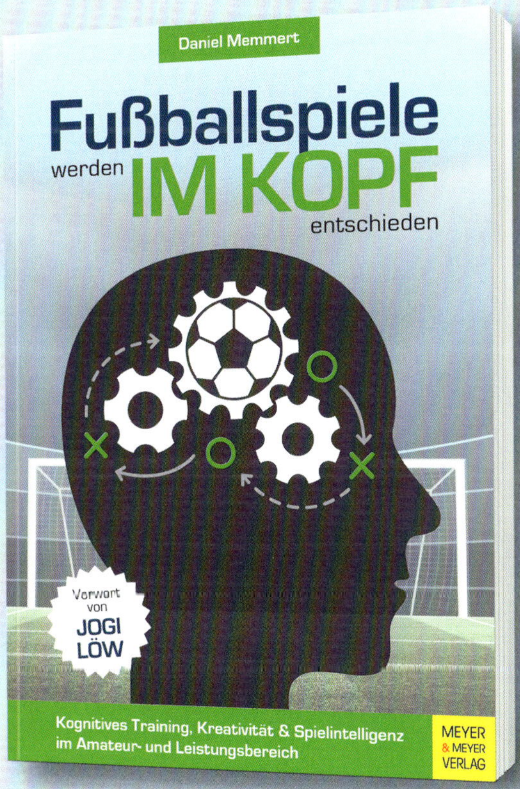

192 Seiten, in Farbe,
91 Abb., 8 Fotos,
Paperback,
16,5 x 24,0 cm

ISBN 978-3-8403-7656-6
€ [D] 20,00/[A] 20,60